U0461616

卓越组织的原动力

田涛　陈为　著

中信出版集团 | 北京

图书在版编目（CIP）数据

理念：卓越组织的原动力 / 田涛，陈为著 . -- 北京：中信出版社，2022.8
ISBN 978-7-5217-4441-5

Ⅰ. ①理… Ⅱ. ①田… ②陈… Ⅲ. ①企业管理－组织管理－研究 Ⅳ. ① F272.9

中国版本图书馆 CIP 数据核字 (2022) 第 084864 号

理念——卓越组织的原动力
著者：　田涛　陈为
出版发行：中信出版集团股份有限公司
（北京市朝阳区惠新东街甲 4 号富盛大厦 2 座　邮编　100029）
承印者：　天津丰富彩艺印刷有限公司

开本：880mm×1230mm 1/32　印张：11.75　字数：287 千字
版次：2022 年 8 月第 1 版　印次：2022 年 8 月第 1 次印刷
书号：ISBN 978-7-5217-4441-5
定价：69.00 元

服务热线：400-600-8099
投稿邮箱：author@citicpub.com

目录

序一

千江有水千江月：关于企业家理念与普适价值观的几则断思

田涛

一

春风沉醉夜上海，和平饭店，爵士酒吧，小号声如湖水般荡漾于吧厅的角角落落。一位衣着光鲜的中年男子，与一男二女坐在门内侧的小桌旁，强抑的兴奋夹杂着频频低语的“干杯”声，邻座众客皆侧目冷视。服务生上前柔言相劝，男子则颇显不耐，放声喊道：“走！老子到别处去！老子今天高兴，要一醉方休！”

据说，此君当天刚刚入选“胡润富豪榜”。那天，那晚，我正好落座于这位新晋富豪的吧桌不远处。

英国人胡润，从1999年始，每年评选中国十大富豪，推出中国当年财富人物排行榜。1999—2021年，“金色晚宴”年年有，在这盛宴上却是：铁打的“榜盘”，流水的“首富”。

“首富”与“首负”一步之遥，岂止一个×××？富豪榜＝“杀富榜”？“首富”之过？胡润之过？

大开放时代，缔造了普遍的繁华；大繁荣时代，成就了集体的非理性。

二

商人（企业家）之殇：

之一，多元化与金融化。千禧年前后，杰克·韦尔奇是诸多中国知名企业家膜拜的“教父”。随着GE（通用电气）2018年被剔除出道琼斯指数（GE于1907—2018年稳居该指数之中长达110年），不少模仿和追随韦尔奇管理思想的中国企业也相继衰相尽显。GE瘦身改革的第一步是去金融化。曾经染指金融业的中国企业也纷纷“断指切割”。

之二，“镀金时代”与旋转的红舞鞋。2009年，在一片“买买买”的非理性浪潮中，我曾著文《慎言海外大并购》，孤独吹起“丰卦的警讯”。机会主义为多米诺骨牌的倒下埋下了祸根：不只有海航是“野心撑死了理想”，“500强情结”膨胀了无数商人的巨婴心态，疯狂“买世界”大多留下一地鸡毛。

之三，商道之殇。野蛮生长，降维打击，唯快至上，垄断为王，假货、假信息与不断滋长的“新概念运动”漫天飞舞，一个病态的商业逻辑——“先作恶，后从良”催生若干十亿百亿富翁拔节而出。

之四，“富不过三代”之魔咒。初创时勤劳节俭，清明克己；衰败期人性溃烂，文化溃烂。一位在制造业曾经做得红火鼎沸的企业家，鼎盛时以高息举债，盲目扩张，同时也是一位在青藏高原捐巨资修建一座寺庙的“虔诚”佛教徒，却为请一位演艺明星参加一场夜宴而豪掷数万元，最终企业债台高筑，债主盈门，办公楼顶层每日早晚的喇嘛诵经声也寂然了。

一个值得深入研究的话题：创业第一代的速成与速朽。

值得深入研究的递进话题：关于李兆会与李兆会们。第二代接班人应该具备怎样的理念和人格特质？

奋斗与节制是企业家的元品格和元理念，无论一代、二代，还是第三代。

三

做企业，一步有一步的痛苦。一年三百六十日，不在危中即困中。但也一步有一步的境界：云在青天水在瓶，千江有水千江月。何谓“云”与“天”，何谓“水”与“月”？道也，理念也。企业家起心动念都要好好照拂你的理念，如果理念坏了，根也就坏了。“念”乃大道，“念”在一呼一吸之间，一言一行之间，一动一静之间。

什么是普遍的好的理念，即基本的价值观？

常识是理念的基座，常识即真理。常识一，谁是企业真正的“上帝”？客户。客户是唯一的、永恒的、至高的“上帝”。常识二，谁是企业真正的、长期的价值创造者？劳动者，包括知识劳动者与非知识劳动者，也包括企业家自身。企业家是资本、人才等诸要素的组织者与整合者。常识三，在一个短周期内，“风口论”也许会带来爆发性乃至暴力性的崛起，但风会变速、变方向，并戛然而止。而因果法则却是恒定的：十分耕耘，三分收获。长期奋斗，基业亦未必长青，更遑论撞大运能够撞出“江山永固”、运势代代传承？

华为何以能够从“一无所有”走到今天的卓越？根本因素是它的创始人任正非遵奉了常识，华为坚守了常识：以客户为中心，以奋斗者为本，长期艰苦奋斗。反之，当任正非抛弃了常识、华为背离了常识，华为的所谓“运”与“势”也会走向终结。

在商言商。企业家一生为生存与梦想而奋斗，但绝不可走向野心与力量的分散。你真的懂政治之道与术吗？真的懂国际关系吗？真的懂经济学吗？真的懂艺术吗？真的懂……名利不可兼得，逐利者不可逐名。什么人都可以成为“舞台”明星，唯独商人不能。

做孤独者。在企业内部，不建圈子，警惕圈子，以理念之道与制度之器防圈子和拆圈子。在组织外部，不建圈子，不进圈子，不走圈子。当你在江湖风月中尽享骄傲与虚荣时，浮梦消散，你很可能要用余生的尊严尽失和无尽落寞来偿还。何必呢？

有钱有权不可任性，慎戒“土皇帝思维”：对外狂言狂行，牛气冲天与盲目扩张；对内一言堂，凭喜怒决策，持奴才用人观。

浪中行舟，保持平衡是舵手的天性。但在真正的市场滔浪、社会浪潮中，有几人把住了理性之舵与本能的平衡？

远离土豪做派。你真的乐于日日豪宴、夜夜笙歌吗？你真的需要出则前呼后拥，进则夹道相迎吗？10年前一位哲人发论：私人商务飞机的背后隐藏着企业衰败的密码。此言虽显武断，但颇具多重隐义。建议企业家们阅读一本书：《美第奇家族兴亡史》[①]。再建议企业家们必读一本书：《反社会的人》[②]，看看德国的富豪们是怎么敛其财势、低调生存的。刚吃完肉又要在嘴上抹层油，无比招摇地摆阔炫富，这样好吗？

守法经营：底线，永远的底线。谨记：企业家自身的法律意识

---

① 《美第奇家族兴亡史》，[英]克利斯托夫·赫伯特，上海三联书店，2010年。

② 《反社会的人》，[德]瓦尔特·伍伦韦伯，光明日报出版社，2014年。

至为关键；企业的每一项经营行为都应该基于法律与契约之上；企业与企业中的每一个人（包括企业家自身）都是契约关系；企业的每一项管理政策、管理行为都必须循法与遵法；依法纳税，既是底线，也是高压线。

基本价值观稳如磐石的企业在竞争中将无往而不胜。

四

1933年，美国经济大萧条期间，“罗斯福新政”发起了针对垄断企业的进步主义运动。某月某日，“左右世界的大人物”杰克·摩根在国会听证会上接受质询。

法官：“1931年你缴了所得税没？”

摩根：“没有。”

法官：“1932年呢？”

摩根：“没有。”

“世界上最富有的人没有缴纳任何税，却把大部分财富投入慈善事业，震惊了美国和整个世界。”① 几年之后，摩根财团解体。一个“把婴儿与老虎放在同一个笼子”的低监管、监管缺位的时代也随之终结了。

这则故事带给中国企业家的警示仅是一个税务问题吗？做慈善当然有益于社会，值得赞赏，但我们是否首先需要检思：企业中员工的待遇如何？研发投入与创新成果如何？产品质量如何？合法

① 见《大萧条启示录：1929年股灾如何使世界经济陷入衰退》（塞尔温·帕克著，电子工业出版社，2009年）。

纳税了吗？……

五

并非题外话之一：仰望星空，金山银山离天穹有多远？

公元前7世纪，古希腊哲学家泰勒斯夜晚走在旷野，抬头看着星空，墨蓝天幕上挂满了闪烁群星，他却预言：明天会下雨。就在他仰望星空之时，不小心掉入脚下的坑。别人救他起来，他依然在自言自语：明天会下雨……

德国哲学家齐美尔说：金钱有一点像上帝，但它只是通往最终价值的桥梁，而人是无法栖居在桥上的。

并非题外话之二：读书，读史，读人性，读兴衰律、兴亡律。

你去年读了几本书？你有多久没读书了？你平常主要读哪一类书？你每天有多少时间用于与直接管理无关的学习？你获取社会、经济、政治、国际关系等信息主要通过什么管道？你每天耽迷于微信、微博上的时间有多久？你每周有多少个晚上在酒桌上应酬……

企业的战略困境大多源自理念困境与价值观困境。进而言之，极而言之，源自企业家不读书、读书少带来的思想贫乏与洞察力偏弱。

财富易逝，理念永存。

六

企业家是欲望与雄心、力量与智慧、忍耐与自制、孤独与寂寞的复杂混合体。

卓越的企业家要有如下素质。

耐得寂寞：喧嚣红尘，方见定力。

甘于并欣赏孤独：谁让你选择做领袖呢？高山之巅一览众山小，风光无限，却又是冷寒寂寥的。

抗得风险：风高浪急，方显领导力，方见承受力。

顶得危机：危机是上帝送来的最好礼物，化危为机既见意志力，又显战略力。

忍得屈辱：胯下韩信成了大将军，狂傲的大将军韩信呢？

七

一年多前，我邀约陈为合写一本书，主题是：纵向传承、横向“拿来主义”与企业家精神。一年多后，这事就成了，书名为《理念——卓越组织的原动力》。

陈为是我的思想朋友，与他合作著书原因有二：一是读了他近几年一些文章，理念上颇多共鸣，而且我欣赏他的文字，不枯干八股，也不漂浮；二是这两年我自认有点分量的文章，都和他有密切关系。他和他的同事曹雨欣女士是我家客厅、书房的常客，常常是，一杯咖啡未尽，他和她就一个接一个问题抛给我，挑战我，激荡我，启发我，我的思想便如飞浪般一波接一波涌动，几小时过去了，兴犹未尽。十天半月后，他们把录音整理稿原汁原味地发给我，我再一字一句大删大增，拆窗补门，经常是每篇文章反复折腾几十遍，与原始稿相比面目全非，仅余大骨架未变，但这个骨架才是文章的脊柱，而这个搭脊梁的过程大多是我们一起完成的。所以本书中我的三分之二的文字和思想有陈为先生与雨欣女士的颇多贡献，我衷心感谢他们。

几年前，华为总裁任正非建议和鼓励我：讲座、交流的时候会有很多思想火花冒出来，录上音，整理出来就是一篇大文章，每次讲不同的内容，合在一起就是一本书。我领受并践行了，的确受益匪浅。我的《理念·制度·人》《我们为什么要做企业家》这两本书就是这种方法论的结晶。这种著述方式的最大好处是：思想高度浓缩，无须在一本大部头专著中“灌许多水”；聚焦于某个主题，从不同角度独立成章，思维可相对自由驰骋，有“破框效应”；于读者而言，则少些时间上的浪费。本书秉承的仍是这一方式。

我和陈为都认为，在今天全球大分化、大动荡的时代背景下，中国企业和企业家阶层普遍面临着严峻挑战，这种挑战不仅是市场、技术与产品、组织等诸方面的，根本上是理念层面、价值观层面的深刻挑战。本书即侧重于“理念与企业家精神”这一视角，集结了我们二人近些年各自的一些独立见解。虽仁智互见，但仍需读者批评和检验。

2022 年 3 月 15 日

于北京

序二

阅读是个体的改革开放

陈为

一

我从小喜欢读书，也因此认识不少爱书之人。论起读书之多、之勤、之细，就我所见所知，没有超过田涛老师的。

他的祖父是他阅读的引路人，在他少年时就不断指点和训诫他背诵《古文观止》，啃线装本的《三国志》，他却最痴迷于《聊斋志异》和《西游记》，因此没少挨祖父的巴掌和呵斥。他当音乐老师的二姑和身为篆刻家的二姑父，又给他打开了另一扇门，经常私下借给他一些那个年代的“禁书”：《莎士比亚戏剧集》《普希金诗选》《莱蒙托夫诗集》《少年维特的烦恼》，以及外国政治家、科学家、企业家、艺术家的传记等。在物质极端匮乏的少年时代，他的精神世界却很充实，也奠定了他一生对书的痴迷。青年时代，他对读书几近偏执，经常每天只睡四五个小时，为的是完成他自己设定的目标：两天啃完一本书。他说：大学于他而言，最神圣的殿堂是图书馆；一座城市于他而言，最具吸引力的是大大小小的书店。后来，红尘打滚，商海浮沉，他也一直保持读书的习惯。数十年过去，到今天，每回去田老师家，桌上的书总有变化，信手翻看，常能看到密密麻麻的注释与笔记。

田老师的阅读量巨大，兼之认真郑重的态度，堪称职业读书家。

田老师读书，博览之中有精选，跟随课题变化。为了研究长征，他买了 147 本书，精读了其中十几本。我曾向他讨教，构筑他思想大厦的四梁八柱是什么。他告诉我，他最看重的还是经典原著，有些书他会来来回回反反复复地看：不同译本的马克斯·韦伯的《新教伦理与资本主义精神》，他看了 6 遍；《资本论》、《国富论》与《物种起源》，多年来他也反复研读；不同版本的《圣经》他也读过多遍。这几年，他啃得最多的是商务印书馆出版的一套“科学史译丛”，尤其推崇《科学与宗教的领地》与《圣经、新教与自然科学的兴起》这两本探讨西方科技起源的经典著作。

在现实世界和理念世界两个领域的耕耘，让他锻造了一把锋利的思想利刃，以此来拆解时局与商业谜题，常能如庖丁解牛。记得有一次跟田老师交流，他提出中美可能会部分脱钩。其实当时还没有这方面的迹象，那时初识田老师的我和在场的同伴心里对此都颇为怀疑，但一年后的事实证明了他是对的。2020 年 3 月初，疫情在国内暴发不到 3 个月，他就撰文指出：疫情不过是加速了经济衰退的到来，全球范围内将会出现一次持续时间比较长的经济危机。他在文中用了“漫漫长夜”这个词。2021 年 7 月，和田老师交流共同富裕话题，当时众说纷纭，企业界颇多焦虑。他那时就指出，我国的基本国情是处于并将长期处于社会主义初级阶段，这是中央几十年来一以贯之的理论表述。正因此，以经济建设为中心的基本路线也不会动摇。到了当年 12 月上旬，中央经济工作会议定调，重申“以经济建设为中心”。此种案例多矣。

田老师曾寄给我一本他 1995 年出版的书《中国：现时代——二十世纪末的中国社会与中国人》。这本书主要是对经济社会思潮的观察与文化流变的反思，当时读完后，我和另一位读过的朋友交流心得，都颇感惊讶：他用以解析复杂现实的“宰牛刀”，在 20 多年前就已基本锻造成形了。

20 多年来，田老师作为华为顾问，对华为这棵大树的发育成长，依他的说法，“仅仅有一些边角料的思想贡献”。对身边的年轻人，他也多有精神鼓励与思想引导。我有幸与田老师多次交流，每回走出他的书房与客厅，总像从一个藏满功夫秘籍的山洞里出来，自觉功力提升不少。心里同时有两种感觉升腾，一种是惭愧，一种是鼓舞，鞭笞我从现实的喧嚣与热闹里抽身而出，回到书房的冷板凳上，读书、思考、作文。

有这样的良师益友，是人生大幸。

二

帕斯卡尔说，人是一根有思想的芦苇。

这根芦苇，应该把根扎得很深，应该向着天空生长，应该饱览近旁和远方的风景，这样才是一根幸福的芦苇。生而为人，也应该让自己的思想体系同时向着高度、广度、深度三个维度不断开掘，这样才能看清世界，认识自己。

现代知识体系的高度分工，让很多知识人陷于不同的“科目”里而不知“体系”，他们沉迷于茶杯里的风暴、螺蛳壳里的道场，作茧自缚、坐井观天却不自知；传统商业体系的熏染，让不少经营者只重视物理世界的追求而忽视了理念世界的耕耘与更新。但纵观中外商界，真正的大商奇才无不是认知先进与理念旗手。真正优秀的人物能打通各学科门类的边界，畅行无阻，也能融会物理世界与理念世界，自由穿越。

任正非说，在公司里，思想权与文化权是最大的管理权。张一鸣说，对事情的认知是最关键的，你的认知越深刻，就越有竞争力。马斯克说，大家可以学习每个领域的基础知识，然后思考如何将不同领域的知识融会贯通，这样很容易产生奇思妙想。

这就显现出读书的“无用之用”：它是建构一个人思想、理念、价值观的优质原料。一个人经由读书建构理念大厦的过程，一方面能够牵引现实，另一方面也能自得其乐。思想家经过头脑里的艰苦奋斗有所突破后，那种创造与发现的纯粹乐趣并不亚于科学家发现了自然界的规律，或艺术家完成了非凡的作品。

读书有法。我发现，不少高手从酷爱读书、贪婪求知到形成深刻洞见、新颖理念，大都修炼了一种“打通”的功夫。任正非几乎不看商业管理类的书，除此之外却广采博收。田涛老师也很少“在商言商”，他试图熔中外古今于一炉，从文明、人性、理念的角度来探寻与把握商业的底层逻辑。

这和他的读书特点与方法是分不开的。一个具备打通能力的人，才是一流的读书人。

打通文理：自然科学和社会科学都要有所涉猎。

打通古今：现实是历史的延续和投影，在历史中隐藏着打开未来之门的钥匙。

打通中外：客观理性的人不会被立场、距离、情感蒙蔽认知，真正开阔的视野都是中西合璧的。

打通知行：知行合一，思想与实践互相作用，深刻地认识世界最终是为了积极地改造世界。

三

田涛老师海量读书，写书却不多。

听出版界的朋友讲，他有限的几本书，市场和口碑都很好：《下一个倒下的会不会是华为》《理念·制度·人》《我们为什么要做企业家》。

因此，当田老师愿意与我合写一本书，且以《理念》为名时，我惶恐又欢喜。我当然知道，自己的观念水位与这位我最为尊崇的前辈实在相去甚远，珠玉在前，不敢献丑。但我也知道，鼓励、成全与照拂晚辈后学，对于他，也是一种习惯。

我不自量地想到两个故事，且用以安慰自己。

一个是胡适的故事。胡适回忆自己第一次写诗，很不自信地给前辈写了一首送别诗，问对方像不像诗。对方却夸赞有加，还回了一首相和。从此以后，“我就发愤读诗、写诗，想要做个诗人了”。后来，胡适写有一首著名的《小诗》，只有三句，却意味深长：“开的花还不多；且把这一树嫩黄的新叶 / 当作花看罢。”

还有一则波斯故事。有一个流浪者捡到了一块泥土，这块泥土气息芬芳。流浪者问泥土：“你是宝玉还是香膏？”泥土说：“都不是，我只是一块泥土。”“那你为什么有这样的芳香呢？”“朋友，如果你要我说出这个秘密的话，我可以告诉你：我曾经和玫瑰花在一起。”

2022 年 4 月

于北京

第一篇

时代启示录：以理念之光穿越危机

01 企业家精神是应对经济衰退的根本力量[①]

以基本的定力穿透信息迷雾，把握现象背后的大逻辑

一些企业家朋友发来信息，希望我就网络上热议的一个观点发表点看法。白宫经济顾问库德洛提出政府补贴搬家费支持美国企业撤出中国，引起了舆论躁动，网络上有一种极端的观点是：疫情之后，全球将会出现一个“去中国化”的浪潮。言下之意是，其他国家，尤其是西方国家，特别是美国，不会再跟我们“玩儿”了。中国将被迫关上门，回到改革开放之前的“闭关锁国”状态，不是我们主动关门，而是别人逼着我们“锁国”。

这种观点有没有道理呢？我认为这不过就是一个美国政治家的个人观点而已。它是一个信号，也许是一个重要的信号，值得企业家们关注，但是，也大可不必为此而惊慌，而见风就是雨。

我们还是要有基本的定力，同时要能够穿透这些纷乱的信息迷雾，把握种种现象背后的大逻辑。

2020 年 1 月底的时候，“华夏基石 e 洞察”公众号邀我就

---

① 本文为 2020 年 4 月田涛应邀为企业家演讲的内容，原题为《危机时期企业家应有的精神状态》。

“疫情下企业家应该有什么样的应对”写一篇文章。当时我写了篇文章，题目为《危机时期，拒绝悲观主义》。在这篇文章中，我讲到一个判断——全球的经济危机即将到来，也可以说已经到来了，冬天已经到来了。这篇文章在两个月前发表，受到了一些质疑。现在看来，我那时的基本判断应该是有点道理的。

我认为，这次疫情提前了，或者说加速了，同时加重了中国的经济危机和全球经济危机的到来。换言之，无论有没有疫情发生，经济衰退都会出现，只是疫情加速和加剧了经济危机的到来。这是我基于经济盛衰周期律的一个大致判断，这两年我在多个场合也表达过这样的认知。我对各位企业家朋友的建议是：我们在看一些信息、观察某些现象的时候，一定要有理性思考，把握现象背后的底层逻辑。

基于市场经济的逻辑前提，我们再看所谓疫情结束之后，美国企业或者其他国家的企业会大幅撤出中国的说法是否站得住脚。我的观点是，任何违背市场规律、违背资本本性的说法，无论它来自个别政治家还是知名的学者，或者一些所谓著名机构，都不足为信。

市场经济的基本逻辑是：企业无不是在一个全球比价系统中决定自身的投资意志的，是在比较原材料成本、劳动力成本、资本成本、土地成本、运输成本、税负成本，以及社会稳定系数、制度成本等多种综合因素之后，尤其是基于成本与收益、收益与风险的权重分析和预期判断，决定到哪里去投资，或者从哪里撤资的。如果库德洛先生这样的政治人物可以决定美国企业的投资取向，那无疑是在背离西方和美国经济赖以强大的制度根基，是对市场规律的扭曲，也是行不通的。

奥巴马当总统的时候，曾经提出了一个雄心勃勃的制造业重返美国的计划，被称为“奥巴马新政”。2010 年我曾经写了一篇文章——《中国需要长期坚持实业立国的发展战略》，对此表达过担忧。现在来看，无论是奥巴马当年的宏大战略，还是特朗普如今霸王硬上弓的威逼利诱，都没有也很难阻挡资本趋利的意志，阻挡企业家的战略意志。2019 年中美贸易冲突最激烈的时候，有一个信号很特别，埃隆·马斯克把特斯拉电动汽车制造厂落户于上海，落户于中国。这就是资本的意志，是一家美国企业的战略判断与战略选择。

美国企业、欧洲企业，包括日本企业会不会撤出中国，每家企业的战略认知和战略决定一定是不同的。这家企业来了，那家企业撤了，这反映的是企业家的意志，是企业和企业家对所投资地区、拟投资地区的营商环境进行综合比较之后做出的进与退的选择，是基于趋利避害法则的选择。

助推企业家的“动物精神”，将经济从萧条带向复苏

建设市场化、法制化的营商环境

由此可见，我们大可不必担心库德洛说了什么，担心政治人物的几句话会掀起什么变化，我们国家应该把更大的关注点放在营商环境的建设上。客观地讲，我们当下的营商环境可以说有好有坏、有优势有弊端。好的方面有：

第一，14 亿人口所带来的庞大的消费市场。经过 40 年的改革开放和经济的高速成长，大众的消费能力比过去强了许多，这是我们吸引内外投资者得天独厚的优势。

第二，相对稳定的社会环境。

第三，充足的劳动力。

第四，相对完整的制造业体系和供应链体系等。

但是我们的问题也是突出和尖锐的。比如实体企业，尤其是制造业的税负过重。还有就是房地产所带来的土地成本、租金成本也偏高。我国劳动力的整体素质显然是高于周边一些发展中国家和地区的，但是劳动力成本也比这些国家和地区高很多。另外，民营中小企业融资难一直是老大难问题，而且融资的成本偏高，甚至相当高。

种种因素，客观上都冲淡了我们营商环境中好的方面，降低了中国企业的全球竞争力，也当然会对外资企业的投资意向、投资力度、长期投资带来负向的影响。在上一次大萧条的时候，凯恩斯讲过：经济萧条期，只有依赖企业家的动物精神，才能将经济从萧条带向复苏。什么是企业家的动物精神？是指企业家冒险的冲动力，是企业家发自其生理、心理本能的使命感，探索和征服未知的动机力量。

对我们国家来说，就是要更进一步落实十八届三中、四中全会的精神，全面构建一个“市场化+法治化”的营商环境，以激发企业家的投资活力、创造精神。

什么是市场化？就是要充分放权于企业和企业家，让企业家依据市场规律，进行自主投资、自主决策、自主经营，自主承担市场风险。过去我们的产业政策的确带来了经济的高速发展，取得了巨大成绩，但是产业政策在驱动经济发展的同时，也带来诸多弊端。比如，对市场信号的扭曲，对GDP（国内生产总值）质量的扭曲，进而扭曲了企业家精神。这样一种产业驱动的经济发展模式，有一个基本规律：一个政策导向，往往带来一窝蜂式的三五年的某一个行业的过热，接着就是一堆后遗症，再开始运动式的纠偏，接着又一刀切，击垮一批企业。光伏产业、互联网金融就是典型案例。

进一步释放企业家的主动性、创造性和冒险精神

解决这种弊端的出路，还是要回到十八届三中全会的精神上来。就是要让市场在资源配置中充分发挥作用，让市场的主角企业家们充分施展才能。同时，要进一步优化和完善法治环境。从企业家或者企业的角度来讲，我认为所谓的法治环境，就是企业在市场的舞池里要尽兴地跳舞，但必须戴着镣铐跳舞。这个镣铐是指什么呢？是指市场自由是有边界的、有秩序的、有规则的，企业和企业家要遵循“舞场”规则，遵循市场的规则，把自主经营建立在市场规律之上，把市场自由构建于秩序之上。但是这个规则只能是法律法规，而不是某个人的几句话，比如库德洛的几句话。

政府之手的强大，应该充分体现在营商环境的建设上，体现在法治化、市场秩序和规则的建设上，体现在以体制的优势应对公共危机事件上。营商环境建设的另一面是，进一步简政放权，而简政放权的目的是进一步解放生产力，充分释放企业家的主动性、创造性和冒险精神。

重回艰苦奋斗，重回朴实的工作方式、生活方式

从长远的战略视角看，我们应该把握住这一次危机所带来的机遇，在长期战略层面推进以下三个方面的建设：

第一，下大力气抓好基础教育。这是国家未来强盛之本，怎么重视都不为过，没有几个人均 GDP 超过 1 万美元的国家是在教育落后的基础上达成目标的。我们国家这些年的教育是有一定发展的，尤其从受教育人口的数量看是值得肯定的。但是，离我们要迈向一个现代化的国家、现代化的强国这样的战略目标，还是有非常大的距离。我们必须从人口大国走向人才大国，必须在教育的整体质量上做出更大的努力，同时，必须格外重视乡村教育。

第二，加大力度并且持之以恒地推进基础研究。我们的 GDP 是世界第二了，这是在 40 年间达成的了不起的成就，但是我们 GDP 的质量与西方发达国家相比，还有相当的距离。这个距离主要体现在我们的基础研究上，基础科学研究和技术创新决定了企业产品的竞争力，决定了国家的产业竞争力和综合竞争力。

第三，社会风气的全面改善。过往的 20 年左右，随着整个社会物质水平的迅速提升，表面繁华带来的另一面是整个社会变得浮躁，我们在浮躁浮华的氛围中沉迷得太久了。但愿这次疫情能够让全民，尤其是官员阶层、企业家阶层、学者阶层，进行一种普遍的自我反思和自我警醒，向浮华、奢华、浮躁的工作方式与生活方式告别，不忘初心，重回脚踏实地，重回艰苦奋斗，重回勤奋与节俭、朴实与朴素。

企业家精神是走出经济衰退的根本力量

回到主题：危机时期，企业家应该怎么办？

首先，我强烈建议各位企业家，从微博、微信，包括推特之中把自己解放出来。今天这个时代是一个信息泛滥的时代，但同时也是一个真相和真理稀有的网络时代。企业家最好还是选择与网络世界保持必要的距离。

你怎么能指望那些没有任何医学科学知识的人，告诉你疫情什么时候结束，疫情的走向如何？你怎么能指望一个没有任何国际关系理论和实践训练的人告诉你，疫情后世界关系的走向如何？我们的企业家怎么能够指望一个没有任何企业管理经历和危机应对经历的“网红”告诉你，如何度过衰退期、度过萧条期？

而且，网络上的声音充满了互相对立和非理性的渲染与宣泄，你怎么去识别什么是垃圾、什么是珍珠呢？所以，企业家，尤其是企业有一定规模的企业家，要有一套自己的理性、靠谱、系统的信息获取通道和方式。

唯有强大的理性精神，才能让我们明辨是非，在层层迷雾中找到坚定和自信，找到战胜危机的出口。

其次，企业家要从浮华世界中回到企业内部来，从大量的无谓社交、无谓应酬、无谓“表演活动”中解脱出来。我们国家的经济活动，必须、已经从机会主义导向逐渐走向市场导向。一家企业能否活下去，并活得好，根本上取决于企业的管理能力和管理进步。不会有什么风口了，也不能有所谓的风口经济了，所以企业家们必须凝心聚神于企业管理和企业的经营，把百分之百的身心能量聚焦于自身企业的文化建设、制度建设、战略思考、队伍建设和市场开拓。

这才是我们应对寒冬最紧要的选择。抓管理、抓经营，是最好的过冬棉袄。至于怎么控制成本、怎么抓现金流，我觉得这都是术层面的事，是危机管理的基本举措而已。

最后一点建议就是在危机时期，要更充分地展现企业家精神，展现领导力。丘吉尔说不要浪费好的危机，我加上一句，既然危机不可避免，不如将其当作上帝送来的礼物，虽然这个礼物有点苦涩，有点沉重。

危机时期，企业与企业之间的比拼已经退居在后了，不少企业都面临着活下来和如何开展自救的严峻挑战。冬天会让一些衰弱的“病树”倒下去，也会让一些管理不善的企业垮下去。在某种程度上，经济的寒冬扮演了一个市场清道夫的角色。对某些行业来说，冬天持续得越久，市场竞争的烈度会越低，市场秩序也越会得到一定的改善。而对我们单个企业来说，能否在大危机中活下去，本质上取决于企业家精神的张扬，取决于企业家信念的力量、意志的力量、感召团队的力量，以及在重大危急关头、重大战略关头的决断能力。

最后特别推荐给大家一部电影——《至暗时刻》，讲的是英国首相丘吉尔在国家危亡关头所展现的卓越的领导力。我也推荐大家读王树增先生的长篇纪实著作《长征》。从这本书中，大家一定能够感受到中共第一代领袖，尤其是毛泽东非凡的、出神入化的领导力。

02 危机时期，拒绝悲观主义[①]

疫情，不过是加速了危机的到来

新冠疫情尚在高峰期，网络上关于企业困境的讨论便开始热闹起来，各种策论、建言出笼，细读之，均有启示。我在这里换个视角，谈点不成熟的看法。

中国企业尤其是制造业企业当下的困境，早已是不争的事实，未来几年不但难有好转，而且还将进一步加深。真正的经济衰退刚刚开始，企业和企业家的艰巨挑战还在后头。疫情有可能大概率地加速危机的到来。

中国以 40 年的时间展开了人类有史以来规模最大的一场商业运动，人均 GDP 从 1978 年的 381 元人民币跃升到 2019 年的超 1 万美元，GDP 总量位居世界第二，堪称奇迹。要知道，全

---

① 此文写作于 2020 年 2 月 3 日，新冠疫情在中国流行不久之时。作者田涛认为，世界各国包括中国都面临着一次大范围的经济盘整，疫情会提前引爆全球新一轮经济危机，而此次危机大概率是一个漫漫长夜。对于企业和企业家来说，一定要摆脱机会主义的经营观，要有长期过冬的准备。但作者同时指出，萧条期对一些企业是灾难，对另一些企业则是机遇，重要的是企业家的认知与精神气质。

球人均 GDP 超 1 万美元的国家，没有一个人口超过 3.5 亿（美国 2019 年人口为 3.28 亿），大多数国家的人口在 1000 万以下。中国是在一个接近 10 亿人口（1978 年 9.6 亿，2019 年 14.1 亿）的基础上开启它的改革之路、开放之路、现代化之路的，尽管有所谓人口红利之说（此说存疑），但根本上是改革红利、开放红利、以经济建设为中心的红利。

但不能不反思的是，奇迹的另一面是 GDP 的质量与经济发展的模式。经济正如大自然的四季节律一般，有其繁荣—衰退—萧条—复苏—再繁荣的周期性规律。每一次的复苏与繁荣都会诞生一批新产业和新企业，并使得一些企业快速崛起、急剧扩张，而每一次的衰退与萧条也会让一些孱弱或虚胖的、管理不善或产品落后或产业落后的企业走向消亡。

优胜劣汰的法则在周期进入冬天时尤其显得残酷和无情，但这对整个国家的经济生态来说则未尝不是好事。

然而，过往 40 年，中国经济发展曲线基本上是一条持续上扬的大阳线，只有春夏秋，罕见过冬期。这固然和我们的起点低、各类需求旺盛、主动融入全球化、企业家精神等各种因素有很大关系，但也必须看到，从上到下对每一次经济衰退信号的过度敏感和恐惧，从而多种力量推动的对正常周期波动的过度干预，才使得春常在，夏常在，秋常在，多数年份保持了 7%~10% 的经济增长速度。政策之手、有形之手搅动着一个接一个的产业潮涌，诸如房地产、互联网金融、重化工、基础设施建设等等。每一轮的产业运动都会抹平冬天，延迟衰退的脚步，但同时给未来积累了更大的危机、更严酷和更长的冬季。

反周期、逆周期对单个企业来说，也许是最智慧、最应有的选择，但对一个大的经济体来说，因为它是一种经济生态，是环境，则必须遵循规律和法则，不到万不得已，应该慎用补药，慎用干预性手段，尤其不能用运动方式、“大跃进”的方式拔苗助长。

中国稍具规模的民营企业大多是在这样的反周期、反经济规律背景下成长起来的，它们今天遭遇的发展困境也无不与此有关。诸多民企在过往几十年大多跟着政策和风口起舞，大多走了产业多元化之路，大多染指了房地产、股票市场、互联网金融、举债兼并、横向扩张等热门经营活动。企业的规模迅速做大了，但管理远远跟不上，再加上中国经济已经进入一个长的调整期，而且有形之手、政策之手无力也不能再过度地施展，导致一些曾经辉煌的企业开始步入蹒跚期，一些指望政策拨云见日的企业坐等无望而陷入艰困，一些企业开始进行痛苦的转型和管理变革，也有一些企业走向彻底衰落。当然，也有相当一批科技企业尤其是中小科技企业、服务型企业逆境崛起。

这是 2019 年在中国大地不断发生的现实，我曾经判断 2020 年下半年这一趋势会进一步加深，而新冠疫情则将危机提前了、加剧了。事实上，美中贸易冲突、科技冲突也加深、加剧了衰退的到来。而更深层的背景是，不仅是中国，世界各国都面临着一次大范围的经济盘整，全球又一次的经济危机也许会提前引爆。

黑猫白猫，活下来就是好猫

冬天不可避免要到来，事实上已经到来了。这次的全球经济危机大概率是一个漫漫长夜，对中国来说亦然。对于企业和企业家来说，一定要有长期过冬的准备，宁可准备过度，也不能有任何侥幸心理。大机会时代已经远去，机会主义的经营观不仅过时，而且会导致坐困愁城。企业家在当下及之后比较长的一个时期应该始终思考的是：活下来，以什么样的方式活下来，活成什么样。但无论怎样，不管黑猫白猫，活下来就是好猫。

任正非长期信奉的就是“活命哲学”。华为的 32 年历经沧桑，磨难无数。一部华为发展史就是一部危机史、冬天史。任正非在 2001 年写下那篇著名的文章《华为的冬天》，又在 2002 年写了一篇《华为的红旗到底能打多久》，这不仅表达了企业家的强烈忧患意识，也吐露了真正的现实。长达 10 多年甚至更长时间，华为随时可能由于各种内外因素而垮掉。但也正是一个接一个的危机，使得华为永远不抱幻想，永远把明天当作“倒下去”的那一天，所以才不断加强管理，不断进行文化和制度建设，不断开展组织变革，持续加大面向客户的技术创新和面向未来的研发投入。华为不仅活了下来，而且活得更强壮。

美国制裁华为，是对华为组织实力、技术实力、产品实力、文化实力、管理实力的一次全面检验，华为及格了。

疫情暴发带给每一家中国企业阶段性的巨大挑战，但华为在 2019 年所遭遇的挑战和压力是世所罕见的。华为挺住了，顶住了超级大国全方位、高强度、高密度的打压，并达成了 18% 的业绩增长。这种打压还会持续，甚至长期存在，对华为来说，这无非是另一次危机而已。2001 年的全球 IT（信息技术）泡沫、2003 年的思科诉讼案、2008 年的金融危机，以及 2019 年的美国制裁，无不是在为华为创造一次变革、转型、跨越发展的重大机会。

虽然人们本能地抗拒危机，我相信任正非和华为的高层领导群体也天然地厌恶危机，但换个角度看，假使 32 年没有一个又一个的内外危机，华为会不会有今天的成就？未来会不会持续创造奇迹？答案也是不言而喻的。

在某种程度上，华为历史上的一些危机是任正非造成的，是华为自己造成的。中国的过去 40 年可以说是黄金遍地、机会遍地的 40 年，许多企业选择了拥抱每一个机会、每一次政策利好。许多企业家膜拜杰克·韦尔奇的多元化战略，许多管理学家告诫企业家们“鸡蛋不要放在同一个篮子里”，但华为却选择把鸡蛋放在同一个篮子中，拒绝多元化，拒绝资本化，拒绝一波又一波的政策风口，几千人、几万人、19 万人长期聚焦在自身选定的产业方向上，聚焦在通信技术的主航道、城墙口，30 多年研发年投入始终占销售额的 10% 以上，近 10 多年，每年研发投入 100 亿 ~150 亿美元，终于在全球通信行业赢得领先地位。

然而，聚焦战略、压强战略的背后却是无法言说的痛苦与艰难。而也正是强大的、高度聚敛的内生能力（技术、产品、文化、管理的内生力量）使得华为能够在一次次的危机打击下挺住，活了下来。

我们需要一根筋的企业和企业家。什么叫一根筋？专注，再专注，是一方面；更重要的是，使命精神。若生命的每一个细胞都浸满了对所从事事业的热忱，那再大的困难也很难打垮企业家的意志，也无法让一家饱含斗志和力量的企业趴下。任正非就是一位一根筋的企业家，华为就是我们这片土地、我们身边的一根筋企业的经典范例。

千变万变，14 亿人的消费需求是刚性的

危机时期，对企业家们来说，最为重要的是拒绝悲观主义，正

如在大机会时代应该警惕机会主义。中国相当一批有一定规模的民营企业，今天所遭遇的困境固然与身份有关系，但实事求是地讲，也在极大程度上是过去几十年的机会主义战略取向带来的。而在当下和未来的冬天，企业家们则要咬紧牙关，坚定信念，以乐观主义心态面对各种可能出现的挑战。任正非拥有强烈的危机意识，但他从来不悲观，他事实上是一个不可救药的乐观主义者。对于任何一位真正的企业家而言，悲观主义与他们都是绝缘的，堂吉诃德式的乐观与英雄主义才是他们生命的主旋律。

我这里讲的乐观并非让企业家们盲目乐观，而是要让大家在危机弥漫的当下认清一个本质：只要人们的消费活动依然存在，甚至偏于旺盛地存在，就有市场，就有让一大批企业活下来甚至活得更好的机会。千变万化，千难万困，14 亿民众每天每时巨大的吃喝拉撒睡的物质需求是刚性的，每年每月的学习、娱乐、旅行、交际、信息获取与交流的巨大精神需求是刚性的，最大程度和最有效地满足 14 亿消费者的多元物质与多元精神这个天文般基数的需求，在繁荣期是企业的使命，在经济的衰退期亦然。固然，衰退期人们的消费或趋于谨慎和理性，会捂紧口袋，但也会迫使企业加快技术创新与产品升级。

萧条期对一些企业是灾难，对另一些企业则是机遇，重要的是企业家的认知与精神气质。你天天凝视着深渊，深渊也时时在凝视着你。你在危机中看到的是刚性的市场需求和新的市场机会，看到的是竞争烈度事实上的降低（一些竞争者垮掉了，一些竞争者趋于保守），你也许就抓住了难得的发展良机。美欧历史上一批伟大的企业都是在萧条期、动荡期崛起的。

而且，我们的企业也该过过冬了，凛冬首先会让我们警醒：经济不会只有春夏秋。其次会推动企业主动或被动改变认知：谁是我们真正的上帝？客观来讲，这些年由于中国经济的超常规式、升虚火式发展，机会遍地的同时，我们也有相当一批企业对客户、对消费者漠视与居高临下，对产品质量忽视，萝卜快了不洗泥，假货、伪劣产品大行其道。结果是什么呢？一方面是企业库存的严重积压，一方面是每年数千万的中国民众走出国门看世界、"买世界"，大包小包地将奢侈品和眼药水等各类日常消费品买回世界第一制造大国，这不能不说是中国企业的集体悲哀和遗憾！

换个角度看，至少到 2019 年底，中国消费者"买世界"的热潮依然未见消退，这也从一个侧面表明，消费者的需求暂时依然是旺盛的，消费者的需求升级是强烈的。过去几年，许多学者和企业家认为经济已进入衰退期，我和一些朋友讨论认为这是"伪衰退"，因为从海外购物热感受到的是需求很火爆（这个词用在过去几年是恰切的）。但进入 2020 年，这一"海淘"景观能否持续，还有待观察。

设想一下，倘若这次突发疫情可能提前引爆的经济衰退能够使我们的企业普遍警醒，普遍重回艰苦奋斗和脚踏实地，普遍以百倍的努力做回"百分之百的乙方"，以最谦卑的姿态抓产品质量、抓产品服务、抓管理，从而留住了一批国内消费者出走的脚步和他们的口袋（早该如此了。亡羊补牢，犹未为晚），那这个冬天对中国来说，对中国企业来说，也未尝不是好事。

哪有什么大师，大师是企业家自己

"华夏基石 e 洞察"公众号的宋劲松老师约我就企业如何抗

疫、过冬写篇文章，也有一些企业家发微信给我，讲某某管理大师开的“药方”如何平淡无味。我只能说，还是要相信你自己，自助者则自强，自强者则立于不败之地。哪儿有什么大师，从伟大的泰勒到伟大的德鲁克，他们对企业管理的卓越贡献都主要是对所在时代企业的管理实践的案例抽象而已，企业和企业家开掘了一个个湖泊，管理学家们挖了一条条大运河，将湖泊逻辑化、系统化、工具化、网格化，但也同时使之教条化。企业的灵魂永远是企业家自己，企业管理理论与实践的真正创新者、创造者主要是企业和企业家，而不是什么管理顾问、咨询专家。

必须坦承，我自己仅仅是个企业观察者和思考者，而且我 20 多年近距离观察和思考的企业也仅有一个：华为。所以我想就华为如何应对危机，给企业家们一个“邻家”的视角。

2018 年 12 月初，美国从总统到相关各部门，到国会，半年之内密集出台了一系列针对华为的强力打压举措，大有“一举消灭华为”之势。客观来讲，前一个多月，华为高管层还是有点紧张，任正非也显得焦虑和焦躁，但这并未影响他们快速进入战时状态和针对战时状态的战略部署，以及迅速调整队形。华为三箭齐发：法务、研发“补洞”、公共关系齐头并进，各自井然有序地“进入战壕”，开展进攻战和防御战。

令我印象深刻的有三点。一是华为在诉讼战线主动迎战，起诉美国政府和加拿大政府。二是从 2019 年 1 月下旬开始，研发和产品部门、供应链部门通力合作“补洞”。春节放假期间，1 万多名员工不分昼夜地加班加点，后勤服务体系给予全力支撑，仅深圳坂田基地总部假日加班的后勤保障人员就有几千名，任正非等高层领导从大年初一开始，每天去办公室看望和慰问员工。2019 年 5

月 16 日美国制裁的靴子落地，三个月之后，任正非对美国媒体说，华为在核心元器件方面基本实现了对美国的零依赖。三是立体化、高频度的媒体公关战。尤其是 30 年来很少与媒体打交道的任正非站到了前台，密集、频繁地接受全球各大媒体的专访，累计文字整理稿有上百万字。用一位媒体监测专家的说法：2019 年上半年华为头上的天是黑漆漆的，10 月以后，天变灰了，2019 年底，天边有了鱼肚白。

2020 年中国春节期间，华为收到了一份节日礼物：欧盟做出决定，不将任何供应商彻底排除在未来网络建设之外。德国《镜报》的文章称：美兜售华为禁令沦为外交灾难。

更令人印象深刻的是，面对如此严重的危机，华为最高层参与应对的人仅有几位，常务董事会的多数成员照样进行日常管理。除了从各个岗位（以研发为主）集合起来“补洞”的约 2 万名员工不分昼夜加班加点，其他十几万员工似乎像什么事都没发生一样，依然按固有的节奏有序工作，让人几乎看不到躁动和不安。一切都是静悄悄的，静悄悄的背后是岩浆一般涌动的战斗力和凝聚力。

与此同时，华为乘危而行，加快、加大了组织变革的速度与力度。（这次变革对华为未来 10 年的健康发展具有决定性意义。华为内部有人称：特朗普不仅为华为做了一次超级广告，也是华为的改革倒逼师。）

2019 年我近距离地观察了华为的若干领导、高管、专家、中基层管理者、普通员工，也在华为不同部门有过若干次讲座，也参加过一些会议，我得出的一个深刻结论是，这是一支敢作战、能作战、善作战、战必胜的商业部队，充满活力的同时拥有井然的秩序。

假期蜗居在深圳酒店 8 天，再读《新教伦理与资本主义精神》（第 5 遍），体会更深了一层。清教训导真正的清教徒企业家要“尽其所能地获取，尽其所能地节约，尽其所能地奉献”，诚实守信，自制与自我警醒，守纪律与自我节制，有超出寻常的坚毅，有克服无数障碍的持续恢复力，弃绝由本能驱动的腐化与享乐，工作（劳动）成为天职，有理性化与组织化的工作方式……这一切，难道不是中国企业家所应追求的精神气质和组织气质吗?

疫情终将过去，生活还会继续，企业的经营是长期的。但愿一场突如其来的疫情和将要到来的经济寒冬，让中国的企业家群体有一次根本性的工作和生活方式的蜕变，尤其是精神蜕变，回到中国传统精神的勤勉与节俭，长期奋斗并朴实朴素地生活与奉献，弃绝懈怠与奢华，弃绝机会主义；也但愿一批有使命元素的中国企业实现从理念到制度到人才、从技术到产品到市场的全面升华。

经历了凛冬而依然挺立的企业和企业家将会走得更好、更强健。这是未来一定会发生的中国新奇迹。

03 企业家天生是“贱命”，要永远和不确定性做斗争[①]

肖（知兴）老师的文章我经常读，感觉他总能抓住问题的根本，而且没废话，包括正确的废话。肖老师的新书《以热爱战胜恐惧》讲的是中国式领导力，我认真读了，感受深刻，全书从头到尾讲的都是人性常识、组织常识、商业常识，貌似没什么新鲜感，尤其是没什么新词汇。

但问题是，我们今天的企业现实、管理现实恰恰是忘掉和扭曲了常识。而所谓的真理就在常识之中，进而言之，常识即真理。

我跟踪观察和研究华为将近 20 年，华为能够从一个无资本、无技术、无背景的“三无”公司发展成为全球通信行业的领先者，相当重要的一点是创始人任正非和华为的领导层始终没有忘掉常识，并且长期遵循和坚守了商业组织的基础常识。

什么是商业组织的基础常识？简单地说，就是：存天理，顺人性。

---

① 本文根据田涛在 2018 年 6 月《以热爱战胜恐惧》（肖知兴著）新书独享会上题为“回归常识，遵循常识，坚守常识”的主题演讲整理而成。

存天理：客户是企业的唯一上帝

对于企业来说，所谓“天理”就是价值创造的源泉。企业价值创造的源泉是资本？老板？员工？都不是。

企业价值创造的来源、财富创造的源泉只能是客户，正像任正非所说的，客户是华为存在的唯一理由。记住，是唯一，而不是二者之一、三者之一——正如上帝只能有一个，而不是“多神”。

全球范围内，既做运营商业务（B2B），又做企业网和消费者业务（B2C）的公司，似乎没有成功的。一些研究者认为，这是由完全不同的客户群体所致，不同的客户群对企业的文化和组织带来不同的要求与约束。

但华为为什么做到了，至少到今天为止，三个不同客户群的业务都发展得比较健康和迅速，运营商业务全球第一，终端业务全球第三，企业网业务也在快速崛起。

我访谈过三大业务板块的高管们，我觉得最根本的因素是价值观，他们秉承的是共同的“天理”：永远以客户为中心。运营商是客户，全球几千万的其他企业是客户，全球65亿的个体消费者是客户。只要是客户，就是华为人的上帝，组织、产品、人都只能围绕着客户这个“上帝”变化和调整。

客户是龙头，组织的任何部分都是龙身，必须随龙头摆动和起舞。在华为高层领导群体的认知里，除了核心价值观永远不变，其他都可以变，都应依据客户的显性和隐性需求加以改变。

这是一个很朴素、很直白、很有效的商业观，但要长期坚守，并且不走样、不扭曲，事实上非常不容易，甚至极具挑战性，因为它挑战的是人性，特别是领导者和各级管理者的人性。华为也时常面临相同的挑战，今天取得阶段性成功的华为尤其如此。

前几年流行一个很荒谬的概念：粉丝经济。这完全颠倒了“上帝”和“仆人”的关系。对于任何企业来说，永远的上帝只能是顾客，是消费者，而绝非企业主，企业必须以最大的虔诚和谦卑面对“上帝”，持续地加大技术投入，持续改善产品，不断提升品质和优化服务质量，总之要不断地进行创新，才能被“上帝”一次认可、扩大认可、长期认可。指望一款或几款惊艳的产品吃遍天下，永远吃遍天下，那只能是痴人说梦而已。

从这个意义上讲，企业家天生是“贱命”，要永远和不确定性做斗争，而最大的不确定性来自哪里？无疑是市场，是客户的无常变化。

正如上帝不可捉摸一样，消费者的心理本质上是丰富的、多变的，在今天竞争高度激烈、信息高度透明、商品全球流动的时代更是如此。因此企业家们还是要战战兢兢、如履薄冰地对待客户，对待每一位消费者。

顺人性：员工是企业财富创造的根本动力

企业财富创造的根本动力，到底是股东，老板还是员工？

华为的价值哲学告诉我们，资本把真金白银投资到企业，既承担了风险，也做了贡献，理应得到合理的回报，但资本要节制自己的短期行为和过度贪婪。而员工包括企业家和各级管理者，才是企业长期发展、持续价值创造的根本动力。

当今世界日趋动荡，国家内部和国家之间的经济冲突、政治冲突越来越激化，其背后的最大根因是各国内部、国家之间的高度贫富分化。过往三四十年，以华尔街为代表的金融资本主义在全球范围内掀起“钱生钱”的过度金融创新，事实上以合法的方式掠夺了大多数人通过劳动所创造的财富，劳动创富与资本创富完全不成比例，甚至有华尔街投行人士讲，钱赚得这么容易，他们私下都有点怕了……

华为有9万多个人股东，他们都是“双栖人”——既是“资本人”，又是劳动者（或前员工）。华为没有任何外部财务股东（纯粹食利者），而创始人任正非仅拥有1.42%的股份。更重要的是，华为不是上市公司，这在全球500强企业中是极少数案例。这样一种股权制度既是被逼出来的，也是创始人的一种理性自觉：与劳动者共享企业发展成果。

老板、股东谋求利益最大化，那么员工傻吗？员工，尤其是知识劳动者对财富、权力、成就与荣耀感的诉求无疑也是强烈、合理和正当的，假使企业家忽视或无视这个元逻辑、基础逻辑，只想着自己赚得盆满钵满，只想着个人权力无限放大，只想着自己在聚光灯下享受成功者的陶醉，这样的企业是走不远的。

任正非对人性的洞察无疑是成熟的、深刻的，他常说的一句话是：最大的自私是无私。因此，30年的华为就是30年“分分分”的华为。分什么？银子，位子，面子。18万知识人一起共享财富、权力和成就感，其结果就是18万知识劳动者的战斗力和凝聚力所带来的发展奇迹。

这两年有一些媒体人写文章说，华为的净利率只有7%，与BAT（百度、阿里巴巴、腾讯）相比没有竞争力。从一组数据大家可以看到一个全面的华为和它背后的价值设计。华为有三项数据长期高于利润2~3倍：

一是纳税额，2017 年纳税 900 多亿元人民币；

二是研发投入长期占年销售额的 10% 以上，2017 年投入 897 亿元人民币，占销售额的 14.7%，是净利润的 2 倍；

三是员工收入，华为的员工平均年收入（含工资、奖金和福利）之和与股东分红的比例大致为 3 : 1。

华为过去 30 年长期以 3 : 1 的基准调节劳动者与股东的收益，其背后的价值准则是：员工与股东共同分享企业发展成果，但劳动者要先于和优于股东进行价值分配。

华为作为一家企业，当然要追求合理的利润，但据我所知，华为高层对高利润则一直抱有警惕，因为它会影响华为的未来霸业，乃至于断送掉华为的战略愿景。所以华为必须要将更多的资源投入人才建设，投入研发，而不是短期逐利，尤其是逐暴利。

厚积薄发：机会主义是创新的敌人

创新在当下是一个很时髦的词汇。创新当然对我们国家、对每个企业都是至为重要的，这一点毫无疑义，问题在于我们的企业和企业家们怎么理解创新。必须看到，一窝蜂、走捷径、“大跃进”创造的大多是伪奇迹，创新只能脚踏实地，厚积薄发，一砖一瓦盖教堂。

这些年企业界、学界新词汇风行，什么“独角兽”“生态化反”“降维打击”“新四大发明”，以及“互联网思维”“互联网精神”等等（似乎大多数词语都没有确切的、公认的定义），运动式的名词动词满天飞，使整个社会变得很浮躁，大家都在跟风。

但如果认真盘点一下，不能不承认，我们大量所谓的企业创新是在交易环节、流通领域、渠道层面，而在原创技术、基础研究上与发达国家却有巨大的差距，众多企业的营销费用远远高于研发支出，人们更多关注的是快进快出的卖和买，而不是真正创造价值。

更令人遗憾的是，一些出色的制造业企业家，羞于承认自己从事的是制造业，非要给自己的企业贴上所谓的投资者标签、互联网标签或其他标签。

问题在于，实业才是立国、兴国之本，制造业是实体经济的灵魂，制造业更是引发原创发明的母体和涵养新技术的温床，对我们这样的大国更是如此。

我们需要更多的实业型、制造领域的企业家，这样的企业家对任何社会来说都是最稀缺的资源。非常可惜的是，近些年一批又一批优秀的企业家和企业家苗子，转身投入自己并不熟悉的投资者行列，这对国家来说是损失，对个人也不见得是好的选择。

华为轮值董事长徐直军讲，华为要投资，机会大把，而且可能比做设备和服务来钱更快，但华为坚决不会做。背后原因一方面是聚焦城墙口子，另一方面是不改变价值观，不赚投资的快钱，坚持做实业、赚小钱，坚持做本分的生意人。

华为拥有全球最大规模的研发团队（8 万多人），每年有数百亿、近千亿元人民币的研发投入，但 30 年来坚持只做一件事，在一个方向上持续聚焦，华为自己的说法是“在一个城墙口几百人、几千人、几万人持续冲锋”。30 年之后，华为才有了今天在全球信息技术行业的相对领先地位。迄今，华为有近 8 万项专利获得授权，许多还是基础专利、核心专利。

20年来，多元化、资本化、类金融是很时尚的概念，杰克·韦尔奇是中国企业家膜拜的偶像，GE公司的经营理念成为众多中国企业竞相仿效的样板，如果说杰克·韦尔奇启发了，同时又误导了许多中国企业，大概不少企业家是默认的。

我们必须看到，世界500强企业中的欧美公司大多是在一个单一产业上长期发力而成为行业的领先者，而中国入选世界500强的企业则大多走了多元化的道路。GE是欧美公司中的少数例外，最近GE被剔除出美国道琼斯指数，而GE正在进行的变革之路首先是砍掉金融等非主业板块。

机会主义是创新的天敌，同样也是企业长期健康发展的天敌。高度聚集、将鸡蛋放在同一个篮子里也许有很大风险，但将资源高度集中，收获的可能是“金鸡银蛋”，收获的是企业和企业家的使命、理想与伟大愿景。

创新是寂寞的事业，卓越的企业家、创新者无不是孤独的，我们的企业家、专家们要习惯与孤独为伴，并且拥抱和欣赏孤独与寂寞。今天的中国企业界，特别需要的是专注、再专注的企业家精神，沉静、再沉静的营商环境，而不是嘈杂与喧闹。

04　栖息在桥上还是彼岸：重新理解企业家精神[①]

1992 年 8 月，海南岛的某一天，某个夜晚，某家酒店。下午的剪彩仪式之后，一场大型酒宴抵达高潮。数百人的宴会厅挤满了男男女女，酒精放大了每一张面孔的亢奋，多巴胺演绎着一幕“化学交响曲”。“多巴胺不是快乐分子，它是预期分子。”这数百人操着不同的方言，或官或商或文，但灵魂中却大多澎湃的是“淘金”的向往，他们是来自中国内陆每一个省份的十几万“闯海者”的缩影。那晚的主角是一位当红的四川籍企业家，他穿梭于每一桌的宾客之间碰杯痛饮，每一桌的宾客川流涌来与他举杯。那一晚，他是被抬出宴会厅的。

中国正在步入波澜壮阔的重商时代。刚刚成立不到 5 年的海南省也是中国最大的经济特区，试验与冒险是斯时斯岛的主旋律，商人是那座开放大舞台的历史主角。20 世纪 90 年代，海南岛最瞩目的商业明星是：寰岛集团总裁王福生，新能源集团董事长陈宇光，珠江集团总裁林瑞俊，民源集团董事长马玉和。那 10 年左右，他们象征着那片热岛的惊心动魄与烟花绽放。

---

① 本文 2022 年刊于正和岛《决策参考》，作者田涛。

1992 年 8 月的那一晚，在酒精燃烧着数百位“流浪者”精神世界的那场“金色晚宴”上，我以贵宾身份坐在第一排左边角落的桌侧，我那时是海南《投资与合作》杂志的总编辑。豪宴美酒，却让我在一瞬间感到异常孤独，头脑中居然蹦出一句话：火山与飞鸟。

兹后不久，我为新发行的杂志写的卷首语题目是：《心动不如行动》。

一年后，《投资与合作》开设专栏，连续多期推出中国历史上的商人、企业家的介绍与评述文章，从范蠡到卢作孚，到胡雪岩，到张謇……我也从那时起，开始了断断续续对商业文化和企业家精神的思考与研究。

企业家定义：冒险精神是企业家的第一禀赋

“企业家”是我们这个时代的一个“热词”，自诞生以来，也一直是东西方文明史中一个备受争议的职业的语义符号。企业家精神是 20 世纪 60 年代以来经济学界逐渐热门起来的论题，在当今的中国舆论界，这一话题也变得热闹起来。那么，“企业家”到底指的是哪一类人群？真正的“企业家精神”包括哪些内涵？卓越的企业家应该具备怎样的领导力和思维品质？本文试图结合我与中国一些代表性企业家几十年的交流，对中外一些著名企业家资料的分析、观察和研究，进行一些以具象为主、抽象为辅的尝试性探讨。

“企业家”一词的英文 entrepreneur 源自法语，原意是指“冒险事业的经营者或组织者”，在 16 世纪的法语中是指“指挥军事远征的人”。在不确定性中寻求动态的确定性，这是企业家最本质的特征。投进去 1 块钱，预期赚 10 块钱，结果常常收获的是一地鸡毛：亏 5 块钱。这是绝大多数企业家曾经、当下和未来始终面临的“生死之赌”，也因此，我们才会看到千年历史上众多前赴后继的商业巨子一夜间变得一贫如洗，乃至于家毁人亡。有记载称：太平洋深处有 300 万艘沉船，除了少数的战船之外，大部分是商船。一次几次跨洋贸易，赚得盆满钵满，该歇手了吧？非也，冒险持续，持续冒险。

2015 年一个冬日之夜，长城脚下一家五星级酒店的咖啡厅，室外雪花飞舞，室内爵士乐时而咆哮奔放，时而忧郁低回，几位曾经的“闯海者”企业家，围坐在熊熊燃烧的壁炉前，频频举杯，醉醺状态下忆当年海南岁月：× × 安在？ × × × 可好？其中一位突然失控长泣：几十年，熬得累啊……

1991 年中国经济出版社出版的《特区省的管理者们》辑录了 141 篇描写当时海南特区各类型企业家、管理者等（近 200 位）的报告文学作品。20 多年后，这些当年叱咤风云的热岛人物大多已消逝于历史的烟尘中，有人积劳病亡，有人羁狱，有人落魄海外，多数人杳然无迹，今天依旧卓然不倒的仅余三五人。诚所谓“善始者实繁，克终者盖寡”。

几年前，在海口观澜湖一个小型聚会中，海南第一任省委书记许士杰的秘书如数家珍地讲起一大堆当今著名的企业家，不无自豪又不无遗憾地说：海南是中国民营企业家的黄埔军校啊！的确，我熟悉或者有过一面或几面之缘的国内各行各业的老板们，不少人都有过“闯海”的经历。1988 年十万人才下海南，南下的是一大批一腔热血的青年知识分子，北归了一群散落在中国大地各个角落的实业家、金融家、生意人。他们和中国各类型的企业家、商人们相同，在过往 40 年的市场经济大潮中，最大程度并最大效能地迸发个体的欲望、创造力和资源整合力、组织力，在为个人积累财富的同时，也直接或间接地为共和国的现代化崛起付出了汗水与泪水、青春与热血，乃至于身家性命。

阿特·克莱纳说，企业领导人往往潜伏在“地狱般的黑暗处”。因为没有人能够告诉他，走出深渊的出口究竟在哪里，即使有人向他指出了通往未知的道路，也必须由他做出关乎输赢命运的最终决定，所以他是天然的冒险家。而过往几十年的中国企业家们，还必须面对法律和其他非市场因素的高度不确定性。冒险，是企业家的第一禀赋。

冒险，并活下来，活过历史短周期的，有枭雄有英雄；活过历史长周期的，有枭雄有英雄；活过历史几个周期的，乃是不朽的英雄。

创新精神：预期锁定则结局锁定

巴菲特是冒险家吗？毋庸置疑。巴菲特是不是企业家？约瑟夫·熊彼特认为，企业家是市场经济的灵魂，而企业家的核心特质是创新，所谓创新就是要“建立一种新的生产函数”，不断进行技术革新和生产方式的变革，不断颠覆旧的技术和生产方式，不断动态确立“生产要素的重新组合”。依据熊彼特的理论，很显然，这个世界上从事商业活动的数千万人，只能被称为商人，从小商小贩到巨贾大亨，他们是人类经济活动中至为重要的基础链条，并构成了国民经济和社会生活的强大网络。他们的贡献是巨大的，但他们依然不能被称为熊氏定义的“企业家”。企业家是通过颠覆性创新“无中生有”的极少数人，是通过大量的微创新、累进型创新、跟随式创新推动技术与产品市场化的少数人，是通过理念创新、制度创新、组织创新以实现技术、资本、人才诸要素最优组合的极少数人。霍华德·休斯[①]是，比尔·盖茨是，乔布斯是，扎克伯格是，埃隆·马斯克是，张瑞敏、任正非等人是。还有一些默默无闻的中小创业者，他们也许面临重重困境，但他们选择在喧嚣的大时代孤独创新，他们可能甚至大概率会失败，但他们是企业家。在无数前赴后继的创新者的累累败绩之上，崛起的是一批优秀的企业和卓越的企业家。

有学者认为，一个国家财富塔尖的1%~5%的群体中，有多大比例由从事直接价值创造的创新型企业家构成，代表着一个国家的产业健康度、经济健康度。我由此联想：一家企业1%~5%的高管群体中，有多大比例来自市场一线、研发一线，恐怕也代表着一家企业的文化健康度、制度健康度。

① 霍华德·休斯（1905—1976）：飞行员、电影制片人、导演兼演员，一个集天才与疯狂、放纵与自闭、仁慈与冷酷、勇敢与怯懦于一身的美国著名企业家。他29岁成为美国休斯工具公司董事长，30岁进入好莱坞，成为电影公司董事长兼导演，37岁创立休斯飞机公司，40岁驾驶自己公司设计的飞机并创造时速567公里的世界飞行纪录，42岁以7个半小时飞越美洲，43岁创造91小时环球飞行纪录。其中几次自驾飞机试飞时坠地，导致身体大面积受伤，45岁隐居。他性格乖张孤僻，经常将自己关在房间里，不与任何人交流，而且长年吸食可卡因和自己注射镇静剂；长期不洗澡，每日用大量的纸巾揩拭全身。这样一个极端另类的“最怪异、最迷人、最可怕的公司动物”，一个“掌管着巨大财富，却无法掌控自己”的“拥有一切却一无所有”的“怀疑狂”，却在20世纪60年代被美国媒体冠以“国家英雄”称号，成为美国大众追捧的偶像级人物。美国有许多这样的另类冒险家兼企业家，比如特德·特纳（1938—），美国传媒大亨，美国有线电视新闻网（CNN）创办人，个性特立独行，行事风格极端，充满对抗性和挑战性。特德·特纳少年时酷爱帆船运动，CNN大获成功后，又成立帆船俱乐部，一年花许多时间参加各种国际比赛，在他的心目中，“生意第一位，帆船第二位”。“特德·特纳一参加比赛，所有的船只都不得不尾随他从黎明到黄昏不停地激烈角逐。”如果说休斯是挑战天空的英雄，特德·特纳则是“征服海洋的波塞冬”。企业家是形形色色的普通人，但他们更是“稀缺品”，是独特的价值发现者和价值创造者，是风险事业的经营家。

我们说企业家的第一要素是冒险，但事实上商人的第一要素也是冒险。卓越企业家的冒险精神、冒险决策、冒险行为大多是围绕着创新展开的，商人则是为了逐利，普通的企业家则吝于创新。2018 年初，一个超级大国对华为发起了全面围剿，“我们公司从来没有这么危机过，痛苦过，无望过”，任正非在 2021 年底如此坦陈两年多前的精神困境。他就像个危局棋手，棋盘上只剩下一枚棋子可以走，这就是聚集最精锐的研发力量，实施更大规模的创新战略，“对上捅破天，对下扎到根”，让科学家“拿着手术刀去杀猪”，夜以继日地“补洞”，争取尽早实现反向突围。与此同时，开展顶尖竞赛，支持全球科学家和青年才俊，并广纳天下英才。2018 年，华为的研发投入为 1015 亿元，2019 年为 1317 亿元，2020 年为 1418.93 亿元，2021 年在销售收入下降 28.9% 的背景下，研发投入高达 1427 亿元，占全年收入的 22.4%，创历史新高。

预期锁定，则结局锁定。工程师和军人出身的任正非，再辅之以他罕见的挑战型人格，使得华为在创立之初就种下了技术创新的基因。华为最早的工商执照的经营范围是气体悬浮仪设备开发与经营，那是任正非自己的研发成果。创建的第 5 年，在任正非的提议和支持下，华为就开始进行第一枚芯片的设计。华为创立的早期十几年主要是跟随西方领先公司进行技术与产品方面的模仿式创新，后面将近 20 年，越来越加快跨越式创新、原创性创新的步伐，从而奠定了华为对抗危局的“一枚强大的棋子”。

从事高度抽象的拓扑斯数学命题研究的法国数学家、菲尔兹奖得主洛朗·拉福格评论道，华为所关注的包括产品的维度、技术的维度，以及与技术相关的基础理论的维度，“基础研究的探索属于华为长远眼光的一部分。华为许多人是从一二十年的角度来思考的”。拉福格已加盟华为法国数学研究院，他认为，对他来说“这是一次探索新世界之旅”。

使命精神：栖息在桥上还是彼岸？

弗朗西斯科·迪马尔科·达蒂尼，14 世纪的一位意大利巨富，“每天都生活在对战争、瘟疫、饥荒和暴动的恐惧中，每天都会接到坏消息”。在那个动辄出现宗教暴力将矛头对准经商者的时期，他一面心怀恐惧，一面冒险和创新。他是工作狂，也是一个控制狂，他创造了一系列散发着现代气息的商业范式与规则。去世后，他留下了 15 万封商业信件、500 本账簿和 300 份合伙协议中载明的业务，他的企业的所有业务都有律师介入、有恰当的文书和最新的账目。这位无子女（也有说法，他有许多私生子）的大亨临终时，将其所有的资产包括现金、房产和文件资料捐献给他出生的小镇里专为穷人设立的基金。

达蒂尼的经商信条是：为了利润，为了上帝。

达蒂尼尊奉的商业信仰是“一杯复杂的、撕裂的、生硬混合的鸡尾酒”。在一个世纪之后的宗教改革运动中，利润与上帝才具有了社会心理层面的因果性，在加尔文、卫斯理等新教革命家的解读中，商人阶层被赋予了一种统一的悖论逻辑：世俗禁欲主义。追逐财富并非是邪恶的，而是上帝所嘉许的，关键在于，赚钱的目的是什么，为谁而赚钱。卫斯理则为新教徒商人们展现了一条救赎路径：尽其所能地获取，尽其所能地节约，尽其所能地奉献。

新教伦理成为资本主义经济的“观念发动机”，在美国，这种信仰驱动“涡轮现象”，使得全世界的资本、人才、怀有强烈饥饿感和狂大野心的冒险家纷纷涌入。安德鲁·卡内基[①]，一位从苏格兰移居美国的底层少年，20多年后成为美国最富有的人之一，他的名言是："心满意足的人不会勇敢面对汹涌的大西洋，只会无助地坐在家里。"这些商业枭雄或工业英雄，像400年前的前辈达蒂尼一样，"为了利润，为了上帝"，从富兰克林[②]、卡内基、范德比尔特[③]、爱迪生[④]、

---

① 安德鲁·卡内基（1835—1919）：一个从社会底层一路打拼崛起的苏格兰移民，最后成为美国实业家、慈善家，卡内基钢铁公司创始人。他是"一个忠诚而又精明的理想主义者"，"既有圣人的一面，又是一位卑劣的暴君"。卡内基从未受过专业的经营管理训练，却创立了大量的管理思想和管理方法，包括他的战略观、人才观、成本观、产业关联策略、对技术创新的重视等等，迄今仍被企业界沿袭和借鉴。他的墓碑上写有一段话："埋在这里的人，懂得如何将比自己优秀的人为他所用。"他几乎每周7×12小时在劳作，是一个对财富增长充满强大欲望的人，又是一位视财富为"轻飘飘的斗篷"、随时可以甩掉的乐善好施者。2009年，《福布斯》网站公布"美国史上15大富豪"，安德鲁·卡内基以2812亿美元身家位列第二。他有两大称号："钢铁大王"和"最伟大的慈善家"。

② 本杰明·富兰克林（1706—1790）：美国发明家和科学家，作家，印刷商和出版商，美国开国元勋之一，自然神论者。2006年，美国《大西洋月刊》评选他为影响美国的100位人物第6名。

③ 科尼利尔斯·范德比尔特（1794—1877）：美国著名的航运、铁路、金融巨头，电脑游戏《铁路大亨》的原型人物。范德比尔特家族与洛克菲勒家族一样，是美国渊源很深的大家族，它名下的庞大财团具有长达百余年的历史。范德比尔特是"世界上最富有的白手起家的人"。他生前为自己建造了巨大的纪念碑，使用10万磅铜来镌刻他一生的经商事迹，这些都位于他的中央雕像的两侧，雕像高12英尺，重达4吨。他一生私生活混乱，晚年患上了梅毒。从容、精明、自信是他一贯的决策风格，晚年却一再做出一些怪异甚至具有毁灭性的商业决策，传记作家引用专业医生的观点，认为这是"梅毒引起的间歇性痴呆症状"所致。

④ 托马斯·阿尔瓦·爱迪生（1847—1931）：美国著名的发明家、物理学家、企业家，被誉为"世界发明大王"。爱迪生是人类历史上第一个利用大量生产原则和电气工程研究的实验室来从事发明专利而对世界产生深远影响的人。他拥有超过2000项发明，包括留声机、电影摄影机、钨丝灯泡等。1879年创办"爱迪生电力照明公司"，1892年与汤姆森－休斯敦公司合并成立通用电气公司。美国《生活》杂志2000年评选出千年来全球最有贡献的100位人物，发明电灯的爱迪生名列榜首。美国《大西洋月刊》评选出的影响美国的100位人物，爱迪生位列第9名。

福特[①]，到摩根[②]、洛克菲勒[③]……共同缔造了美国经济的迅速崛起与繁荣。

上帝与利润的“奇妙鸡尾酒”代表着老派的、美式的经典“资

① 亨利·福特（1863—1947）：美国汽车工程师与企业家，慈善家，福特汽车公司创建者，也是世界上第一位使用流水线大量生产汽车的人。他的生产方式使汽车成为一种大众产品，不但革新了工业生产方式，更重要的是对现代社会和文化产生了巨大影响。麦克·哈特所著《影响人类历史进程的100名人排行榜》一书中，亨利·福特是唯一上榜的企业家。福特公司也是第一个推出8小时工作制的美国大企业（两年后的1916年，8小时工作制正式在美国以联邦立法的方式确定下来），并且在宣布这一决定时，将员工的基本工资直接提高一倍以上，至5美元一天（当时畅销的福特T型车售价440美元）。福特认为“每天支付5美元是我们减少成本的最好方式”。实施新的雇佣制度后，福特公司的员工辞职率下降87%，缺勤率下降75%，并且生产成本下降了，汽车价格便宜了，带动汽车销量直线上升。

② 约翰·皮尔庞特·摩根（1837—1913）：美国金融家、艺术收藏家，摩根财团创始人，拥有J. P. 摩根公司这个世界最大跨国银行之一，拥有国际商业机器公司（IBM）、通用电气公司、国际电话电报公司、美国钢铁公司以及通用汽车公司等53家大企业的控制权，直接或间接控制铁路10.8万公里，占当时全美铁路的2/3。他开创了“摩根时代”，即金融寡头支配企业大亨的时代，并累次通过发行债券、低价收购股权等方式“大发战争财”，被称为“华尔街的拿破仑”。这位金融帝国的缔造者是一位狂热的艺术品收藏家，同时也是一位随心所欲的慈善家，是新教圣公会教徒。他的传记作者琼·斯特劳斯评价他“操纵着20世纪帝国的天平，好像要占有世上一切美好的东西”。他性格粗暴冷淡，晚年多灾多难，1912年摩根财团旗下航运公司的旗舰泰坦尼克号沉入海底，也诡异地象征着一系列灾难的到来。同年，摩根财团涉嫌恶意控制美国财政命运，75岁的摩根出庭接受国会委员会的审讯，一个多月后精神崩溃，两个月后去世。

③ 约翰·戴维森·洛克菲勒（1839—1937）：实业家，慈善家，人类历史上第一个亿万富翁。他出身贫寒，是一个虔诚的浸礼会教徒，一生冷静自律，却又是一个敢于在新兴领域探索的冒险家，并且具有强烈的道德感，“他的财富和其他同时代的巨富们相比，是最不肮脏的”。他是埃克森美孚石油公司的创始人之一，美国标准石油公司创始人，创建了世界上第一个联合事业——托拉斯，开创了美国历史上一个独特年代——垄断时代。洛克菲勒财团鼎盛时不仅控制了全美95%的炼油产业，还控制了美国一些主要铁路干线，并且扩张到银行、保险等多个领域。退休后，洛克菲勒致力于慈善事业，主要是教育和医药领域，创办了芝加哥大学和洛克菲勒大学，并资助了多所学校和医学研究机构，建立了北京协和医学院。2009年7月，《福布斯》网站公布“美国史上15大富豪”，约翰·洛克菲勒位列榜首。

本主义精神”，但进入20世纪之后，一切开始变了，出现了霍华德·休斯、比尔·盖茨、特德·特纳、乔布斯、巴菲特、马斯克、扎克伯格……如果系统阅读和比较这一代跨世纪的美国商业巨子的传记，你会发现，“以人类为中心”的人本主义、新自由主义、消费主义理念成为席卷一切的商业信仰，世俗的人、人类取代“虚拟的神”，成为具象的、无所不在的“新上帝”。他们的精神结构，与19世纪、20世纪初那一代美国企业家有了显著差别。然而，他们却拥有共同的行为特质：冒险，创新，征服，超越。

德国社会学家齐美尔说，“金钱有一点像上帝”，但他进而又说，“金钱只是通往最终价值的桥梁，而人是无法栖居在桥上的”。30年前，1992年海南岛的那个夜晚，浓缩着一代中国商人、准商人、未来商人强大的物质饥渴感和改变个人生存命运的炽热欲望。30年过去了，中国崛起了一个数量庞大的商人阶层，但真正的企业家们却普遍面临着精神焦虑与困惑：财富对一个人到底意味着什么？拥有“几辈子花不完的钱”之后，持续奋斗的动机究竟在何方？……

当然，也有少数企业家和研究企业家精神的人在思考：我们的社会为什么诞生不出疯子企业家休斯、狂人企业家马斯克？我们一些前沿企业家在和比尔·盖茨、马斯克、扎克伯格们同台对话时，为什么在精神气质上与他们有那么强烈的反差？我们的社会和我们的企业家到底缺了些什么，需要补上哪些必不可缺的元素？在长达40年的原始积累和粗放式扩张之后，毫无疑义，中国企业家普遍到了一个进行“意义拷问”的时期，到了一个重建财富创造动机的新阶段：“我国的企业家们要普遍建立中华文明结构之上的、超越财富榜的形而上的追求”。

奉献精神：做一个饱满的人

企业家是自我力量和外部力量共同塑造的结果，企业家精神也是多种内外动机塑造的结果。但就其本质而言，仍然取决于企业家的内在自觉，包括使命自觉、动力自觉、伦理自觉。

谁缚汝？你自己。同一片天空下，为什么美国能够诞生伟大的工业家福特和伟大的科技企业家乔布斯？为什么中国的土地也能够孕育出卓越的科技企业家任正非？卓越企业家与普通企业家的不同在于，前者始终拥有雄心，拥有冒险气质，拥抱创造和创新，他们是少数在精神和意志层面最饱满的人，同时他们也普遍乐于奉献。

“君虽独丰，其何福之有？”（《左传·季梁谏追楚师》）一个人在牌桌上赢尽了所有的筹码，他的幸福首选项应该是什么？散掉筹码！让牌局得以持续。而更明智的策略和更高的伦理观则是，从牌桌支起来的那一刻，价值共享的理念和分配规则就大致确定了。一流的企业家们无比清楚，当他们确立了一种具有强烈冒险性质的使命框架时，就必须同时确认一种因果性力量：以奋斗者为本。罗纳德·科斯说：“一个不需要支付成本的承诺是不值得相信的。”任正非说：“我如果不要钱，我们就拥有了世界。我如果要太多的钱，世界就缩到了我们家。”乔布斯仅有 0.68% 的苹果股权，他缔造了一个帝国。任正非仅有 0.75% 的股权，在他 34 年间不断将 99% 以上的股权滚动稀释给十多万员工时，华为从极卑微的起点走到了世界领先地位。

“人类必须属于某一个部落”，但我为什么要加入这个部落而不是另一个部落？为什么我要从先前的部落跳到新的部落？除了显性和隐性的激励机制以外，企业家的个人抱负和企业家所营造的集体抱负是至关重要的引力因素。当一家企业的集体抱负丧失了，当企业的既得利益阶层整天盯着股票的起伏曲线时，当企业家守着百亿千亿万亿的市值，却不愿面向未来的不确定性进行密集的战略投入时，组织中对大大小小特权的追求就会泛滥起来，老板被封神，组织被切割成了一个个虚拟的以“土皇帝”为圆心的“土围子”，有才华有雄心的人就成了边缘人。至此，企业家精神就退化和异化了。

企业家奉献精神的另一面是：在他将物质化追求的商业组织塑造成一群人的精神图腾的过程中，他自己最先成为“使命与理想的囚徒”。他总是尽量释放自己被限制的创造力，不断将戏剧性事件和冒险带到组织中，这包括对前沿科技保持敏感的想象力和洞察力，包括牵引企业面向未来的偏于激进的、持续的战略投入，包括在组织上不断进行吐故纳新，在文化上不断推陈出新。他们就像珍爱自己的身体一样，一生都在为“反死寂”而战斗，以对抗组织演化必然带来的普遍麻木与懈怠。乔布斯是一个至死都活在宏大梦想中的英雄，埃隆·马斯克是一个永远活在“一切皆有可能”的彼岸世界的英雄。而任正非，他几乎全部的思想空间和行为半径都被华为填满了，因此，在与他来往最多、最密切的人们的评价中，他是一个“心中只有华为的单调的人”，一个“孤独英雄”。

当我们推崇企业家的奉献精神时，通常的概念与内涵总是模糊的，但有三个重要的指标最能展现企业家的奉献精神、牺牲精神：一是拿出多少真金白银与员工共享；二是拿出多少真金白银投入创新；三是将多少身心与时间倾注于企业。

战斗？屈服？或“采菊东篱下”？

一位 18 世纪的英国哲学家写道：当一个人知道他将在两周内面临厄运时，他的思想会非常专注。那么，他会专注于战斗，还是专注于屈服？这是一个极限拷问，却是改革开放 40 多年来，中国许多民营企业家的心路写照。我认识几十位著名企业家，他们几乎每个人在创业的几十年都经历过炼狱般的厄运，都面临过无数次“战斗，还是放弃”的灵魂煎熬。有位自谓“伤痕累累 23 年”的企业家两年前问我：美国打压华为，“如果任正非一步步往后退，会发生什么？”我答：“帅溃，则兵溃，兵溃如山倒。”2021 年 10 月初，此君宴我，先自饮三杯，再叩杯于桌长叹：任正非给中国企业家立了个标杆啊！没有退路就是胜利之路！

事实上，哪一家走过几十年的企业和企业家不是在一次次的绝境中走向重生？有兴趣的读者可以翻阅一下周掌柜的文章《德国博世百年风雨启示录》，讲的是一家著名的德国老牌企业的生死沉浮。中国企业家也许能从中得到许多精神观照。一大群掉进火山的小鸟，大多在严酷的市场环境中消失了（或者避离了），烧不死的鸟则是凤凰。凤凰涅槃啊！

我们在前面讲了企业家的四种精神特质：冒险精神，创新精神，使命精神和奉献精神。冒险在某种程度上是生理层面的多巴胺爆发和社会心理层面的共相振荡的混合体，仅少数人具有这种禀赋，比如赌徒，比如企业家。但杰出的企业家必须将冒险精神导向创新和创造，这是他们和赌徒、普通生意人、一般企业家的本质区别。正因此，他们也必须为自身、为企业确定一种超离于物质形态的“意义结构”，确立一种富于张力的使命、愿景和价值观。也正因此，财富对他们而言仅是达成使命和愿景的工具，一件随时可以甩掉的“轻飘飘的斗篷”。他们自身，无不成了被使命与理想役使的“永动机”。

“事了拂衣去，深藏身与名”？“首富”范蠡携天下第一美女西施远避红尘喧嚷、泛舟于无忧江水之上的故事，是一个美丽的传说，但传说战胜不了多巴胺。我熟悉的一位企业家，开公司前在部队当过团长，七八年前因为一次重大挫折移居澳大利亚，将公司委托他人打理，公司也运转正常。他理应可以如范蠡一般，在异国的青山绿水间过潇洒人生，他是个诗人，也曾向往如陶渊明一般“采菊东篱下”。与寒士陶渊明不同的是，他拥有数亿家产，却绝无陶公的心境。每次从国内去到澳大利亚，他时常站在他家半山腰的宅邸前，对着天空、绿树和大群飞鸟，自我调侃地一遍遍挥手：我的兵都在哪里？

什么是真正的、卓越的企业家？被“生命中不可承受之轻”绑架了的极少数人。他们与一切卓越的科学家、艺术家、思想家、政治家在精神层面上是相通的。而所谓企业家精神，从本质上讲，也与人类其他杰出分子的精神结构是一致的。

五年前，那位移居澳大利亚的企业家回到了深圳，回到公司再次掌舵。舰长归位舰船上。

05　浪中行舟：关于企业家精神的六个悖论[①]

企业家是“困扰经济模型的幽灵”

企业家精神的供给曲线是营商环境与企业家自我实现动机的契合与互动，但在营商环境的阶段性、周期性、局部性发生变化时，企业和企业家在重大挫折和危机来临时的复原能力则尤其关键。著名经济学家高尚全在几次考察华为并与任正非交流之后，对我说：看一家企业的竞争力有许多维度，但抗危机能力更能说明问题。过去几十年全球经历过最少三次大的经济危机，还有国家的宏观调控、行业本身的起伏动荡，企业挺过来了没有？挺过了几个经济周期？挺过来后元气大伤还是变得更强大？这个过程中，企业家绝对是灵魂人物。

企业和企业家能够一次或者几次度过危机，也许缘于一种命运侥幸；或者缘于企业家的意志品质，所谓“熬”字经；或者缘于多巴胺原力，即凯恩斯所称的“动物精神”——活力和冒险精神。这些因素的确都很重要，是商人和企业家天然具备的禀赋，只不过

① 本文写于 2022 年 3 月，作者田涛。

表达的力度和表现的强度有所不同罢了。但这些更多主要发自企业家天赋本能的因素，却远远不足以支撑企业在“危机如林”的漫长岁月中，艰难走向卓越，乃至伟大。

经济学家威廉·杰克·鲍莫尔说，企业家是“困扰经济模型的幽灵”。我在长期观察和研究中美欧一些著名企业家的人格特质、思维特征、领导力与行为方式的过程中[①]，最深刻的感受是，这些以数字追求为目标的卓越企业家，恰恰是在数据模型框架之外的极少数人，是永远无法用数字“称重”和衡量的“两极分裂”的极少数人，是那种一旦跨过1%的极限就会被称为“精神病患者”的另类人，最典型者莫如霍华德·休斯，一个20世纪60年代美国的“国家英雄”，却也是精神异常者。

我总是把《病夫治国》[②]和《生而癫狂——霍华德·休斯传》两本书推荐给企业家们和研究领导力的人士对照阅读，这两本书所描述的政治领袖和企业家们，尽管经历与成就不同、个性与品格不同，但其思维与领导风格却具有两大相似点：一是极端性，二是悖论性。

真正卓越的企业家无不是悖论主义者。他们拥有强大的非理

① 在我们探讨企业家精神和领导力的过程中，阅读大量的东西方企业家传记，并从这些卓越人物五彩斑斓、光怪陆离、跌宕起伏的苦难与辉煌的成长史、人格史、意志史、命运史中抽丝剥茧，勾勒出某些共同的特征与成败逻辑，应该不失为一种重要的研究方式。

② 《病夫治国》（皮埃尔·阿考斯等著）一书的中文全译本由新华出版社于20世纪80年代出版，内部发行。2005年江苏人民出版社出版删节版，公开发行。我在近40年前接触此书，三天内无分昼夜，连读了两遍，其中几章反复阅读。两位作者一位是著名记者，一位是医学博士，他们从医学、生理学、心理学、政治学等多元视角解剖了20世纪具有世界影响力的政治领袖们复杂的个性特质与风云激荡的政治生涯。此书虽颇多“专业立场的武断之论”，却不失为领导力研究的重要参考书。

性能量，拥有狂热激情，同时也拥有近乎冷酷的理性；他们是冒险家，同时也是保守主义者；他们拥有罕见的使命精神，同时也是极端的现实主义者；他们是不可救药的乐观派，与普通企业家相比，总能在绝望中看到月球的背面，但他们也时常对盲目乐观抱有怀疑与警惕，比普通企业家具有更强烈的忧患意识，甚至恐惧感；他们是秩序主义者，同时又崇尚自由。他们深谙组织管理的第一性法则是在“欲望与克制”之间寻求动态平衡；他们无不具有强烈的扩张性，但他们也大多在思维品质上拥有难得的收敛性；他们在情绪上大多具有易感性——自我感动与感动他人，但他们也无不是孤独者。

以上种种，正是本文试图揭示的企业家精神的几大悖论。

悖论一：99%与1%，冒险家与保守者

1492年，西班牙女王伊莎贝拉对探险家哥伦布说：“去吧，我相信你会带着黄金和香料回来的。我允许你以我们的名义去冒险，我也允许你失败。”[①] 伊莎贝拉堪称全球风险投资者的鼻祖，哥伦布堪为冒险家的鼻祖之一。

不确定性是企业经营管理活动中一个复杂且迷人的现象，企业家始终需要面对的是：内外环境变化的不确定性，与分散性知识、有限理性甚至完全无知二者之间的冲突张力。而企业家精神的实质，一是不确定条件下的“判断性决策”，二是

① 见《管理的异端：激进思想家令企业管理重生的历史》（阿特·克莱纳，东方出版社，2012年）。

通过创办企业、扩大经营、有效管理实现自己的“判断”，从判断中获得物质和精神的回报。[①] 判断—决策—行动—结果（验证成功／验证失败）的轮番递进，是企业家精神最典型的呈现模式。一旦懒于判断，企业家将与普通人无异；一旦盲目决策，企业家将与赌徒无异；一旦敏于思而倦于行，企业家也许可以转型做“无用之用”的学者，却绝不可做企业家，企业家是天然的行动派；更重要的是，他做出了判断，也做了决策，也展开了行动，但结果却可能是失败的。而真正卓越的企业家是那种不断发动判断、不断策动决策、不断发起行动，并不断接受失败挑战和成功诱惑的少数人。正因此，我们才有充分的逻辑认为：企业家是人类社会的稀缺物种，不是任何从事市场活动的人都可称为“企业家”。

伊莎贝拉深谙什么是真正的企业家精神：冒险与成功是一对孪生体，冒险与失败也是一对弈生体。但对企业家自身来说，必须首先记住伊莎贝拉的第一句话（投资基本原则）：我相信你会带着香料与黄金回来的——投资回报。她包容失败，甚至鼓励失败，是为了最大程度地激励哥伦布去冒险，将企业家的冒险精神放大到99%的极限，这样虽然风险增加了，但投资回报率也可能增加数倍。但冰冷的现实是：在逐利的商业世界，赢得成功是唯一标尺，失败只不过是迈向成功过程中的一组音符。若屡战屡败而少见成功，不仅伊莎贝拉这样有远大眼光的“投资人”会疏离你，你的大多数追随者也会因失败带来的普遍沮

① 《企业家的企业理论》（尼古莱·J. 福斯等，中国社会科学出版社，2020年）一书中关于“企业家的判断决策”的观点，为本人探讨企业家精神带来不少启示。

丧弃你而去。资本与人才都是需要用胜利的“歌与酒”持续激荡的。

一位国内著名的基金管理人对我说：“投资就是投人。什么样的人是我所看重的投资对象？保守的疯子。”他举例说：两个人从1000米高空往下跳，一个看着蓝天白云就兴奋，不管不顾地就跳了下去，另一个虽然也兴奋，甚至更兴奋，但他在跳之前会反复检查降落伞系好了没有。前者是真疯子，后者最有潜质成为企业家。这些年商场有很多“真疯子”，王石这样的少数人却是真正的企业家。王石一大把年纪去跋涉珠峰，他是疯子吧？但他是“全副武装”朝上爬的，这和他做企业的风格是一致的，他是99%的疯子，但他的1%的“保守”很强大。王石和任正非那一代成功企业家共同的特点是：他们骨子里其实都是保守主义者，更准确地说是激进的保守主义者，对“降落伞”的偏好不亚于对风险的偏好。

悖论二：两个99%，狂热动机与现实理性

几年前，当我得悉一位著名企业家成天沉迷于写诗诵诗时，我对朋友说：“这家企业快迷航了。”朋友说：“他是从诗人转型从商的，企业曾经很红火，这几年比较艰难。”我答：“做企业从来不是什么诗和远方，要么到达彼岸，要么死亡。”企业家角色代表着最复杂、最微妙又最危险的领导力，是哲学与诗的双重支配力。

诗人般的狂热，是一切事业家的必备气质，如乔布斯、马斯克。企业家都有一种宿命魔力般的狂想病，但正如马克斯·韦伯所论，

理性化才是现代商业文明的核心。卓越的企业家必须同时拥有一种深刻的理性化气质。

那些优秀的人为什么愿意相信你并追随你？是因为你所编织的故事与愿景足够广阔与灿烂，能够让他们的企图心、力量与智慧有安放之地，使他们强烈的多巴胺能量有充分释放的空间。数千数万优秀的人选择相信，持续选择相信，也是因为你并非那种“热血一上头，什么都不顾”的浪漫诗人或草莽英雄，让他们的梦想与成就不至于在一个人的非理性狂热中毁于一旦。99% 的狂热激情与 99% 的现实理性的悖论统一，是那些最一流的组织家最理想化的领导力特质，也从而创造了企业史上一系列令人惊异的高密度智力合作的杰出范例。大规模和超大规模合作最能展现企业家的类宗教魅力。一流企业家是商人中的“数字诗人”，是想象力与激情的化身；也是商人中的“实用哲学家”，是理性主义的现实模板。

在一个充满着膨胀的期望和同样充满着强大外部压力的环境中，市场的高度复杂性才是最严酷的现实，仅靠想象力与激情，是远远不够的，甚至是有摧毁性的。但更令人扼叹的是，我们有太多的商人是靠嗅觉决策的。我查阅和研究了过去 20 年 10 个省市的首富们的致富史与浮沉史，发现一些共同特征：突兀崛起于某项产业政策的潮头，又瞬间跌落于潮落之时；一些商人很少读书，但十分注重学习和琢磨中央文件与领导人讲话；频繁变换赛道，什么热就扑向什么；摊大饼式的多元化；高负债与短债长投型的扩张并购；拍脑袋战略与粗糙的自信。这些特质也表现在一些拥有良好教育背景的企业家身上。他们既缺乏“诗人式”的想象力，也缺乏冷静、严谨的理性化沉思。

多巴胺带来的欲望与激情的超常释放，在过往几十年造就了一批千万富翁、亿万富豪，但也同时毁掉了一些财富帝国。为什么一位曾经身家超过200亿元的省级首富，最后变得几近两手空空？为什么一些富翁戏剧性地眨眼间变成了“负翁”？仅仅是因为经济不景气或者营商环境变化吗？

优秀的企业家，他们的左右脑必须保持平衡。

悖论三：蜜蜂与蝗虫，欲望的释放与节制

必须承认，人类社会中，越是优秀分子，欲望越强大，各领域皆然。对商人们来说，欲望既是一种本能，也是一种关于财富的想象，一种如何看待财富、获取财富、分配财富的价值观。

杰夫·摩根在《蝗虫与蜜蜂：未来资本主义的掠夺者与创造者》一书中，以形象化的比喻对资本主义（市场经济）进行定义：资本主义（市场经济）在本质上鼓励掠夺者和创造者，这两者就如同自然界的蝗虫与蜜蜂。蜜蜂代表着勤奋的创造者，代表着群体间的分工与高度合作性，集体智慧胜过个人智慧。蝗虫则代表着贪婪与寄生性。乌托邦主义的主张是，扑灭一切蝗虫，让蜜蜂漫天飞舞。但问题在于，灭掉了蝗虫也会使蜜蜂灭绝，这是大自然与人类社会最复杂的悖论。我们在这里要讨论的是：在色彩杂陈的商业生态中，你是“蝗虫”还是“蜜蜂”？是价值掠夺者还是价值创造者？是商人（并非所有商人都是掠夺者，其实多数都不是）还是企业家？如果你是通过持续的创新活动而创造价值的企业家，那你就必须面对一个不容回避的两极张力：欲望的张扬与欲望的节制——最大程度的欲望张扬与清

教徒式的欲望节制——尽其所能地获取，尽其所能地节约，尽其所能地奉献。[①]

扩张性是企业家和企业的本质属性，唯有超越竞争对手一个节拍、半个节拍的激进和持续扩张，企业家的欲望才能得到有效满足，企业的永续存在（百年老店）才有基础。然而，扩张必须是有质量的扩张，干净的成长，有责任感的发展。一位制造业企业家感慨道，质量、干净、责任，对企业家来说，是底线要求，也是崇高要求，真正做到并不容易。这即是“尽其所能地获取”的本义所在。

企业家以使命、愿景牵引追梦者们一起激情澎湃地奋斗，却必须记住，要以黄澄澄的金子去兑现承诺。一支能征善战的队伍既需要理想主义，又绝不可缺乏“十块大洋”。当我们在组织中张扬企业家的宏大梦想时，是否理性化地、极其严肃地思考过：钱分好了吗？在明亮的光线中很难看清楚物与人的本相，但正如任正非所言：钱分好了，管理的一大半问题就解决了。

这里的挑战是：你舍得把大把的银子和象征着威风八面的权杖给追随者吗？最明亮的那颗星，为什么总是环绕着层层叠叠的小星星？多元引力（财富分享引力、权力分享引力与成就共享引力）使然。这即是“尽其所能地奉献”的内涵之一。

---

① 见《新教伦理与资本主义精神》（马克斯·韦伯著，康乐与简惠美译本）一书中关于卫斯理教派的论述，该教派创始人卫斯理认为，一个合格的清教徒商人的标准是：尽其所能地获取，尽其所能地节约，尽其所能地奉献。抛开宗教色彩，这种观点对我们今天的商人和企业家阶层依然具有深刻的启示性，毫无疑义，这应该是东西方社会共同推崇的企业家精神的要义所在。

“尽其所能地奉献”的内涵之二是创新成本。创新是企业家的核心特质，但无论是技术、产品、商业模式的创新还是组织创新，都是需要成本的，当白花花的银子源源不断流向那些看不见的、有可能打水漂的“智力冒险”（比如基础研究）活动时，这实际上检验着企业家的使命追求、创业动机和一种发自内心的对财富的泛宗教认知。

我的书桌上有一架金黄色的地球仪，我会经常俯瞰它的经纬线上的角角落落，有时会突发奇想和感叹：巴菲特在哪里？马斯克在哪里？李嘉诚在哪里？……

对那些个人欲望极其强大的商人或企业家来说，当你因财富的多寡和身家的增减所焦虑，被财富的意义所困扰、所折磨时，不妨读读《金刚经》和《心经》，前者是生命哲学的皇冠，后者是皇冠上的明珠。这两部伟大的宗教经典，绝非讲“空”与“无”，而是一种彻底放下和积极进取、看开看淡看透与无畏创造之间的辩证法。①

岸在何处？放下即岸。彼岸何在？浪中飞舟即彼岸。

① 有一种观点认为：基督教的时空观是一个线性过程，历史是朝着确定的目标在前进；佛教的时空观是一种天道轮回的过程，这就使得个人的奋斗和人类的历史变得虚无。在组织与个人的管理上，前者的生存哲理是：受难是高尚的，未来是美好的；忍耐，再忍耐，盼望，永远盼望；向上向上向上，向前向前向前。后者则是：看穿看透看开，众生皆苦，万般皆空。我在 48 岁之前，大体也具有这样的认知。48 岁本命年，我开始从生命哲学的视角习诵《心经》，并且几乎每日诵读至今，60 岁又开始浅习《金刚经》，越学越久越觉着，佛家哲学博大精深，仅从“空”与“无”这些字面意义进行理解，显然难得其精髓。佛学那种“不可言，不可说”的极具辩证意蕴的时空观，至少于我来说，未使我陷入悲观消极的人生状态，反而使我少了一些烦恼与焦虑，多了一些泰然平和，少了一些急功近利，多了一些无所畏惧和积极进取。

悖论四：使命感与现实主义

有追求的企业家都会为自身和企业设计使命，制造信念。然而，建立使命是需要勇气的。当企业家在组织中构建了某种使命，他自己首先必须拥有强烈的使徒气质：坚定相信并全身心付出。我为什么总是推崇马克斯·韦伯著作中所描述的那些清教徒企业家？就是因为这类被韦伯理想化了的白手起家、以工业家为主体的企业家，不仅是勤勉的自我奋斗者，是通过理性化精神进行社会化大生产的组织者，而且普遍克制自律、警醒自觉、乐于奉献。对真正的企业家而言，构建使命就是在为自己和组织设定一种带有自虐性质的精神框架与行为戒律。如果你骨子里崇尚“和尚打伞，无发（法）无天”的“山大王”做派，你何必要搞那些“挂在嘴上，忘在心里”的假模假式的企业文化呢？东南亚那些食利型大亨、寻租型商贾所创建的商业帝国就没有使命、愿景、价值观这些“虚的东西”。①

构建使命也需要企业家对商业本质的洞察力。每家企业都有自身独特的经营逻辑，但成功的企业在使命内涵上是一致的。福特公司的使命是：不断改进产品和服务，从而满足顾客的需求。沃尔玛公司的使命是：给普通百姓提供机会，使他们能与富人一样买到同样的东西。微软的使命是：使世界上的个人和企业实现其全部潜能。谷歌的使命是：整合全球信息，使人人皆可访问并从中受益。华为的使命是：为客户创造价值，实现客户梦想。无论它们

① 此处可参读《亚洲教父：香港、东南亚的金钱和权力》（乔·史塔威尔，复旦大学出版社，2011 年）。

在语言表述上有多大不同，但都指向一个中心：客户（顾客、消费者）。客户是企业唯一的使命承担。[①]

有几次，我在给一些中小企业的创始人讲课后，与任正非进行电话交流，他总会说：小企业不需要复杂的管理，就是一条，以客户为中心。大企业管理复杂，但也要坚持以客户为中心。

这些年，我们经常听到一些成功企业家的创业神话：车库里的“人类使命感”、老旧居民楼里的“国家理想”。这大约也是真实的，但比此更真实的是：怎样才能活下来？企业家的使命追求是创新与创造的精神原力，但企业家亦不能走向使命过载，不能让过度膨胀的使命感压倒组织的力量支点。越是狂大的使命越意味着更大的不确定性，不确定性意味着巨大的脆弱性。使命是永远的牵引，活下来是永远的挑战。而与此相悖的残酷案例，在过去 40 年民营企业的发展史上却屡见不鲜：使命无比狂大，动辄“上天入地”“世界第一”，却缺乏坚实的资源策动力、人才组织力、产品创新力和市场扩张力，导致使命感与组织效率的严重不匹配，从而走向失败。

任正非无疑是一位狂热的使命主义者，但他也是一位冷峻的现实主义者。在华为历史上的多个生死关头，任正非每次都会以激昂的语气在公司内部喊出类似的口号：宁可打出最后一颗子弹，也要实现我们的使命，赢得最后的胜利。然而，几十年来，华为从未

---

① 此处关于全球知名企业的“使命”，并非完整引述，仅引用其核心部分。世界 500 强企业的使命设计有两大特征：一是宏大性；二是现实性，即都有其明确指向。无论从事何种行业，客户是企业存在与发展的唯一理由。因此企业也只能有唯一的使命：为客户创造价值，实现客户梦想。关于“客户”这一终极指向的字词表达，各家企业略有差别，从狭义看，无非是客户、顾客、消费者，从广义看，有“人类”“人们”“大众”“人人”等，但归根结底，指的都是“客户”。

打出过“最后的子弹”。为什么？它在与危机赛跑、激进冲锋的同时，也在加紧储备“更多的子弹”。

2015 年 7 月某一天，任正非出访阿根廷，我是陪同者之一。在法国戴高乐机场转机时，他专门安排一天时间驱车 3 个多小时，带我们参访诺曼底（他以前去过不下 5 次）。中午，在二战时期盟军正面登陆的海边的一家咖啡馆，我们面对大海喝咖啡，任正非突然冒了一句：“280 万人，光手纸都不知要准备多少，打仗打的是粮草！”

悖论五：乐观主义与忧患意识

我曾询问华为轮值董事长徐直军：“外面有人说任总是个悲观主义者，华为是悲观主义的胜利，你怎么看？”徐直军答：“瞎说呢。老板绝不是悲观主义者，他从来都是乐观主义者。华为历史上经历了许多事情，老板都自己扛了，我们这些人什么都不知道，就知道安安心心工作。过多少年了，他才会给我们讲一点点……”

“恒星的主要任务是制造各种元素”，在组织中“制造”理想主义和乐观主义元素是企业家的基本使命，不然组织的扩张性将无从谈起。我们在前面讲过，企业家是风险职业，不仅要面对市场风险、技术风险、产品风险，还包括一系列的法律风险和社会风险等。不确定性是最大的、长期的、永远的风险。因此，企业每朝前走一步，就离深渊近了一步，也朝希望近了一步。关键在于：你怎么认知深渊或希望？领导力研究大师詹姆斯·马奇非常推崇堂吉诃德精神，在堂吉诃德眼里，从没有什么深渊不可跨越，只有光明和希望。在华为创立的第十几个年头，正是华为最艰困的时期，任正非自己也在内外重压下患了抑郁症，但他却在内部反复讲“我们只有胜利一条路可走”，一直讲了几十年。

组织的调性是由领导者决定的。我们有一些企业家，情绪色谱中灰暗的调性远大于亮色调，有些人虽然创业 10 年、20 年、30 年，却总是一路抱怨，抱怨营商环境，抱怨投资人，抱怨管理者，抱怨员工，每有小圈子聚会就大倒苦水。虽然有人的生意做得很大，但他仍觉得事事不快乐。问题的严重性在于，他们也常常把负面情绪带到企业中，特别是在重大危机出现时，他们甚至会放大阴影和恐惧。

卓越的企业家不仅是乐观主义者，也是坚硬的孤独者。能扛事，能忍事，能藏事，能处事。华为市场部门一位前高管见证了华为前 20 年的许多大风浪，他告诉我：“困难时，任老板也会在极少数高管面前流露出软弱和无助，但他调整得很快，上午还绝望呢，下午又变得斗志昂扬。还有，他从不在员工和大多数管理层中表露软弱，总能让员工有一种心里踏实的感觉……”

优良组织是一个生机勃勃的能量场的集合。固然，创始领袖的乐观主义基因无比重要，但这种基因扩散的土壤也同样重要。好的基因、合适的基因和稳定的基因是组织通过文化适配长期选择的结果，但从华为的实践看，员工的年轻化是不可忽视的先天“土壤”之一。什么人最容易被理想主义和乐观主义感染？青年人。一般而言，青春是乐观的同义词。任正非既是“乐观派”，也是“青春派”，他可以以 75 岁、77 岁的年龄两次赴西藏旅游，登顶海拔 4720 米的色季拉山口，在海拔 4401 米而且大雪弥漫的雅拉山口留影，也会时常带领一群员工振臂高呼：“潇洒走一回，我拿青春赌明天……”然而，在华为创立的最初年头，当任正非每一次向团队展望未来时，那些与任正非年龄差不多的40岁左右的“同龄人”，有人会表现出不屑：“又吹牛了，打肿脸充胖子……”

的确，堂吉诃德式的乐观主义是企业家精神的前提，但卓越的企业家还必须是冷峻的忧患派，必须清醒认识自身和组织所处的外部环境，也必须充分认识自我和组织的局限性。任正非的领导力特质具有近乎极端的两面性，在公司高歌猛进时期，他会一遍遍地警示：冬天来了！狼来了！在危机压顶时，他又会激情昂扬：没有什么力量能够阻挡我们前进的步伐，华为必胜！①

还有一个值得研究的现象是，华为的高层领导群体中，有人的个性更偏于乐观主义，有人则更偏于现实主义，但他们却具有共同的忧患意识。任何组织都需要眼光远大的鹰，需要策划与发动进攻的狮子，需要狼与狈的合作，也需要不断发出刺耳“噪声”的猫头鹰，但“猫头鹰”绝非悲观派，组织必须拒绝悲观主义。

---

① 如果企业家或研究者对任正非的悖论思想感兴趣，可以系统翻阅任正非1997年至2021年的代表性内部讲话整理稿（103篇），你会发现，经历1987年至1996年大约10年“摸着石头过河”的无序混沌之后，无论是华为还是任正非，越朝后越摸到了组织发展的内在机理，并逐渐从被动应对走向主动掌控。按照年代顺序顺着阅读、再倒着阅读任正非的103篇文章，你会发现两个规律。第一，大致以两年为期，任正非讲话的主基调是饱和进攻与激进扩张，到第三年之初，又突然变调，大讲优化产品质量、优化合同、优化现金流。我曾经听过一位地区部总裁抱怨：“老板太善变了！这两年都是进攻进攻进攻，猛然间又急刹车，这可是十几万人的大部队啊！搞不好会翻车！”但半年之后，这位地区部总裁对我感叹：“也就是华为能做到，我们不但没翻车，而且整个公司很平静，关键是公司发展更健康了。”第二，在全球信息技术行业高歌猛进、华为也高速发展的时期，任正非会在“烈火烹油”之时，发表文章或讲话：华为的冬天到来了！要准备过冬棉袄。而在类似于2008年全球金融危机这样的经济衰退期，他又在公司内部“唱反调”：危机对华为是机遇，我们要抓住机会，逆势扩张，提速前进……

悖论六：自由与秩序，无解的组织管理谜题？

一切组织管理的学说与实践，无不是关于自由与秩序的悖论探索。人类是从丛林中走出来的，自由是人的原初基因。为了对抗丛林法则，人类在长期的演化中形成了“在群体中分散赌注”的本能：社会化合作。合作本能的前提是自由本能与秩序本能的平衡。个体渴望和拥抱秩序，是因为秩序是关于自由的方向与框架、边界与尺度，而不是对自由的掠食与侵犯。

企业家是从事创造的人，是天生的意志论者。但优秀的企业家却绝对不能全然用自己的意志塑造秩序，必须遵循人性逻辑和组织规律。什么是人性逻辑？己所欲，人之所欲。当企业家过度放大自我的权力自由和成就欲望时，“一亩三分地”上的大多数劳作者的自由空间就变窄了。关于人性的想象力与同理心，是我们许多企业家、商人所欠缺的一种精神元素。

企业有两种秩序：一种是基于契约之上的“自发秩序”，一种是基于制度和流程之上的“外在秩序”。前者的本质是自愿性与双向性，既是关于个人自由与组织意志的楚河汉界，也是你情我愿基础上的双边认同。这是所有商业组织的元秩序，人性遵从是契约秩序的根基。后者是组织意志的表达，体现的是组织规律，其本质属性是强制性和单边性。企业是以数据衡量成败生死的组织，尤其是制造类企业，它必须建立一套简明有力的制度与流程体系，并以此约束全体员工的职业行为。

秩序并非恒定。初创期，弱秩序、高自由是企业原始积累阶段的基础特征，在守法前提下，这一时期企业如果被人为创建的“小而全”的“外在秩序”束缚，企业是很难长大的。但从创立之初就确立以契约为底座的管理和经营行为的“自发秩序”，却是绝对必要的。许多人知道，任正非创建华为是因为在担任国有企业部门负责人时被骗而被“逼上梁山”。但很少有人知晓，在主动停薪留职去追款的日子和创办华为的初期，他自学并去深圳大学夜校学习过很长时间的法律课程。这应该是华为一路走来的一条极为重要的隐线：企业家的契约精神。

随着企业的快速成长和规模的不断扩大，企业需要告别活力与混乱并存的“狼烟期”，加大力度构建“外在秩序”——将组织建立在制度与流程的框架上，从而摆脱对个人英雄、能人文化，包括对企业家自身的依赖。诺基亚中国区一位前负责人对我说：20多年前，诺基亚曾经困惑，华为为什么对标学习IBM这样条条框框太多、管理偏于僵化的企业呢？后来的结果证明，任正非的选择是正确的。在无数个“自由基”的无规则、持续性运动中，华为也许会成为中国的优秀企业，却难以走向世界。

任正非说，我们的组织要从“布朗运动”走向科学管理，就要“穿上一双IBM鞋”，“谁反对变革，就砍掉谁的脚”，华为的管理要“先僵化，后优化”。在决定选择思科还是IBM作为华为的变革顾问时，任正非说：思科的管理太激进，我们中国人又太灵活……言下之意是，要用更高规范的秩序与规则约束和对冲华为早期的过度无序。

在长达15年左右的时间，华为以数亿美元的代价向西方多家咨询公司“买思想”“买制度”“买流程”，换来了华为的全球化与全球领先地位，但随着时间的演递，一种宿命般的组织逻辑开始呈现：制度与流程走向异化，僵化秩序抑制个体能动性与创造精神，成为组织效率与创新的障碍。有华为高管说：华为为什么总是阶段性折腾？是因为每个时期不折腾、不变革，公司要不会被无序带向崩溃，要不会静悄悄地衰亡。从 2010 年至今，华为进入了一个“否定之否定”的变革期：简化管理，简化流程，向大企业病宣战。这也许是华为未来变革的永续指向。

我们必须格外清醒，秩序的第一属性是解放人、激励人、给人自由，第二属性才是约束人、管控人、使人不舒服。组织管理的终极表达应该是：在洞察人的本性的前提下，保护和激发人的自由，防止秩序异化对自由的侵蚀。看一家企业的制度与流程是否健康，评价标准只能是：是否有利于人才的思想（学术思想）自由和学术自由，有利于解放生产力，有利于“多打粮食”，有利于企业的创新活动与价值创造。

自我批判与自我纠偏：像空气和水一样须臾不可缺失

我们讨论了企业家精神的六大悖论，其实还可以列出若干悖论，比如威权与民主、扩张与收敛等。这些关于悖论与企业家精神的粗疏认知主要是基于对美欧日（以美国为主）历史上一些伟大企业家的研究得出的。当然，华为创始人任正非是我 20 多年密切互动、观察和研究的重点对象，我曾与他交流过我对他的管理思想、领导力风格的认知：两极对冲的悖论。他基本认同。

六种悖论是一种理想状态的企业家精神，并非每一位杰出的企业家都全部具备，或者说，没有一位企业家同时具有六种悖论精神，某些人此一方面强一些，某些人则另一方面更突出些。

企业家类同于浪中撑舟的船夫和舵手，锚定目标后，必须提速前进，但又必须随时把握平衡。也类同于驾驶员，一会儿踩油门，一会儿踩刹车，一会儿朝左、一会儿朝右打方向盘，达成目标是唯一诉求。优秀企业家也许有一种天赋潜质：多巴胺能量强大的同时，理性机制也同样发达。他们的右脑与左脑总是处于相互对抗状态、警惕状态、批判状态，所以他们不仅普遍活得累，而且易患精神类疾病。

企业家是企业的灵魂人物，但任何追求卓越的企业都不可将命运寄望于一个人身上，寄望于一个人的极端性总是能够被悖论理性战胜。没有神话式的企业家，也绝不可神话企业家。企业家的完美人格恰恰是能够认识自己的不完美。即使是最杰出的企业家，也不是企业史上一个个事件发展的唯一因素，甚至决定性因素，企业某些时候的成功，恰恰是因对企业家的判断进行否定、颠覆而达成的。我访谈过的一些华为高管在评价任正非时，既会讲到他的无私与远见、战略定力等，也都会讲到“老板的缺点”和“走麦城”：“我们每个高管都写过很多次检讨，老板也写过多次检讨。”而社会上有人给任正非扣上“伟大”的高帽时，任正非幽默道：“我是‘尾’大，尾巴大一点。”

在我们推崇企业家的冒险精神、创新精神、使命精神和奉献精神时，还应该加上一条：自我批判精神。自我批判在某种意义上意味着企业家和企业的局限性，也意味着企业家和企业的成长性。华为成功的两大根本：一是核心价值观，二是它非左非右、忽左忽右、亦左亦右、激进与保守的悖论哲学，即自我批判与自我纠偏。华为只有一样东西永恒：核心价值观。

对一个组织来说，最大的危险是陷入自我封闭的循环。自我批判既是企业家自身的自我审视与自我修正，更重要的是整个组织的自我批判与自我纠偏。华为的经验是：自我批判不仅是一种文化，也是一种开放机制。从上到下的民主生活会、蓝军组织是华为重要的批判机制，而它的内部网站心声社区则是一种全体员工参与的批判机制和开放有序的民主监督机制。

“辩证法不崇拜任何东西”（马克思），它只承认变化的力量和批判的力量。多年来，任正非一直倡导华为的高中级干部“要学点哲学，哲学是人生的罗盘”，“要懂点辩证法，也要懂形而上学”。如此，悖论领导力就不仅是企业家自身的必需素质，还是企业决策群体和管理层群体的一种悖论文化、悖论素养、悖论领导力。这样就既能够避免企业走向一路狂热，又能够矫正企业步入沉闷与死寂。“死气沉沉”与“热气腾腾”，我们当然期冀的是后者。华为能够 34 年始终保持“热气腾腾”，且在潮流涌动或重大关头拥有理性精神，比如拒绝多元化与盲目扩张等，与它长期不懈的自我批判、自我纠偏的文化与机制有很大关系。

自我批判与自我纠偏对任何谋求健康发展的组织来说，如同空气与水一样须臾不可缺失，也是一切优秀企业基业长青的重要法宝。

06　用大视野看清共同富裕[①]

认清一个基本国情

如何看待当前热议的“共同富裕”话题?

首先需要回归到中央关于我国基本国情的判断和表述上，这非常重要。

十九大报告有一句话几乎没有被大多数媒体、学界充分关注：“我国仍处于并将长期处于社会主义初级阶段的基本国情没有变。”这个论述来自十三大报告，十九大报告予以重申。这是中国共产党对我国所处发展阶段很清醒、很理性的认知。

我认为，中央对于基本国情的认识是相当清醒的，对未来发展的预期也很冷静、很理性，不然不会说“我国仍处于并将长期处于社会主义初级阶段的基本国情没有变”。这句话如果能被全社会、企业界和学术界广泛认知和重视，舆论场就不至于像今天这么撕裂。

比如是不是像有些人说的，现在应该首在公平，次在效

① 本文原刊发于正和岛《决策参考》2021年10月刊，作者田涛，发文时署名“马冀”。

率？改革开放初期讲的是“效率优先，兼顾公平”，发展到后来是“效率与公平并重”，那么到了今天是不是可以把效率放在次要位置，把公平放在第一位？也就是把分蛋糕放在第一位，全体公民不再需要努力做大蛋糕了？

贯穿于社会主义全过程的一个重要原则是“各尽所能，按劳分配”，对应共产主义社会的“各尽所能，按需分配”。劳动是社会主义阶段价值创造与分配的前提，更何况我国将“长期处于社会主义初期阶段”。

发展中的中国依然要坚持以经济建设为中心，坚持发展是硬道理。这是我们当前的综合国力基础所限定的，也是我们的国家理想所决定的。从当下基础到未来理想的关键要素、根本前提就是要发展，要动员和激发全社会各种有生力量去创造更多、更高质量的国民财富和个人财富，这样我们才能够在社会主义初级阶段的基础上奠基未来“强起来”的国家理想。

那么，谁是国家财富创造活动的直接、主要承担人群？毫无疑问是企业家，各种类型的企业家。企业从所有制来讲，有国有企业、民营企业，还有外资企业；从规模来讲，有大企业、中等企业、小企业；从门类来讲，有制造业、服务业、金融业，当然也包括互联网行业等。

这都是推动我国从社会主义初级阶段向未来的强国迈进的企业要素和企业家要素。这一点中央讲得非常清楚，“两个毫不动摇”讲了无数遍。为什么社会各界尤其是民营企业家还有那么多疑问呢？很显然，这涉及怎么看这两年来针对某些行业和某些企业的一些监管举措。

如何看对房地产行业的监管与调控？

怎么看待今天对某些行业的政策调控与监管举措？比如互联网、房地产、游戏、娱乐行业。如果认为加强对这些领域的监管与政策调整就是改革开放倒退了，甚至如个别自媒体文章渲染的中国开始清算资本家了，显然不够客观，缺乏对具体问题的具体分析、对具体政策导向实事求是的分析。

当今的时代非常需要理性精神、理性的舆论氛围和理性反思。以房地产业为例，过去几十年，房地产业对国民经济的贡献、对大多数人住宅条件的改善、对城乡建设的贡献是巨大的，是有目共睹的。但房地产业的过度扩张甚至无序扩张带来的问题也是严峻的，同样是有目共睹的。

我们需要向西方发达国家学习，向比我们先进的国家学习，把别人的经验拿来为我所用，助我发展。但西方国家的经济社会制度、发展模式、产业政策等，在不同国家有很大的差异。

如果到瑞典、德国、丹麦等欧洲国家深入考察，可以发现拥有两套以上房子的人非常少，包括一些富人和企业家。这可能和价值观有关系，比如宗教的影响，但更主要的是制度约束，比如房产空置税，在有些国家房产空置税高得让你根本就没有任何动机去购买多余的房产。而且欧洲多数国家房地产的价格很少出现暴涨暴落，利用房产进行投机的空间很小。

相比起来，美国房地产的自由化程度比较高，但总体上，美国房地产在过去100年左右，剔除通胀因素，其价格也并未有过“中国式的暴涨”。

“中国式的暴涨”这个词是一位华尔街投资家讲的，他的意思是，中国过去20多年的房地产价格就像火箭一样蹿升，几乎只有涨、大涨乃至于狂涨，却很少有下跌，这样反经济规律的现象曾经让不少权威的投资分析家大跌眼镜。

从2000年前后开始，持续多年的“房地产大跃进”在中国乃至全球经济史上都是罕见的，到处都是建筑工地，到处都是新建的住宅楼和商业办公楼。房子像竹笋拔节式地产出，供应源源不断，但房价却年复一年地节节攀升，一个社会劳动者的收入增长远远赶不上房价的飙升速度。

这不仅带来了普遍的社会焦虑，也对实体企业造成了巨大的损害——既包括土地成本和劳动力成本、资金成本的大幅增长，也包括信心的损害与动摇。

长三角、珠三角不少中小企业一年的利润抵不上炒一套房子的价差，一些中小企业家被迫炒房弥补亏空，或者关掉工厂投身房地产业，或者走多元化之路，而几乎大多数的所谓多元化，其中必包括房地产业，有的人干脆卖掉企业，做专业的“炒房个体户”。这种现象难道不应该充分警惕并调控吗？

再在世界范围进行比较，我国的房产总空置率是高了还是低了？我国有多少家庭拥有两套房产？有多少家庭拥有三套以上的房产？有多少家庭拥有五套以上的房产？这些家庭的购房款有多大比例来自银行贷款？这些房子的入住率、使用率如何？……

进一步的问题是：房地产投资占据国家各类金融资源的比例到底有多大？各类金融机构可用于经营的资产，比如银行放贷给房地产相关行业的比例与放贷给实体企业的比例是一种怎样的状况？我国大多数银行的资产配置与发达国家的银行相比较，处于一种什么样的状态？另外，这样的金融资产配置对我们国家的中长期经济发展战略是否做到了价值最大化、风险最小化？

有人说，房地产政策调整的转向太突然，会让企业家对政策的变化产生“不安全感”。这种说法并不符合客观事实。“房子是用来住的、不是用来炒的”是一个极为明确的政策宣示，表明中央对房地产行业有了一个根本性的定位，这话最早出现于2016年的中央经济工作会议中，并且被写进了2017年的十九大报告。

近5年，这一定位未发生改变。在5年的时间里，无论一些房地产企业，还是一些地方政府，都有足够的时间和空间回旋，进行自我调整。

但不少房地产老板却抱有幻觉，认为政策一定会转向，因为20多年来屡次进行房地产调控，每次调控过后，房地产价格都大幅攀升。他们依然坚持按惯性思维“走老路”，继续博弈式激进扩张。

一些房地产公司2016年年底的资产负债率已近高位警戒线，5年来不但未见改善，相反债台高筑到了不可收拾的地步。

还有一个隐性问题是，我们少数的房地产商敢拍着胸脯说“我建的房子保证30年不会有质量问题”吗？

我们的社会需要普遍反省，当然也包括曾经在中国经济活动中最活跃的房地产企业家、互联网企业家们。

如何看待互联网行业的政策调控和“强监管”？

过去20多年，中国经济活动中有两只“横冲直撞的巨兽”，从小到大，再到超大体量，从在国民经济结构中无足轻重，到快速膨胀、畸形发展、举足轻重，再到“大而不能倒”。这样一个过程既有其必然逻辑，比如房地产业，市场需求是大背景，改革开放为亿万中国老百姓居住条件的改善带来了巨大的刚性需求；也有其政策逻辑，通过房地产的商品化和市场化激活大众需求，以形成新的经济增长点；还有实行分税制带来的地方政府对发展房地产业异乎寻常的热情。这些因素都在主观和客观上推动了房地产行业的快速崛起。

这些“无形之手”“有形之手”与房地产投资者们携手并肩，最终将这个新的“支柱产业”异化成了巨型的“吞金器”——多数老百姓资产结构中的一半以上和金融机构资产存量结构中的40%左右被房地产吸吞，异化成了老百姓的“不可承受之重”，并对实体经济带来了不可估量的损害。

再看互联网。必须承认，中国的互联网在过往的20多年里创造了一个世界级的经济与科技奇迹，崛起了一批在体量上足以与美国互联网巨头比肩竞赛的大企业，决定性的因素是企业家精神，是这个领域的一批又一批敢于冒险、勇于探索、勇于面对失败风险而坚持不懈、前赴后继的企业家的奉献与拼搏精神。

无论是马云、马化腾、李彦宏、刘强东，还是“第一个吃螃蟹”的张树新等人，都为推动互联网发展做出过贡献。从更深层面讲，互联网极大地改变了中国人的生活方式、工作方式乃至思维方式，已经成为我国政治、经济、社会中完全可以类比于交通、水电的纵横交错的国家软基础设施。

在充分肯定企业家的付出与贡献之外，也必须看到，中国互联网的巨大成就是建立在政府对互联网行业多年来的政策鼓励、倾斜和包容之上的。仅“审慎监管”这一条，就为互联网行业的发展与扩张释放了无边的想象空间。

全球最大体量的电商行业既是中国庞大的消费群体的产物，也是国家的优惠税率、对网络假货和一些电商企业屡屡违规行为“审慎监管”的产物。还有网络媒体、网络游戏等等，在过往十几二十年能够发育成世界级的互联网生态巨头，都与国家对这个行业的期许很深，从而以包容创新为主、监管为辅，有绝大关系。互联网从业人士、企业家如果更理性地进行纵向回溯思考和横向比较，相信对此观点不会有太多异议。

客观而论，依欧盟对互联网产业的法律标准，我国每一家互联网巨头都很难做到今天这种规模。我们的互联网企业在很长一个时期，都具有跑马圈地、无边扩张、在有规则的地方冲撞规则、在无规则的地方自定规则这样典型的原始积累特征。

凡事必有度。任何产业、任何企业、任何人在一条道上奋力奔跑时，在“度”的这一边，也许代表着朝阳产业，代表着先进生产力，代表着全社会敬重的“大众偶像”。但越过了“度”，在“度”的另一边疯狂疾奔，失控扩展，无边界、低秩序甚至无秩序地“通吃天下”，就会走向反面，走向与政府期许、国家发展目标偏离，走向与大众利益对立，给社会经济的健康发展带来危害。

这是古今中外被反复验证了的逻辑和铁律。

具体到电子商务，它无疑在促进我国的商业现代化转型和经济平台建设方面，具有不可置疑的重要作用和积极贡献，给广大消费者也带来了前所未有的便利性。

但电商假货泛滥的问题由来已久，长期得不到有效治理的结果就是对实体经济尤其是制造类企业造成的损害无法估量。假货风行，以比真货低一半甚至低更多的价格倾销，那些真正投入资金甚至巨资进行技术和产品创新的企业，尤其是中小制造企业只能惨淡经营，勉力支撑，不少企业甚至走向关门倒闭，这绝非少数个案。

再就是互联网金融。金融是保障国家安危的基石之一。金融的本质是风险控制，而不是创新。金融的过度创新、无序创新带来的只能是金融风险的几何级累积。

今天美国经济问题与社会问题交织，困境严重，很大程度上与华尔街过去50年五花八门的金融创新有关系。但即便如此，拥有世界最高科技水平和严密风险监管体系的美国，对互联网金融这种新事物一直持审慎态度，使其一直未能扩张性发展。

我们必须充分认识到，无论是互联网，还是金融，都是一个国家经济体进行价值创造的工具，是通过服务于实体经济来实现自我价值（利润等综合价值）的伟大工具。金融是国民经济的血脉，互联网是当代国民经济的神经系统，应该真正回归其工具属性，在首先真正、直接地服务于国民经济的心脏——实体经济，使其健康发展的同时，为大众提供健康的、风险可控的金融服务和网络服务。

相反，若工具异化成目的本身，金钱在空转中不眠不休地自我循环与自我实现价值，互联网渗透和垄断经济与社会生活的方方面面，这恐怕绝非国家与百姓的福音。

计划派与市场派都有“致命的自负”特征

每当政府进行经济调控尤其是反垄断、反某些行业的无序扩张、反资本的无序扩张时，总会有强烈的质疑声音，总会有一些“自由市场派”学者撰文著书予以反对。反之亦然。

这种情形在美国和全球经济思想史上屡见不鲜，在中国近40年的经济发展过程中也不断发生。这是非常正常的现象，一个社会只有在不同观念的持续辩论与包容中才能不至于走极端，健康的社会经济体始终是在两极悖论中前进的，伴随着的是观念、思想的两极对冲。

以思考和著述为志业的经济学精英人群，其思维特质就是“完美假设”和对“完美假设”的论证。

在几百年来的经济思想史上，形成了两大鲜明对立的学派，“计划学派”与“市场学派”（这是一个并不完全准确的粗浅划分），他们的理论都具有“完美假设”的特征，都在自身思想“完美假设”的前提下，“论不惊人死不休”。因为这样，他们的思想才能独树一帜并自成一派，深刻影响政治家、企业家以及社会大众。

但无论是“计划学派”还是“市场学派”，他们的思想体系也大多拥有强烈的乌托邦色彩，都具有著名的自由市场经济学家哈耶克所抨击的那种“致命的自负”特征，哈耶克本人也是如此。

计划学派假设“顶层设计”的完美性、计划的完美性、少数精英智力的完美性；市场学派假设自由交换所必然带来的市场完美性、人的自私动机相互对冲带来的市场完美性，认为市场可以自动地调节、修复各种各样的问题，包括人性恶的问题，认为市场可以通过交换、竞争自动淘汰作恶的企业家、无良的企业。

市场派称计划经济是“计划乌托邦主义”，但市场派在本质上也是“市场乌托邦主义”。

靠少数精英的“上帝般的大脑”去安排经济秩序，规划人的经济行为，带来的一定是对个人创造力的扼杀，对人性的扭曲，进而导致对经济发展的抑制。苏联与改革开放前的中国都走过长时期的弯路，付出过巨大的代价。理想是美好的，人性是复杂的，现实是残酷的，结果经常是与计划相反的，这是“计划乌托邦主义”。

在警惕原教旨的、完全意义上的“计划乌托邦主义”的同时，也应该警惕“市场乌托邦主义”。市场的力量是伟大的，但市场绝非万能。关心这一话题的人可以读一本书——《公司简史：一种革新性理念的非凡历程》。

公司是市场的主体，但公司在过去500年左右却经历了“公司强盗”到“公司万岁”再到“公司垄断”的曲折历程。工业革命之前具有代表性的欧洲大公司，比如东印度公司，大多是从事商贸生意的，大多起步于政治权力与商业冒险家的结盟，它们的生意活动是典型的“强盗资本主义”“掠夺资本主义”，市场垄断与市场集中是其典型特点。

西方资本主义的黄金时代，是它的工业资本主义时代。价值创造的主体转向那些白手起家、勤奋打拼、拥有对财富增值的狂热激情，同时又善于理性组织土地、资本、技术、劳动要素的工业家和实业家人群。他们的确创造了巨大的国民财富，推动了技术的大规模创新和社会的进步，个人也在积累巨额资本的同时收获了名声与社会地位。但也正是这一群人中的许多人在激烈市场竞争中的不择手段、对劳动者极其苛刻乃至于非人的待遇，导致了18世纪、19世纪和20世纪初叶的一波波劳工反抗运动。

有学者说，经济学家的职责就是捍卫市场经济，过去200多年人类财富的指数级增长端赖于市场的力量。这种观点只说对了一半。

假定亚当·斯密是市场经济的理论先知，几百年来追随他或扭曲他的原创思想的那些市场派学者是坚定的市场经济捍卫者，那么必须承认，先知般的马克思及其追随者们也同样是杰出的经济学家，是从平等主义观念出发维护着市场的另一主体——劳动者和消费者的利益。

换一个视角，如果没有以马克思为代表的一代又一代左翼经济学家和经济学流派的强大存在，纯粹的自由竞争的市场经济会把人类带向何方，实在是难以想象的。

举个最简单却最有意义的例子，我们今天的 8 小时工作制、女性工作权利、劳工工作条件的不断改善、劳动者受教育的权利等，与马克思同时代前后的平等主义思想家的社会经济学思想有很大关系。

不少抨击马克思学说的人并未见得读过马克思的《资本论》（当然，不少拥戴马克思的人也如此）。当你认真读了《资本论》，就有可能得出结论：马克思是时代的产物，但他的思想既有极强的时代性，又超越了他所处的时代。

哈耶克以先知般的洞察力预见了实行完全计划经济体制的苏联的衰落与解体，但那个视哈耶克的自由市场原教旨学说为“圣经”、在议会中高喊“公司万岁”、在英国彻底推行私有化改革的英国前首相撒切尔夫人，是否预见到了 20 多年后英国经济的产业空心化、制造业大幅衰退以及英国的入欧与脱欧？如果她依然健在，面对一个生机尽失的老牌帝国，她还会那么迷恋哈耶克及其原教旨自由市场理论吗？

先知般的思想家马克思在 100 多年前预言，资本主义自由竞争发展到一定阶段，必然形成垄断。列宁就此发展出资本主义的最高阶段是垄断资本主义的论断，他的预言在今天的美国被验证了。

美国是一个公司化的国家。“尽管英国全心全意地热衷于自由放任的哲学，却不愿意转换为公司控制一切。”美国则不然，它的国家基因中饱含着商业文化、公司体制、企业家至上的元素，这也是美国超越英国和欧洲各国、综合实力远远领先于世界各国的核心法宝之一，但这也是它今天面临诸般问题和困境的核心因素之一。

20 世纪 40 年代至 60 年代末是美国经济的又一个黄金时代，其突出特征是：崇尚个人奋斗并推崇群体合作，崇尚科学技术，崇尚制造业，并且在国家管理和企业管理上倾向于“利益相关者资本主义”。读者注意，这样一个黄金时代是奠基于 20 世纪 30 年代的“进步主义运动”之上的，这绝非历史的巧合，自有演化逻辑在其中。①

然而，20 世纪 80 年代迄今，以芝加哥经济学派为代表的原教旨自由市场学说完全占据上风，并且渗透到了美国经济与社会生活的方方面面，包括政治层面，伴之而起的是“股东资本主义”的完胜，最终催生出了美国乃至人类历史上前所未有的一大景观：超大规模的跨国公司对经济乃至政治的垄断；金融异质化，脱实向虚，从服务于实体经济的工具属性大踏步地向“钱生钱”的金融资本主义全方位异化。

2017 年以来，美国金融资产的 80% 左右被投向了股市和债券

① 研究 20 世纪 30 年代全球经济大萧条的著作汗牛充栋，《大萧条启示录：1929 年股灾如何使世界经济陷入衰退》一书堪称最经典的代表作之一，既有宏大叙事的精辟论述，又有翔实数据和大量社会各角落的细节描写，从黑色星期四到华尔街崩盘，从金融市场动荡到工厂倒闭，从失业率剧增到法西斯兴起，从财富高度聚集于 1%、5% 的极少数人到下层阶级的普遍贫困化，从大西洋两岸的“金融沙皇”杰克・摩根的不可一世到摩根财团的解体，从清算主义到“罗斯福新政”……读来既惊心动魄，又能带来很多启示。最重要的启示之一是：正是罗斯福发起的进步主义运动，以舆论监督和立法相结合，使得市场从无序与野蛮形态逐渐走上相对有序健康，垄断受到扼制，劳动者待遇和权益得到改善，财富分配趋向合理，以汽车制造业为引擎的实体经济蓬勃发展，从而为后面长达 50 年的“黄金时代”奠定了基础。

市场，仅有10%~20%被投到了实体企业，带来的结果就是金融属性很强的大企业对中小企业的恶性竞争、兼并收购，以及畸形的贫富悬殊。1%的人拥有的财富超过全部中产阶层收入之和，真正为社会创造价值的主体力量中产阶层在收入下降的同时，也对今天的资本主义制度产生普遍怀疑与不满。此外，还有跨国公司和华尔街对美国政治的绑架。

主张不受干预的完全市场主义的哈耶克，是否预见到了美国今天的状况？如果他依然健在，他会做何评价？

美国有许多值得我们国家认真学习的地方，美国存在的问题也应该引起我们的深刻反思。

把权力（计划）和市场一起关进法治的笼子中

“2001年1月，美国迎来了历史上第一任MBA出身的总统乔治·W.布什，他也将一批公司首席执行官任命为内阁成员，新政府试图利用当时盛行的市场主义潮流，推出一批更激进、更自由的重商政策，并暗示要废除前任总统比尔·克林顿颁布的一些社会法规。一年半后，一切都变了。2002年夏天，布什签署了《萨班斯－奥克斯利法案》。这可以说是自20世纪30年代以来最严格的一项公司法律。与此同时，许多曾经荣登商业杂志封面的老板都面临着刑事指控。”①

著名的新兴能源企业安然公司曾经被哈佛商学院奉为神话并

① 引自《公司简史：一种革新性理念的非凡历程》（约翰·米克尔思韦特等著，北京大学出版社，2021年）。

写进案例，将其脱实向虚、仰仗金融交易员团队推高公司价值的行为称为“安然的转型：从天然气管道到新经济引擎”。结果是，安然公司利用高度复杂的金融手段来隐藏巨额亏损的丑闻被揭穿，之后宣布破产，企业创始人和首席执行官等多位高管被法院起诉，背上巨额罚款并获不同的刑事罪，而为安然公司提供财务服务的大型会计师事务所安达信也随之倒闭，所有受聘代表股东监督安然的各路监管者也遭受了不同程度的处罚。

市场绝非完美，计划绝非完美。

市场派鼓吹过市场“神话般的完美性”，但自由市场学说中所隐含的商业达尔文主义观念被一个又一个残酷事实证明，这种理论与计划派学说一样，都充满缺陷，都给人类带来过巨大的灾难。

举个例子，当一家又一家公司的造假丑闻相继被揭露后，千禧年初，美国股市泡沫破灭，一年半之间，7000 亿美元的财富烟消云散，这相当于美国人拥有的金融资产的 1/4。[①]

有权力之恶，也有权力之善，同样，有市场之善，也有市场之恶。所谓权力之善，就是施善政，形象地说，就是做大蛋糕并分好蛋糕。

所谓“做大蛋糕”的要义之一，是让市场的归市场，让计划的归计划，政府淡出竞争性市场，让企业在法律的框架内自主决策、自主发展、自主竞争，但在事关国家命脉的基础设施建设和运营领域、事关国家安全的关键行业，政府的角色不可缺位；再有，通过“二次分配”缩小地区间、城乡间、阶层间的贫富差距。

① 参见《公司简史：一种革新性理念的非凡历程》（约翰·米克尔思韦特等著，北京大学出版社，2021 年）。

可以肯定，中国的乡村扶贫脱贫工程所取得的成就，是中国历史上前所未有的经济社会奇迹，也是人类国家治理史、经济史上的奇迹。

所谓市场之善，就是要让企业家精神得到最大程度张扬，让一个社会最稀缺的企业家资源最有效地发挥作用，使他们在为个人合法创造财富的同时，勇于创新，依法纳税，为社会创造更多的就业。

与之相反的则是市场之恶：权力寻租，造假货与造假账，巨贾大亨联手操纵股市，垄断价格与垄断市场，恶性竞争，在内部分配（即第一次分配）中大幅倾斜于股东和企业高管，劳动者的体力和脑力付出与资本所得严重倒挂，还有偷税漏税，还有利用资本力量左右法律的制定和司法工具的行使等。

这样的“恶之花”不仅存在于美国社会、中国社会，事实上它“绽放”于一切有商业活动的地方，无论是发达国家还是不发达国家。问题的根本在于：正视它还是无视它？以什么样的手段应对它？

美国是市场化程度最高的国家，但美国200多年来在崇尚自由市场的同时，也对“市场之恶”抱有强烈的警惕，不然不可能有历史上对垄断企业、金融企业的无数次严厉惩治，不可能有“进步主义运动”，不可能有世界上第一部反垄断法的出现，不可能有《萨班斯－奥克斯利法案》，不可能有一些商业大盗被判高达几百年的刑期……

美国事实上从来不是完全放任的自由市场经济国家，正像邓小平指出的，“社会主义也有市场经济，资本主义也有计划控制”[①]。

① 引自《邓小平文选（第三卷）》（人民出版社，1993年）。

美国历来是在不断的自我批判中非线性前进的。读过《剑桥美国经济史》的读者一定能从中看到，这是一个拥有强大的自我纠偏能力的国家。它的每一次纠偏，大都以立法的方式进行，并在纠偏之后形成一些相应的法律。这一点很值得我们借鉴学习。

必须把权力关进法治的笼子中，也同样必须将市场关进法治的笼子中。与此同时，权力运行与市场运行还必须遵从基本的社会伦理和道德规范。

让我们回看现代经济学之父亚当·斯密，他是一位可以与卡尔·马克思比肩的伟大先知。正如马克思经常被后世的人们误读一样，200 多年来，对亚当·斯密的经济学思想的解读也充满了许多扭曲之处。

《亚当·斯密传》的作者杰西·诺曼写道：

——“今天许多市场自由主义者喜欢把亚当·斯密看成伟大的自由主义预言家，是政府和国家干预的敌人。左派亦是。”“仔细读过斯密著作的人都没理由认为他是一个市场自由主义者。”

——“他并不认为商业世界是一个无道德的世界，也不认为政治经济学是一门与价值观无关的科学。”“他希望他的理论体系不止有一根琴弦，这样才能奏出更丰富、更有价值的旋律。”“他的《国富论》是以他的《道德情操论》为基础的，他的‘看不见的手’有赖于‘援助之手’的存在。”

——“他在《国富论》中写道：‘只为自己，不为他人，这样的观点在世界历史上的每一个时代都是人类主宰者的卑鄙谎言。’”他的“那句关于屠夫、酿酒师和面包师的名言，也在一定程度上强调了对他人利益的认同和满足，强调了交换的互惠性”。

——“在《道德情操论》中，他鄙夷人类崇拜富人和权贵而轻视穷人的本能。”“斯密是一个平等主义者。当富人和穷人的利益发生冲突时，他的本能和理论几乎毫无例外地站在穷人一边。”“对斯密来说，价值本身最终并不是由金钱或土地代表的，而是由劳动代表的。”“相比富人更偏向穷人是符合道义的，也是符合经济原则的：给穷人一个更公平的竞争机会，让他们获得成功。”

亚当·斯密是当之无愧的伟大经济学家，也是伟大的社会学家、伦理学家，同时也是一位法学家，生前著有《法理学讲义》论著，可惜并未出版。他在《国富论》中定义的政府的重要职能包括公共基础设施的建设、立法、国防等，用我们今天的话说，政府应该着眼于、着力于营商环境的建设，让市场在法治化的轨道上自由竞争、自我发展。

“初级阶段论”与共同富裕

人类数千年的历史始终面临着一些永恒的挑战，最大的挑战之一就是效率与公平问题、发展与不平等问题、做蛋糕与分蛋糕问题。

普遍贫困问题长期威胁着一些落后国家和地区的稳定，贫富悬殊问题也困扰着一些发达国家和地区。斯坦福大学历史学家沃尔特·沙伊德尔在一项关于历史上的文明和冲突的著名研究中得出了一个结论：几千年来，人类社会不断重复极端的贫富分化现象，瘟疫、革命、战争和国家崩溃是消除不平等的“四骑士”。[①]

进入21世纪，如何解决严重的社会不平等现象，摆脱“四骑士”对人类和平与发展的威胁，依然是摆在当今世界各国政治家、思想家、企业家等社会精英眼前的待解困局。

早在2013年，时任美国总统奥巴马就把美国社会不断上升的不平等当作一种“明确的挑战”：“这是一种危险且不断增长的不平等，而向上流动的缺乏危害了美国中产阶级的基本信念——如果你努力工作，你就有机会获得成功。我相信这是我们需要在这个时代面对的明确挑战，即确保我们的经济发展服务于每一个勤劳的美国人。”

听着是不是很熟悉？没错，这也是这些年中国领导人反复阐述的观点。东西方各大国的政治领袖都明确认识到，各国、全人类所共同面对的重大挑战之一是如何化解日益加剧的不平等问题，各国都在进行适合自身国情的积极探索。

中国共产党和中国政府的治理方案是：扎实推动共同富裕。

推进共同富裕，不只是应对严重不平等现象、推动社会稳定的现实要求，也是作为执政党的中国共产党的初始目标与长期理想，这是我们国家与西方资本主义国家的一个根本不同点。

如何推进共同富裕？

---

① 斯坦福大学教授沃尔特·沙伊德尔在《不平等社会》一书中认为，经济不平等一直是人类文明的显著特征，从石器时代至今。进入21世纪后，贫富差距在世界范围内日趋扩大，经济不平等问题越发突出，已经影响到全球稳定。作者使用从古代到现在的历史数据，以跨度极大的历史分析法得出了一个悲观结论：不平等现象在和平时期不但无解，而且会持续加剧，只有战争、革命、瘟疫和国家崩溃才能重新洗牌。沙伊德尔将这种暴力性的不平等矫正机制称为“天启四骑士”。

首先最根本的前提是对我国基本国情的判断，这就是“初级阶段论”，即“我国处于并将长期处于社会主义初级阶段”。在这个总前提下推进共同富裕，就必须处理好发展与稳定的关系、效率与公平的关系、做蛋糕与分蛋糕的关系，就必须团结一切可以团结的力量，调动一切可以调动的积极性。

比如，对互联网行业的调控，显然不是要否定互联网行业、互联网企业、互联网企业家，而是在充分肯定的同时，也充分认识到现实问题和长期隐患，通过法律法规的落实与完善，引导并规范互联网行业和企业更好地走科技向善之路。比如对资本无序化的整顿，当然不是否定资本在国民经济中举足轻重的作用，而是要规范和引导资本脱虚向实，健康有序发展。

共同富裕的前提是共同奋斗。无论是企业家还是企业员工，都必须是企业的奋斗者。无论是从事体力劳动还是脑力劳动，每一位公民也都必须是国家建设的奋斗者。我们警惕美国式的资本利益最大化的同时，也同样要警惕福利主义。社会主义初级阶段的分配原则是各尽所能，按劳分配，多劳多得，而不是所谓的“躺平”“吃大锅饭”的无差别平均主义。

共同奋斗的必然要求是，奋斗者共享奋斗红利。探索基于利益共同体和命运共同体之上的企业文化与分配制度，应该成为有使命精神的企业家的追求方向。与员工共享利益，让劳动者先于甚至优于股东进行价值分配，很大程度上取决于企业家的胸怀、格局、远见，尤其是伦理自觉。

马克斯·韦伯在《新教伦理与资本主义精神》中写道：“只有具有新精神的企业家，才能保持清醒自制，以免道德和精神上的灭顶之灾。除了敏锐和实干之外，他还要有某种非常突出的伦理特质，这样才能使他在这样的革新中，从客户和员工那里赢得不可或缺的信任，让他具备克服千难万险的能力。……企业家的工作量与日俱增，这与舒适的生活方式是不可兼得的。”韦伯这段话至今读来，依然振聋发聩。

“尽其所能地获取，尽其所能地节约，尽其所能地奉献”是拥有“新精神”的企业家所必然拥有的工作观、财富观、伦理观。这样的“三观”对今天中国的企业家依然具有启迪意义。

共同富裕要允许一部分人先富起来，“给火车头加满油”，让他们有信心、有勇气，没有心理包袱和恐惧感，放开胆子合法致富，先富带后富，带动一节一节的“火车厢”，带动自身企业这列火车轰隆前进。

成千上万的企业家对宏观与中观的营商环境感到心底踏实了，对未来预期的稳定性增强了，愿意持续投入资本和个人的智慧、精力于企业了，大多数企业的经营业绩持续向好并且规模不断扩大了，就必然使得国家的经济实力更强更大，实现共同富裕的基础就更坚实了。

共同富裕是一个紧迫的社会经济目标，但也不能谋求跑步达成，它是一个极其复杂的国家治理课题。改革的方向与目标确定了，改革的方法论和节奏就至关重要，改革的舆论环境也至关重要。那种动不动“喊杀喊打”的极端言论、竭泽而渔并企望一蹴而就的做法，最终都会事与愿违。

历史的经验与教训一再表明，必须警惕一种倾向掩盖另一种倾向，导致欲速则不达。

实现共同富裕，必须让“无形之手”与“有形之手”共同发挥作用，让市场更自由，让市场规律在经济活动中真正客观有效地运行；与此同时，政府这只“有形之手”要努力创造有全球竞争力的营商环境，让本土各类不同所有制、不同规模的企业持续扩大投资和经营，吸引全世界的企业与企业家来中国创业和发展，共同为中国的共同富裕“做大蛋糕”。

当然，政府在共同富裕的国家战略中通过二次分配，量力而行地推进缩小地区差距、阶层收入差距，为无劳动能力的人群提供社会保障等，是体现我国制度优势的关键所在，也是“有形之手”的职责所在。

市场的归市场，计划的归计划。但无论是市场还是计划，都必须在法治化的轨道上运行。只有这样，计划才不至于朝令夕改，计划的实施才能够不走偏，也才能够避免少数执行者层层加码或随意曲解，避免走极端或是不作为。也只有坚持一切在法治的轨道上运行，市场才能够走出“一放就乱，一管就死”的怪圈。

07　寒流之中，唯有“梅花型企业”才能生存[①]

不少企业主都感慨企业的日子不太好过。创业维艰，做企业几乎没有一天不难，2022 年尤为困难。他们尤其忧心苦日子不知何时是个头。

企业家是坚韧奋进的一群人，但面对难关，也免不了诉苦、犹疑与低沉。

夜来风雨声，花落知多少。这个多事之秋，有不少人的生意和生计正在时代的风浪里默默凋零、沉寂。“你是春天里的花朵，长在秋天里。”春夏之交，本是春和景明，不少企业却感受到了萧瑟凉意。

企业面前的六道难关

对于企业而言，2022 年的挑战有点儿大。多重冲击，长期考验，横在面前的，起码有六座大山。

① 本文写于 2022 年 4 月，作者陈为。

疫情蔓延

至今没有人能预判，这一轮全球性的大疫何时会过去。

疫情之初，没有人能预料，病毒会如此深刻而深远地改变这个世界。

人们总是习惯关注庞大有形的物体，而忽视了最强大的往往是看不见的。草原之上，真正的王者并非狮子、老虎，而是微生物。它们可以让原野葱郁繁茂，也可以让原野迅速变成荒漠焦土。

病菌一直是塑造人类社会的重要力量。《枪炮、病菌与钢铁》作者、美国哲学家贾雷德·戴蒙德研究发现，在欧洲人对美洲、澳大利亚、南非和太平洋诸岛的征服中，起决定性作用的并非枪炮，而是从驯养动物那里获得的病菌。

美洲的印第安人原本有 2000 万人左右，在哥伦布到达后的一两个世纪中，人口锐减 95%，头号杀手正是旧大陆带来的病菌。“天花、麻疹、流行性感冒和斑疹伤寒争先恐后地要坐杀手的头把交椅。”

应对病菌这个强大对手，需要人类的团结协作，而非互为敌手。不幸的是，在最厉害的敌人到来时，大家却选择了各扫门前雪。

大国博弈

方今之世，强人并立。

黑天鹅乱飞，灰犀牛奔袭，不确定、不可测、不可控的决策因素急速增加。

俄乌冲突至今难以完全排除发生核战的可能，而中美之间的博弈，普遍预计，也将是长期的、艰苦卓绝的。

很多机构预测，正常情况下，2028 年前后，中国 GDP 总量将反超美国，登顶世界最大经济体。虽然经济数据不代表综合实力，但形势比人强，这无疑是一个民族荣耀的里程碑，也会给中国企业带来更大的信心、舞台和品牌势能。

但这一静态推演，同样遭遇一些变量挑战。在激流险滩的冲撞中，我们有没有足够的定力与智慧？在盘根错节的利益面前，我们敢不敢自我开刀，大力推进新一轮改革？

民粹泛滥

全球性的贫富分化局势势头不减，需要再平衡。

有数据统计，日本大型公司首席执行官的工资是普通人的 11 倍，而多年前，美国的这一数据已为 475 倍。美国人口普查局曾考察美国最富有的 5% 家庭和最贫困的 5% 家庭的平均收入变化，在 1973 年到 1993 年间，前者提高了 18%，后者降低了 17%。

1978 年的一项调查发现，父辈的社会经济地位属于底层 25% 的成年男性，100 人中有 23 人跻身到了顶层的 25%。而到了 2003 年，类似的调查显示，100 人中只有 10 人可以实现阶层跃升。

中国也有类似情况，亟须在效率和公平之间艰难地找到恰当的发展路径和节奏。社会主义的本质，就是解放生产力，发展生产力，消灭剥削，消除两极分化，最终达到共同富裕。共同富裕成为时代主旋律，成为上下一致的追求，是必要的、合理的。但目前一些媒体及平台上，动辄对企业家泼脏水、打棒子、搞污名化，也让人忧虑。

周其仁在《改革的逻辑》收录的文章《邓小平做对了什么？》中总结，改革开放 40 年之所以成就惊天动地，旷古绝今，为今天的发展打下良好基础，主要缘于邓公对产权、市场和企业家的尊重。

企业家是社会财富的创造者，是经济活动的发动机。他们坚韧又敏感，精明又冲动，我们应该在引导、监督其合规经营的同时，给火车头加满油，让他们心无旁骛地创造价值，繁荣经济。

美国1890年就通过了《谢尔曼法》，向垄断开刀，以此杜绝了商业活动不加约束的无限自由。但哈佛商学院教授泰德罗梳理美国大企业家创业历程后发现，“美国仍存在这样那样的问题，但它是最适合企业家‘有所作为’的地方”。

因制定了清晰的规章、责任确认和对商业的尊重，商业巨子福特去世之时，人们将之与林肯并称，密歇根州政府大楼为其降下半旗，成千上万的人赶来参加葬礼。“大型企业的创始人和建造者在美国的地位，就像伟大歌剧的创作者在意大利的地位一样。”

产业周期

我们都知道，花无百日红，这是自然规律。很多人头脑接受了，心里却都希望自己的花能永远红下去。

以如今凄风冷雨中的房地产业为例。原来的模式已经难以为继，新周期需要新模式和新思维。拿着旧船票的人，注定难以登上新时代的客船。

互联网也一样，消费互联网的人口红利、流量红利已经见顶，高歌猛进、跑马圈地的时代已然落幕。主流大厂都在向着产业互联网的方向，做难而正确的事。

个体的发展要顺应和利用康波周期。企业的发展也要借助时势，顺势而为，时来天地皆协力，运去英雄不自由。而这个时势，是变动不居的。

真正冲浪弄潮的人，不会刻舟求剑。

数智转型

100 多年前，俄国诗人马雅可夫斯基将人称为“穿裤子的云”。20 多年前，张朝阳的老师、美国计算机科学家尼葛洛庞帝提出“数字化生存”的理念。

如今，一代年轻人在网上、云上的生存时间、访问频次与访问内容，已经超过了现实世界。提高企业的数字化、智能化能力也成为新一代企业家的必修课。现时代的企业家不是简单的造物匠人，主动或被迫地，他们要同时在物理世界、理念世界和数智世界三个并行交互的场域中播种与耕耘。

没有数智意识和素养的企业，在未来是难以生存的。

低碳革命

国家领导人已向国际社会承诺了碳达峰、碳中和的时间表。这关涉国家信誉和道义资产，中国定会言必信，行必果。

这对企业界，特别是民营企业，无疑是一场大考。发展的这些年，大家在这方面的积累和准备大多有限。面对浩荡大潮，留给我们的时间并不太多。

听一位精通国际事务的前辈大家透露，西方国家一个相关机构正在建立一套以低碳为核心的通行的企业会计准则。他颇为担心，这套准则出台之时，很多国内企业会感觉猝不及防，甚至被一击即溃。

除了上面这些，还有不少险境与难关。说企业身陷十面埋伏，水深火热，或不为过。

就上面所列的六大困难而言，有内部的，也有外部的，有紧迫的，也有缓和的，有中期的，也有长期的。它们叠加交叉，形成一股强力的冲击波，冲得企业发蒙、难受，甚至一蹶不振。

企业终究是在势中做事，不可能不关注国际市场与社会环境的变化与激荡。纷乱之中，何以自处？

悲观是一种远见，乐观是一种信念

木心说，悲观是一种远见，鼠目寸光的人不可能悲观。

同理可证，乐观是一种信念，胆小如鼠的人不可能乐观。

世界是灵魂的学校和训练场。在宗教专家看来，佛陀最突出的是“兼具冷静的头脑和炽热的心”。在喧嚣与热闹之中，企业家应该抽身而出，冷静谋划，心怀热望，务实前行。

看待世界的三种眼光

看法决定干法，选择源于理念。

悲观还是乐观，首先取决于我们看待事物和局势的方式。

看事情有三种眼光选择：看局部还是看整体；看片段还是看全程；入乎其中看还是出乎其外看。

我们要学会“一心二用”，多重思虑。法国社会心理学家H. M. 托利得提出：“测验一个人的智力是否属于上乘，只看脑子里能否同时容纳两种相反的思想而无碍于其处世行事。”

既看局部，又看整体。清醒务实的人，不会过度迷恋顶层设计，因为基层创新的涌流才是活力之源。真正的战略家，也不会只在意一城一池的得失，不会因为赢了一场战斗，而输了整场战役。

既看片段，又看全程，看得透，又看得久，便能出杰作。

史学家黄仁宇是这方面的典范。他的《万历十五年》截取公元 1587 年这个平常年份做切片，解剖晚明几大关键人物与帝国命运，见微知著，平中见奇；另外两部著作《中国大历史》《黄河青山》，则是站在山峦之上俯瞰历史长河，流水蜿蜒，尽收眼底。

大河流转，从源头到终点，中间必然有曲折、有震荡、有怒涛、有低潮，我们不能只将目光投向眼前的水域，还要努力去看它过往与将来的轨迹。

既能入乎其中看，又能出乎其外看。入乎其中是投入感，是将心注入；出乎其外是疏离感，是跳出画面看画。置身于历史大潮、时代变局中，企业家尤需一分冷静。事实上，世界上最成功的投资家都不为时髦与群见所动，不为杂音与意识形态所扰，他们是沉默、独立、精准的价值捕手。

在芒格看来，巴菲特有一半的时间都在看书，另一半时间和有才干的人单独交流。而在芒格的合伙人李录看来，芒格本质上是一个道德哲学家，一个学者。

如何理解“生意”？

悲观还是乐观，也取决于对“生意”本质的理解。

生意这个词，并不庸俗，它是一个蕴含着希望、力量与浪漫的词。

生意的“意”内涵丰富：可以是意志，企业成功大多是创始人意志的胜利；可以是创意，一切行业都可成为创意行业；可以是意义，越来越多的创业者启动项目已不是为改善生活，而是为了完善生命……

台湾“经营之神”王永庆一生勤苦，注重亲力亲为，他将“生意”理解为生存的意志和道理。他曾言：“古人将做买卖称为做‘生意’，这里面实在大有道理，花草树木长得茂盛，欣欣向荣，我们便形容它生意盎然，富有生意。就字面而论，生意讲究‘生’存的‘意’志，用以比喻交易买卖，意义特别深刻。台湾闽南语方言称买卖交易为做‘生理’，意指做买卖的人，如果不用脑筋、不勤劳、不吃苦，只知贪图安逸，定必万无生理。既有‘生’存的‘意’志，又懂‘生’存的道‘理’，才能生存下去。”

在古人那里，“生意”最早用于指代经济活动是魏晋之时，后来明清小说把经商活动称为“做生意”，这个词才开始普及开来。在诗词里，它更多地指向生机、活力与生命力。宋代张栻的《立春偶成》里有“春到人间草木知。便觉眼前生意满”的句子。

王阳明的一大功绩是在重农抑商的环境中，从理念上解放了商人，称“四民异业而同道”，“虽终日做买卖，不害其为圣为贤”。他的著述中也有专门论及“生意”：“与其为数顷无源之塘水，不若为数尺有源之井水，生意不穷。”这里的“生意”，当是水流滔滔不绝、源远流长的状态，用来论述为学与人生，比拟心生万法，人心便是生意的源头活水。

从这个意义上讲，“生意”更贴近“人生的意义”“生命的意义”。企业家将自己投注火炉，铸成利剑，人剑合一，他的企业便是其人生意义的课堂与操场。作为芸芸众生中的少数人，他们吃很多苦去尝人生的一点甜，冒很多险去偿付自己的心愿，最终在让自己发光的同时，照亮了更多人。

为什么近年来走“玄奘之路”、穿戈壁大漠在商界与商学院蔚然成风？我认为，玄奘身上正寄托着企业家精神的本质。《西游记》

中的经典人物的确代表着人性的不同面向与生命的不同阶段：幼年时，羡慕孙悟空的上天入地，无所不能；青年时，喜欢猪八戒的贪财好色，好吃懒做；中年时，理解沙和尚的沉默寡言，忍辱负重；终究到了某一阶段，你会感佩那个曾经被自己轻视甚至鄙视的唐僧，万水千山，孤行一意。

有记者问马斯克前进的动力从何而来，马斯克沉思后说："我不需要力量源泉，必须完成的事必须全力以赴。我也不在意乐观还是悲观，干就对了。"

对于有使命的人而言，远方的风景永远大于眼下的心情。

悲观与乐观，都是一种主观

悲观还是乐观，也可以借鉴先知先进的选择。

还是马斯克，他曾数次嚼着玻璃凝视深渊，但他说："我宁愿要错误的乐观，也不要正确的悲观。"在他看来，悲观毫无作用，没有意义。拉长时间维度来看，人类文明最终会走向热寂、消亡，最终一切都会结束，而生命的意义就是其中的一趟旅程。既然人生如寄，我们要享受这个过程，去做有用的、美好的事，让希望和未来激励自己不断前行。

稻盛和夫认为，成功的心态是乐观地设想，悲观地计划，愉快地执行。你必须相信自己的潜力和能力，并不断激励自己，提醒自己："我可以做到！"而在计划推进过程中则要保守，做好最坏的准备。

美国社会学家查尔斯·霍顿·库利曾提出"镜中我"理论，他认为：人的行为很大程度上取决于对自我的认识，而这种认识很大程度是通过与他人的社会互动形成的，他人对自己的评价、态度等等，是反映自我的一面“镜子”。中国北宗禅创始人神秀有“身是菩提树，心如明镜台”之偈，这里的“镜子”则是映照外物的自我内心。

乐观也好，悲观也罢，都有其理由，有其根据，因此，它们都是一种主观。它们也是一面镜子，是客观的投影，映照出你吸纳的信息、接纳的观点和你接近的人。

很多时候，悲观还是乐观，往往并不在于判断，而是在于选择。通常而言，乐观是一种更为有利、有效的选择。

美国商业史专家泰德罗在翻阅美国诸多大企业家的人生阅历后，深有感触地总结：“总体而言，伟大的企业家天生具备乐观的精神。他们相信，只要够诚实、聪慧，你的努力一定会收获相应的回报。他们不相信生活不公平。如果他们没有做错任何事，结果却令人失望，那原因便是：暂时的偏差。这些偏差在适当的时候会得到修正，有时上天会以更大的回报来弥补这种偏差。”

曾成就两家世界500强企业的宋志平便是这方面的范例。他说得明白：“悲观经济学家有饭吃，为什么？因为大家就像怕鬼的孩子依然愿意听鬼故事一样，非常害怕，但总想听，蒙着被子也要听。”

他不止一次地提醒，企业家要在危难中寻找机会，在乱象中寻找规律，在变局中寻找常理，积极正面看待时势，扎扎实实提升内力，开拓市场，创造价值。有年轻人对他说：“宋总，我们应该仰望星空。”宋总笑答：“我想，仰望星空的事还是交给天文学家去做吧，我们的任务是提升他们需要的望远镜的玻璃片质量，这是我们的本分。”

顾炎武的“天下兴亡，匹夫有责”是我们的优秀传统与道统，但《中庸》有言“君子素其位而行，不愿乎其外”，就是说每个人要按自己的定位去做该做的事，不要老是心忧万物，手上的事却一件没做好。

不光企业家，第一流的眼光与胸怀都是不主张消极悲观的。百年前，梁启超曾经感慨，“生当现在的中国人，悲观的资料太多了”，但他谆谆告诫子女切不可顺流而下，为世俗所化，“我以为，一个人什么病都可医，惟有‘悲观病’最不可医，悲观是腐蚀人心的最大毒菌”。

颇受梁启超雄健文笔影响的毛泽东，也曾断言：“在危险环境中表示绝望的人，在黑暗中看不见光明的人，只是懦夫和机会主义者。”①

做“时间的朋友”不够了，要做“岁寒三友”

毛泽东一生数蹈险境，屡遭挫折，总能化险为夷，愈挫愈奋，终于领导团队于苦难中铸就辉煌，是应对逆境的高手与标杆。

翻阅毛泽东诗词，除了一两首慨叹“对此不抛眼泪也无由”之外，其他篇目都充溢着激扬豪雄之气。即便在娄山关激战后，他想到“万里长征，千回百折，顺利少于困难不知有多少倍，心情是沉郁的”，可落笔下纸仍有“雄关漫道真如铁，而今迈步从头越”的壮志豪情。

有意思的是，手边的《毛泽东诗词鉴赏辞典》收录毛诗 67 首，意象丰富多元，其中咏梅的却连有两三首，足见他对梅花的

① 见《毛泽东文集（第二卷）》（人民出版社，1993 年）。

情有独钟。

松竹梅，人称岁寒三友。其中松树不老，却也不变；竹子素雅挺拔，却空心不实。唯有梅，在冷风里怒放，在白雪中笑傲，成为冬天里生意不穷、一枝独秀的存在。

梅花有几个公认的好品质。

“不要人夸好颜色，只留清气满乾坤”（王冕《墨梅》），这是它的“清”。没有大红大紫，只有淡淡墨痕，正气满乾坤。

“疏影横斜水清浅，暗香浮动月黄昏”（林逋《山园小梅》），这是它的“香”。没有富贵逼人，只有暗香缭绕，盈动水月黄昏。

“雪压冬云白絮飞，万花纷谢一时稀”（毛泽东《七律·冬云》），这是它的“稀”。没有随波逐流，只有默默盛开，俏丽报春。

这也是好企业的特质。在苦难面前，依然坚守清气正道，不出歪招、昏招；用自己的产品、服务和不断迭代更新打动用户，香飘市场，温暖社会；在众人迷茫、收缩之际，逆流而上，化危为机。

真正的高手有同理心，却不做常规的思考和从众的行动。物以稀为贵。真正的好企业，是冬天的花朵，在萧条冷寂中绽放，更显其卓越神采。

当冬天来临的时候，人们都会看到梅花的美丽，因而文人墨客赞咏梅花的诗作无数。同样是咏梅，陆游笔下的梅，是“愁苦”的（陆游《卜算子·咏梅》中有“已是黄昏独自愁”“无意苦争春”之句），因而终于只能“零落成泥碾作尘”。而在毛泽东的襟怀中，梅是“欢喜”的（见毛泽东《七律·冬云》“梅花欢喜漫天雪”），甚而是“欢笑”的（毛泽东《卜算子·咏梅》“待到山花烂漫时，她在丛中笑”）。

高天滚滚寒流急，大地微微暖气吹。高天寒流之中，企业光做“时间的朋友”显然已经不够了，要成为“岁寒三友”，成为梅花型企业。

在一首《悟道》的宋诗里，看见梅花，寻春的人就笑了：春天到了，就在枝头与心中。

> 尽日寻春不见春，芒鞋踏遍陇头云。
> 归来笑拈梅花嗅，春在枝头已十分。

08 以内部管理的确定性应对外部经济政治周期的不确定性（上）——关于全球经济政治周期的不确定性与确定性漫论①

怎么看当下和未来全球经济政治趋势：五大不确定性

2020年下半年以来，我在多个场合建议一些企业家关注20世纪30年代全球经济大萧条这段历史。1928年，美国通用汽车公司首席执行官约翰·拉斯科布撰文《人人都应该变得富有》，乐观预言："繁荣就像一条无止境的链条，除非人们拒绝看到这个事实，否则这个链条将永远不会被打破。"1929年10月23日之前，美国有一首风靡一时的歌曲，歌中唱道："蓝天朝我微笑，我的眼中只有蓝天……"然而，乌云骤然而至，繁荣的幻象在10月23日的"黑色星期三"被无情刺破，美国和欧洲多数国家，包括其他一些国家陷入了长达十多年的经济衰退、社会动

① 本文根据作者田涛在2022年3—5月的三次内部交流整理而成。

荡以及战争之中。[①]

当人们只看到头顶的一片蓝天时，脚下的大地撕裂了。不确定性的阴影总是伴随着人类的盲目乐观，宿命论者认为这代表着“上帝的惩罚”，不可知论者则认为，上帝也不知道明天会发生什么。

如果我们要对今天和未来的全球经济政治趋势进行所谓预测的话，结论同样是：前所未有的不确定性。

一是疫情的不确定性。大疫三年，已经严重影响了全球和中国经济的可持续发展，直接影响了相当一些企业的可持续经营。问题在于：它何时终结？在经济社会发展与防疫两者之间我们应该达成怎样的平衡？我们是否找着了、找对了一套行之有效且对经济社会影响最小的治理路径与方略？这些仍待观察和探索。

二是俄乌战争的不确定性。这场战争发端于俄美乌一些政

---

① 关于20世纪30年代经济大萧条的研究，近百年来一直是经济学领域的热门课题，论著汗牛充栋，而且论者多有歧见。对长达10年左右的事件全貌的陈述，以及错综的因与复杂的果之间的关系分析，由于占有资料的不同和研究者学术立场、国家立场的不同，各研究素材取舍的偏向与结论的偏向，常常使读者陷入历史的迷宫。但作为一般读者，尤其是企业家，有两本书值得一读。第一本是《大萧条前夜的繁荣与疯狂》（比尔·布莱森著，江苏凤凰文艺出版社），表现的是大萧条前（1928年至1929年10月23日）美国经济社会的繁华与浮华、喧嚣与躁动、企业家“伟大的疯狂”的“浮世绘”。第二本是《大萧条启示录：1929年股灾如何使世界经济陷入衰退》（塞尔温·帕克著，电子工业出版社），关于1929—1934年经济大萧条中的政客、学者、商人、企业家和艰难挣扎的底层大众的世态百相，以及萧条的触发根因、萧条对社会稳定的剧烈冲击、萧条如何带来法西斯的崛起，此书都有精彩的描述。两位英籍作者都是记者出身的评论家，两本书共同的风格是取材丰富，文字生动，评析精辟乃至辛辣。读第一本让人感觉如梦如幻，第二本则将读者一步一步引入无比真实残酷的震撼之中。在“火焰”与“海水”的两重历史画面中，相信读者尤其是企业家们能够产生许多联想和理性思索，以及“对镜揽影”的自我反思。

治家的地缘政治冲动，但战争演进到今天，民众的集体非理性浪潮也在挟裹着政客们朝前奔跑，理性在战争的早中期阶段从来都是脆弱和苍白的，尽管美欧一些资深国际关系专家最近频频警告，认为俄乌战争如果拖延下去，可能会延及欧洲，甚至引发第三次世界大战。但迄今为止，我们依然看不到战争结束的迹象。

三是国际关系的不确定性，比如中美关系。中美关系的不确定性就是确定性，两国关系的实质并非所谓制度或者文化冲突，根本上是利益之争。美国是一个以商业立国的“公司化国家”，新教那种强烈的扩张性、进取性甚至掠夺性意识形态，进一步助长和加强了美国“公司文化”的优越感、“老大”心态，它绝不容许任何国家的综合实力、某方面的实力、某个企业的实力超越或者接近它的世界领先地位，而且它强烈的国家忧患意识也决定了，在历史的每个重大节点，它总是要集体性地虚构一个或一组敌人，通过不断制造对手来唤起国家内部的活力。当下和未来很长一段时间，中国正是美国锚定的又一个“最大威胁者”。1930 年，美国出台了《斯姆特－霍利关税法》，“把关税壁垒提高到一个毁灭性程度，把美国股市崩盘这一地域性的危机，转变成了全球性的经济浩劫，国家之间相互竖起了死亡之墙”[①]。90 多年之后，特朗普打压中国沿袭的仍是旧套路：贸易与技术保护主义。拜登在保护主义道路上走得更远、更系统和更极端。

什么时候美国不再视中国为最大对手？如果中国不再坚持改

---

① 见《大萧条启示录：1929 年股灾如何使世界经济陷入衰退》。

革开放了，经济陷入停滞或者长期衰退，中国企业不再追求创新，并满足于在低端产业链做“世界工厂”，中国的企业家们普遍对未来预期悲观、企业家精神普遍蜕化、企业家不愿或不敢冒险、企业停止扩张……当这一切实实在在同时发生时，美国也许不屑于将中国视为全方位竞争对手了。

四是气候变化的不确定性。联合国气候变化组织发布了一个信息：百年不遇的自然灾害，比如高温天气，现在变成三年一遇了。气候变化的不确定性是对人类的中长期威胁，而且是头等中长期威胁，对作为一个整体的人类而言是攸关生存的挑战，比如带来粮食危机、冰川大面积融化、瘟疫频发等。

五是经济政策的不确定性。经济政策需要确定性、系统性和连续性，而不应该是模糊的、反复多变的，在同一个阶段甚至是相互冲突的，这会让企业家变得无所适从，也会使企业家变得短视和机会主义导向，成为“风口主义者”。

以上五种不确定性，各自都在持续变化之中，也都在复杂互动中推动全球经济朝着衰退的方向演进。哈佛大学经济学教授、国际货币基金组织前首席经济学家肯尼斯·罗格夫最近指出：“现在综合形势确实不乐观，我对美国、欧洲和中国的衰退风险非常担忧，它们可能会像完美风暴一样相互加强。”

关于全球经济政治周期：警惕繁荣的脆弱

整个世界距离“完美风暴”越来越近了，我们已经从四面八方听到、嗅到了风暴的呼啸声和咸腥味儿。但从工业革命以来的近 300 年历史看，我们也许应该有一些谨慎的乐观和庆幸：

庆幸我们生存于这个时代，谨慎乐观的是技术革命赋予21世纪人类前所未有的理性的力量、妥协的力量，有可能凝聚不同文明形态的人类主动或被迫携手，战胜眼前的、未来的各种不确定性。牛津大学经济学家马克斯·罗瑟说："如果你有机会选择自己的出生年代，选择在过去数千世代中的任何时间都风险甚巨。过去几乎每个人都生活在贫困中，人们无法躲避饥饿，饥荒经常发生。"18世纪之前，无论东方还是西方，在一个极其漫长的时期，经济增长在多数年代都几乎是零或负的状态，土地、劳动力和有限的资本主要围绕着农业活动展开，土地与人口的增减与流动、气候变化对经济枯荣的高度敏感性构成了农业时代经济周期的主导性特征。

纵观近300年的人类经济史，完全可以用"突变"和"陡型增长"来形容，而且这种突变和"陡型增长"越朝后越呈现出指数级的扩展，从蒸汽机时代，到电气化、内燃机时代，到石化能源时代，再到今天的信息技术时代，人类的物质与精神形态变得空前丰裕，绝对贫困人口大幅度减少，二战之后，人类历史出现了长达80年左右的罕见的、普遍的、相对的和平时期。

带来这一切变化的因素固然很多，但其中两大因素至为根本：科学技术的井喷式进步与企业家的大量涌现。

农牧时代的各国经济史同样遵循着"复苏—繁荣—衰退—萧条"的循环周期，几千年来基本是在高度封闭的死循环中运行，每轮周期大都伴随着围绕领土等存量财富而展开的血腥战争，往往以大规模的人口锐减、财富萎缩乃至归零、精英阶层被摧毁，而开启新一轮的缓慢复苏过程。

工业革命以来的经济周期即所谓的“康波周期”[①]、“熊彼特周期”[②]，则与此前时代的周期律有了本质区别，主要表现在：

第一，技术创新成为经济增长的发动机，它所引发的生产方式和流通方式的革命性变化，并进而催生的大众消费形态的革命性变化，都是前所未有的。科学技术在商业领域的广泛应用极大扩展了人类关于财富的想象力，“增量”与“创造”越来越成为经济周期的主旋律。经济复苏缘于一种颠覆性技术的初步商业化，经济繁荣缘于这种新技术的普及和大规模商业化，经济衰退和萧条则缘于创新的匮乏，缘于在比较长的时间段没能出现一种新的颠覆性技术，以取代旧的技术和商业范式，并进而创造一种新的消费形态。那么，信息技术革命推动的这一波繁荣周期也许到头了？人工智能、生物技术、太空探索等颠覆性技术能否延迟甚至避免一场全球

---

① 1926年，俄罗斯经济学家康德拉季耶夫在分析英、法、美、德以及世界经济的大量统计数据后，发现发达商品经济中存在一个为期50~60年的长周期，这个由康德拉季耶夫发现的周期性经济波动现象被称为“康波周期”。它反映着人类的宏观经济活动与人类其他的历史活动一样，都有着某种内在的确定性逻辑，包括时间与空间逻辑。这种逻辑可以使经济活动的主体——企业家们，构建一种理性精神：在烈火烹油的繁盛期，时刻为即将到来的寒冬做准备；在衰退与萧条期怀有期待，养精蓄锐，迎接春天的到来。

② 著名美国经济学家约瑟夫·熊彼特将他的技术创新理论嵌入“康波周期”的架构中，形成了一个更具“确定性”的发现：技术发明与创新是经济周期律的决定性因素。经济的复苏起因于一种颠覆性创新技术的商业应用，经济的繁荣得益于这种技术的成熟和在市场上的大规模应用，经济衰退的原因是原有的成熟技术在充分竞争的市场趋于没落，而新的颠覆性技术尚未出现或者正在萌芽阶段，新一轮的经济复苏则有赖于新的技术创新成果从实验室走入市场。熊氏认为这个长周期为48~60年，前30年左右是创新技术商业化的急剧扩张期，也是经济周期的“朝阳期”——复苏与繁荣期；后30年左右是技术应用的高成熟阶段，也是经济周期滑向衰退的“夕阳期”。熊彼特周期是一个三嵌套：在长周期之内，有一个中周期（9~10年）和短周期（40个月）。读格林斯潘的《繁荣与衰退：一部美国经济发展史》一书，你会发现，美国200多年的经济史几乎完全契合了熊氏的“三嵌套周期律”。

经济衰退乃至于萧条的发生？

第二，全球化。包括全球性的技术扩散，全球产业分工，全球资本流动与人才流动，全球性的商品流通。

第三，开放。开放的对立面则是保护主义。1860—1914 年的繁荣与衰退周期，起步于电力技术和内燃机技术的发明与商业化，戛然终止于第一次世界大战。发端于 20 世纪 70 年代的计算机技术、光纤通信技术和互联网技术的融合以及超大规模的商业应用，则开启了人类历史上无论从时间跨度还是空间维度看，都堪称空前的全球化浪潮，而今，全球化却呈现出巨大的裂痕：这一轮的繁荣周期，会否终结于美国的贸易与技术保护主义？终结于疫情大流行？终结于俄乌战争的扩大化？终结于其他政治与经济上的不确定性？终结于多种不确定性的交互影响和相互强化？

人类要珍惜繁荣的不易，同时要警惕繁荣的脆弱。

“你们虽然没有亚当·斯密和凯恩斯，但你们有改革开放”

1776 年，中国的乾隆时代，在英国的苏格兰，格拉斯哥大学教授、53 岁的亚当·斯密出版《国富论》，格拉斯哥大学锅炉工、40 岁的詹姆斯·瓦特制造出第一台有实用价值的蒸汽机。2017 年我和剑桥大学的尹一丁教授赴格拉斯哥大学交流，专门参访了斯密商学院，并在斯密和瓦特的雕像前留影。亚当·斯密从理论上为企业家的大批涌现奠定了制度基础，瓦特则以企业家的姿态使他的技术发明商业化、市场化。斯密与瓦特在同一个时代（同一年）、同一个地方、同一所大学，从不同的职业“横空出世”，共同颠覆了一个旧经济时代，缔造了一个崭新的经济时代：企业家与发明家成为文明进程中不可或缺的重要角色。

亚当·斯密与詹姆斯·瓦特来自不同阶层，他们后来成为朋友，前者曾经资助过后者的发明活动。[①]

艾伦·格林斯潘在《繁荣与衰退：一部美国经济发展史》中对企业家和企业家精神给予了极高评价：企业家是带来创造性破坏的英雄人物——这些人从骨子里就能感受到未来发展的趋势，并且能够通过个人意志和智慧，把未来趋势变成现实。企业家在追求建设企业帝国、发行新产品或者根据人类的本性追逐财富的过程中，推动了生产力的长期进步。通常来说，企业家既不是容易亲近的人，也不是品性良善的人。大多数企业家都可以被称为在精神上有控制欲的人：他们能够牺牲任何事物（包括自己内心的平静，以及他们身边人的幸福）来为自己打造一个商业帝国，然后拼尽一切保护自己的帝国，让它不会走向毁灭。伟大的企业家从不休息，他们需要不停地建设与创新确保自己的存活。他们都容易陷入挪威人所称的“stormannsgalskap”状态，字面意思是“伟大的疯狂”。

格林斯潘将19世纪前后那一代拥有拓荒精神的企业家称为“强盗大亨”，而正是“强盗大亨主导经济的年代为后来全民富裕的年代奠定了基础：在新时代里，普通民众日常生活的方方面面都取得了巨大的甚至令人无法相信的实质改善”。

格林斯潘不无自豪地总结道：“作为一个国家来说，美国取得如此巨大的成就主要是因为它能够批量制造出这些有性格缺陷的英雄人物。”

2018年10月初的某个晚上，我在爱丁堡大学演讲，演讲结束

---

① 见《亚当·斯密传：现代经济学之父的思想》（杰西·诺曼著，中信出版社，2021年）。

后，一位学者与我交谈，当我说到英国为世界贡献了两位伟大的经济学家——亚当·斯密和凯恩斯时，他提高嗓门讲道："你们中国虽然没有亚当·斯密和凯恩斯，但你们有改革开放。"他读过傅高义写的《邓小平时代》，他认为邓小平是一位"开启了一个伟大时代的杰出人物"。作为这个波澜壮阔时代全过程的亲历者、观察者、实践者，我认同这位英国学者的观点。

20 世纪 80 年代前后，西方正在酝酿着一场信息技术革命：1971 年，第一台微型电子计算机诞生；1973 年，第一个光纤通信实验系统诞生；1976 年，第一个移动电话系统诞生。1978 年底，中共十一届三中全会召开，决定把全党的工作重点转移到社会主义现代化建设上来；1978 年 3 月召开全国科学大会，邓小平在大会开幕式上明确指出"四个现代化，关键是科学技术的现代化"，"科学技术是生产力"[①]；1985 年，邓小平在会见美国高级企业家代表团时说，"一部分地区、一部分人可以先富起来，带动和帮助其他地区、其他的人，逐步达到共同富裕"[②]；1992 年邓小平视察南方，发表了一系列振聋发聩的讲话，在理论和制度层面有一系列的创新思考，从而催生了一个庞大的企业家群体、商人群体，并通过企业家和商人们的逐利行为、创新行为、创造行为和组织劳动力、人才、资本、土地等生产要素的管理能力，经过 40 余年的卓绝奋斗，推动中国经济总量在 2010 年跃居世界第二，人均 GDP 从 1978 年的 381 元跃升至 8 万元。

1980 年、1984 年邓小平两次保护了一个小人物、一个个体

① 见《邓小平文选（第二卷）》（人民出版社，1994 年）。

② 见《邓小平文选（第三卷）》（人民出版社，1993 年）。

户年广久。1992 年视察南方时，邓小平再论年广久："农村改革初期，安徽出了个'傻子瓜子'问题，当时许多人不舒服，说他赚了一百万，主张动他。我说不能动，一动人们就会说政策变了，得不偿失。"①

任正非回忆说："直到 1992 年后，我的心里才踏实了。"尽管华为作为一家民营企业，在 20 世纪 90 年代和 21 世纪初的前几年由于它的民营"血统"遭遇过许许多多的体制困扰和有形无形的打压，任正非在那个年代经常有扛不过去的感觉以至于得了重度忧郁症，但邓小平视察南方给他吃了定心丸，任正非和华为不会也不可能再回头了。于是乎，30 年后，华为成为全球领先的信息技术企业，任正非成为世界级的卓越企业家。

当代中国企业家群体无疑是制度变革的产物，也是中国对外开放的产物。

繁荣周期终结的另一根源：不平等加剧

人类历史充满了悖论。无论是"康波周期"还是"熊彼特周期"，还是工业革命之前的经济社会周期循环，都隐伏着一种"兴衰相依"的中国式辩证观。繁荣是衰退的产婆，衰退中潜藏着复苏的因子。繁荣带来普遍的社会生机，造就了普遍的乐观主义，也滋长着普遍的享乐主义和懈怠，同时制造和加剧了阶层、人群的不平等，这种不平等包括财富分配的不平等、教育的不平等、就业机会的不平等，以及资源占有的不平等。

① 见《邓小平文选（第三卷）》（人民出版社，1993 年）。

历史学家沃尔特·沙伊德尔认为，繁荣与稳定不仅不会降低不平等，相反会助长不平等现象。他从石器时代到 21 世纪人类经济史的纵向回溯研究中，得出一个冷峻的结论：和平时代的不平等是一个持续加剧的不可逆进程。

无论是美国还是中国，在过去 40 年，既创造了各自经济史上的空前繁荣，也都遭遇和正在遭遇着“繁荣后遗症”，其中一大病症是：日益加剧的不平等。

哈佛大学一位教授在 2006 年对 5000 多位美国人进行访问调查，92% 的受访者认为，美国财富的理想分布是，10% 的富人所拥有的财富是穷人的 100 倍，是中产阶层的 10 倍左右。但现实却是，最富有的 1% 人群的收入在 1976 年仅占国民总收入的 9%，30 年来增长了 3 倍，他们拥有美国一半的股票、债券和共同基金，而底层 50% 的人群仅持有 0.5% 的财富，中产阶层在 30 年间快速贫困化。沙伊德尔在《不平等社会》中则指出，2015 年，最富有的 20 个美国人拥有的财富与这个国家底层的一半家庭合起来一样多，而收入最高的 1% 群体的收入占了国民收入的 1/5（2021 年占 28%）。同是在这一年，地球上最富有的 62 个人所拥有的私人财富净值，与人类较为贫穷的 35 亿人拥有的财富相等，世界上最富有的 1% 的家庭拥有超过一半的全球私人财富净值，这还不包括他们藏匿在海外的一些资产。

沙伊德尔进一步指出：2015 年，美国最大的私人财富大约是美国平均家庭年收入的 100 万倍，这个倍数要比 1982 年的时候高 20 倍。

与“一种危险且不断增长的不平等”相对应的是，世界经济在高速成长 40 多年之后，普遍陷入“增长的极限”。沙伊德尔在他的《不平等社会》中得出一个结论：只有瘟疫、战争、革命和国家崩溃才能重新洗牌，以矫正愈演愈烈的不平等。他将此称为“天启四骑士”。

沙伊德尔的观点激进而充满争议，显得过于悲观。二战以来不同国家的社会治理体系的改革，尤其以德国、日本和北欧各国为典型，在抑制贫富分化方面进行了一系列颇见成效的探索，美国尽管面临日趋加剧的不平等问题，但也在过往的几十年，在社会保障体系方面有一定的推进和改观。中国政府近年来提出的既要做大蛋糕又要分好蛋糕，既要坚持发展是第一要务又要走共同富裕道路的新的国家治理理念，很显然是在谋求构建一种健康的经济社会发展观：在发展中逐步缩小贫富差距，以最小的代价降低不平等现象对社会稳定的冲击、对经济繁荣周期的剧烈冲击。

与此同时，我们也必须看到，过往几十年，无论是发达国家还是发展中国家，无论是美国还是中国，尽管社会财富分配的不平等现象持续加剧，但绝对贫困人口在大幅减少，大多数人的生存条件、生活状况得到了显著改善，再加上科学研究和技术创新日新月异，也许为人类各国艰难应对“四骑士”威胁奠定了相对好的基础。尤其是中国，得益于40多年的改革开放，得益于长期坚持以经济建设为中心，在宏观的国家层面和微观的家庭、个人层面，与过去任何年代相比，中国社会都拥有着相对厚实的经济实力，再加上中国的制度调节能力，完全有可能有效化解或者部分化解“四骑士”带来的严重威胁。

与不平等加剧给经济繁荣周期带来的危机相比，建立普遍共识显得更为重要，这包括发达国家与发展中国家之间的共识、东西方社会的共识、中美两个大国的共识等，也包括国家内部阶层之间的共识、决策层与社会大众的共识、社会大众和决策层与企业家群体的共识等。共识不彰，则繁荣危矣！

格林斯潘之问：美国曾经引以为傲的活力为什么消退了

“美国是突然之间得到上帝的眷顾才崛起的，那我们会不会看到另一个令我们惊讶的现实——美国突然失去上帝的眷顾？”格林斯潘在《繁荣与衰退：一部美国经济发展史》一书的最后章节发问：为什么美国曾引以为傲的活力消退了？

美国是一个“以商为本的共和国”，美国人“对商业活动和金钱有一种特殊的执念”，“没有任何一个国家的人民比美国人更重视财富”（托克维尔），美国商人的地位“相当于英国的绅士、法国的知识分子和德国的学者”，“美国人在交易的过程中乐于展现出英雄气概”，“这种现象使经商成为美国的一种信仰”。[①]

格林斯潘认为，美国曾经是一个“强盗大亨资本主义”，在经历 70 年左右的野蛮生长之后，美国在 20 世纪 30 年代步入“管理资本主义”，从 20 世纪 80 年代至今，跨入“创新资本主义”。240 年的美国经济一直在“复苏—繁荣—衰退—萧条—复苏……”的周期中循环演进，每一次的衰退与萧条，背后既有技术创新滞后的因素，也有严重的贫富分化对社会稳定造成的威胁，还有商人和企业家阶层的无序扩张对社会公平正义带来的危害，因此每一次随之而来的都是监管的升级和强化。而每一次复苏与繁荣，背后也大

---

① 见《繁荣与衰退：一部美国经济发展史》（艾伦·格林斯潘等著，中信出版社，2019 年）。

多缘于一种颠覆性新技术的出现，缘于新的经济社会秩序之上的企业家精神的回归，缘于社会各阶层活力被再度激活。1929 年至 1938 年的美国社会，无论是普罗大众还是知识分子，或是政客，普遍对未来是悲观甚至绝望的，反商反富成为潮流。而大萧条之后美国各阶层的大多数人，又重拾对国家与个人未来的乐观主义期待，对企业家和商人阶层的认知却出现了长期的分裂。企业家作为一个阶层，再也回不到被鲜花簇拥、万众仰视和追捧的舞台中央。

格林斯潘的《繁荣与衰退：一部美国经济发展史》用若干条经纬线，编织了一部跌宕起伏的美国经济故事，其中最主要的经线是美国企业家的梦想与欲望的极大张扬、促进破坏性创造的故事，主要的纬线则是美国监管权力的不断扩大和扩张、抑制破坏性创造的故事。

破坏性创造是美国经济"永远存在的飓风"，"经常能够将企业连根拔起，有时候也能摧毁生命，但就是这种破坏的过程带来一个生产力更高的经济体"。[①] 企业家更多看到的是"创造"，监管者却更多看到的是"破坏"，企业家展现的是"伟大的疯狂"，监管者却要把"疯狂"关进笼子，一轮又一轮，达成短暂的"疯狂"与"笼子"的平衡后，不是"疯狂"暂时低头，就是监管暂时放松，或者当企业家精神几近窒息时，新的立法拆掉一些笼子，再把余下的小笼子变成大笼子……但总体演进的趋势却是，笼子越来越小和越来越多，竹笼变成了铁笼，"自由之地已经变为世界上监管最多

① 见《繁荣与衰退：一部美国经济发展史》（艾伦·格林斯潘等著，中信出版社，2019 年）。

的国家”[①]之一。

格林斯潘举例：过度监管迫使企业创始人“无止境地填写复杂的表格”，要想在纽约开个餐馆，你得和11个不同的市政机构打交道；修建一条高速公路，需要花10年扫清各种官僚障碍，才能让工人正式施工。[②]

美国为什么会停滞不前？格林斯潘认为重要原因之二是权益支出抑制了生产力的发展。“福利支出让美国负重前行”，而“社会保障制度被人们称为政治的第三条轨道”。

原因之三是奋斗精神的退化。格林斯潘引述一位评论家的话说，传统美国是“大篷车”社会，“美国人总是不停地迁徙，甘冒极大风险来追求更好生活的拓荒者和冒险家开垦并锤炼出了独特的美国”。而欧洲人则相反，他们“建造堡垒来保护已有的财富”。因此，“美国理所应当地被认为是培养企业家的沃土”。但过去30年以来，美国的地域性流动一直在减弱，普通美国人迁移到经济热点地区变得越来越难，向上晋升也变得越来越不容易。格林斯潘认为：美国和其他缓慢增长的成熟经济体（如欧洲和日本）日趋相同，正在变为一个“堡垒社会”，“美国人也正在丧失其标榜的拓荒精神”，“在这些拓荒者的后代中，大部分人因过于害怕失败而不敢踏上任何新道路”，到处游走着一群“一碰即碎的人”（英国前首相丘吉尔之语），他举例：麦当劳把警告标志印在咖啡杯上，注明“小心热饮烫嘴”……

---

① 见《繁荣与衰退：一部美国经济发展史》（艾伦·格林斯潘等著，中信出版社，2019年）。

② 同上。

这使我想到了熵理论，或者叫“熵周期理论”[①]，从人类组织包括国家和企业的视角看，它事实上揭示的是组织的兴衰周期律。曾经的罗马帝国，曾经的西班牙与葡萄牙帝国，曾经的大英帝国，曾经的法兰西帝国，在它们的民族与国家的青壮年期，无比生机蓬勃，充满了冒险精神，充满了进取性与扩张性，它们在通过一代人、几代人坚韧不拔的奋斗，终于跨入物质与精神文明的发达期和成熟期时，却尽皆掉入福利主义的陷阱，整个社会笼罩在一种优雅精致、悠闲散淡或者物欲横流的秋日斜阳之中[②]，美国能够避免步其后尘吗？格林斯潘给出的答案是：没有所谓的“美国例外论”。

1776年，一批由律师、商人、学者、发明家和农场主组成的“政治素人”，为一个刚刚诞生的共和国构造了一幅宏大的理想蓝图和一套体系化的制度蓝本，他们雄心勃发且满腹经纶，对未来充满自信。但与此同时，他们中的多数人和当时的美国精英阶层，却都在争相阅读和热论刚刚出版的六卷本《罗马帝国衰亡史》，作者是英国历史学家爱德华·吉本。特朗普当选总统后，此书再度成

---

① 熵理论即“热力学第二定律”认为，在孤立的系统内，分子的热运动总是从原来集中、有序的状态趋向分散、混乱的无序状态，系统从有序向无序的自发过程中，熵总是增加的。当熵在一个系统内达到最大时，系统就处于能量平衡状态，从而呈现出一种静寂状态。1981年，美国出版了一本轰动一时的著作《熵：一种新的世界观》，将熵概念从自然研究的范畴推演和移植到人类社会的普遍现象。英国科学家索迪则断言，熵定律“最终控制着政治制度的兴盛与衰亡，国家的自由与奴役，商业与实业的命运，贫困与富裕的起源，以及人类总的物质福利”。

② 读者若想进一步了解欧洲的福利主义制度与文化，《反社会的人》（作者瓦尔特·伍伦韦伯，光明日报出版社）一书应该不失为最佳读物之一，作者曾经是一位著名的德国记者。若想进一步了解当今美国社会的消费主义文化与消费主义商业、消费主义支配下的政治现象及其背后的深层原因，也可以阅读《冲动的社会》（作者保罗·罗伯茨，中信出版社）一书，作者是一位著名的美国记者。

为美国政坛、学术界、企业界的热门读物。

悖论发展观：中国的挑战、选择与警惕

我们必须看到一个冷峻的事实：全球各国包括中国，都在进入普遍的活力减退时期——国家疲劳期。1971 年美元与黄金脱钩，世界进入“失锚时代”，没有黄金约束的巨型印钞机为以信息技术革命为轴心的新经济时代的充分发育、快速膨胀带来了太平洋一般汹涌澎湃的资本洪流，再加之中国的改革开放为世界经济注入了十几亿人的劳动力资源、智力资源、产品资源、超大规模的市场资源、文明的多样化资源，人类整体涌现了一次前所未有的大繁荣。然而，繁荣正在摧毁繁荣，繁荣盛景下堆积着前所未有的大泡沫。泡沫化繁荣的代价是，当今不少国家透支了未来 20 年或 30 年（包括宽松的货币政策和国家企业家庭的高负债、房地产的过度开发与高房价、资源过度开发、环境污染等）的社会总财富，也就是说，是以严重透支祖孙后代的财富换来了一两代人的“爆炸式幸福”，这种发展模式是不可持续的。我在前面讲了四个周期律：工业革命史前的周期律、熊彼特周期律、不平等周期律，以及熵周期律（组织兴衰律），事实上我们今天的人类社会正处于各个周期律的下半段：技术创新衰退期、不平等加剧期、国家和企业与个人的活力衰变期。这是我们所处时代的总背景。

中国经济突飞猛进的 40 年，也是中国企业高歌猛进、狼吞虎咽的 40 年，同时也是中国企业家群体的奋斗与牺牲、荣耀与幻灭、收获与迷失的 40 年，是英雄、枭雄、强盗各显其能、各显神通的

流光溢彩与“刀光剑影”的40年。上一场剧的大幕正在慢慢合上，下一场剧正在缓缓开启。中国企业家群体能够从美国企业家200多年野蛮崛起、浮华与睥睨天下、理性回归的历史中得到哪些启悟？一是无规则与低规则甚至自定规则的商业狂欢必成往事，企业家不是也不应该成为救世者，企业家的“战场”永远在商业；二是不要热衷与痴迷于“英雄戴冠”，也不必抱怨或忧心大众舆论的风向变化，企业家或者商人在任何制度背景下和任何国家中，都是毁誉参半、时毁时誉的一种特殊角色和职业；三是拥抱“市场化”是企业家的天然追求，但市场化的另一面是法治化，缺失法治化的市场化，不是滑向“权贵资本主义”，就是堕入“强盗大亨资本主义”。

警惕福利主义。格林斯潘认为，美国“并没有能力为全民福利提供充裕的资金”，而在二战之后的欧洲，有鉴于一战、二战前欧洲大陆严重的贫富悬殊问题所导致的阶层对立、社会动荡，欧洲多国进行了一系列矫枉过正的社会保障制度改革，曾经带给了欧洲战后几十年极其难得的和平与繁荣、社会和谐和阶层稳定。但制度演化自有其固有逻辑：当一种倾向越过其临界点时，便向其反面大幅倾斜。《反社会的人》一书对德国的福利社会诸种面相进行了非常翔实、系统的描述，我国的决策层、智库学者和企业家从该书中能够借鉴诸多经验与教训：当一个国家的富豪阶层（1%~5%人群）热衷于“钱生钱”这种“不劳而获”的资本游戏、上千万低收入（无收入）人群沉迷于“不劳而获”的福利接济、上百万人依赖福利“生意”的咨询与中介而“不劳而获”时，这个国家从事价值创造的企业家、企业管理者和白领阶层成了真正的“承重者”：国民经济的支撑者和高税负人群。长此以往，这个阶层的创造动力、奋斗动力将如何维续？德国尚且如此，遑论其他欧洲国家？

劳动创造价值，按劳分配并兼顾公平，是社会主义制度的核心理念，是我们国家在40年间经济和社会实力得以迅猛发展的思想理论基础，是我国的国家竞争力之所在，也是我们有条件建立相对完善的社会福利保障体系的先决条件。我们必须把握好制度平衡：做大蛋糕是第一要务，分好蛋糕首先是“按劳分配”，同时对不具备劳动条件的社会群体给予良好的物质和精神保障，但不能滑向“全民福利主义”。

活力是企业的灵魂，也是国家之魂。40年的改革开放，激荡起了一个民族的冒险精神、奋斗精神、创造精神，几亿中国各阶层的人群从乡村迁徙到城市，从内陆向沿海迁移，向边疆流动，从中国向世界各地流动，向一切蕴藏着成功机会、蕴藏着财富潜力、蕴藏着发展可能性的国度和地域流动，这种大迁徙的景象一点不亚于欧洲的大航海时代，不亚于美国的“大篷车时代”，它代表着一个古老文化的再生、一个民族开放精神和冒险基因的苏醒，也是我们这个国家未来强盛的根基所在。

我们必须格外警醒：一旦国家的活力不再，或者大幅度衰减，一个阶层、各个阶层的人群不愿冒险和进取，比如传说中的90后的“躺平”倘若变成一种普遍的“奥勃洛摩夫现象”[①]，那无疑是一种真正的危机，比任何周期律所呈现的危机都更危险。周期律会翻转，国家的活力减退和国民的普遍懈怠则预示着创造性精神的死寂。

---

① 奥勃洛摩夫是俄罗斯作家冈察洛夫的长篇小说《奥勃洛摩夫》中的主人公，作者细致刻画了19世纪中期俄罗斯社会的“无用人现象”，作品出版后，“奥勃洛摩夫”成为一类人群的符号。很显然，每个时代的不同民族与国家，都会出现“躺平主义者”，问题的根源还在社会本身。一个充满了机会与梦想的时代虽然也会存在“躺平者”，但它注定不会成为一种潮流，今天世界范围内从欧洲到美国到日本到中国的“躺平主义”标签者越来越多，说明人类的经济结构出问题了，社会患病了，而且病得不轻。

格林斯潘在《繁荣与衰退：一部美国经济发展史》一书中有一节的小题目是“死于绝望”。

因此，国家、企业、社会的激励制度的内涵，应始终立足于有利于个体的活力激发，有利于群体凝聚力的增强和活力迸发，有利于释放和解放生产力。

必须始终坚持走开放之路。开放是热力学第二定律的杀手，是熵周期律的敌人。[①]我国40多年社会经济的迅猛发展，概因于我们“破茧而出”，果断与“闭关锁国”的体制告别，主动拥抱开放的信息流、技术流、资本流、人才流、商品流、文化流，从而使中国成为这一波全球化的最大受益者。开放是最好的防御，在当今美国“高筑墙”的技术与贸易保护主义面前，我们应反其道而行之：以更开放的政策与策略、姿态与胸怀应对任何外来打压和挑战。美国今天的堡垒主义国策非常类似于100年前的超级大国英国遏制美国发展的经贸政策。

重视企业家与企业家精神。美国的国家实力是奠基在它的前100大到前500大企业之上的，也奠基于它的持续不断的破坏性创造之上，风水轮流转，任何企业“脚下的基石永不稳固”。美国经济能够在200多年的一次次大衰退中重拾复苏与繁荣，很大程度上

---

① 比利时学者普里高津在对热力学第二定律研究的基础上，提出了“耗散结构理论”，他认为：处于远离平衡态的开放系统，在与外界环境交换物质和能量的过程中，通过能量耗散过程和系统内部的非线性动力学机制，能量达到一定程度，熵流可能为负，系统总熵变可以小于零，则系统通过熵减就能形成新的有序结构。这里的关键词是：开放。此论用到人类组织，能给我们带来非常积极的期待和信心，这即是：国家、企业、社会和个人，只要始终处于开放状态、学习状态，不断从外部汲取各种知识和能量，就不但可以有效抑制持续衰退、衰老、下降的趋势，还将使组织和个体生存得更健康、更长久。开放是国家和企业基业长青之本。

有赖于一代代美国企业家的“伟大的疯狂”和凯恩斯所称的企业家的“动物精神”。

从严格意义上讲，中国企业和企业家的浪涌仅仅不到50年，却也诞生和发育了一批世界级的企业和有全球影响力的企业家，假使我们始终坚持走市场化与法治化之路，依我国如此大的内部市场和更为开放的全球市场，依我们民族的勤劳传统与智慧，相信未来30~50年，我国也必将会持续涌现出一批又一批的领先企业和优秀企业家。

问题的关键是，我们的社会、我们的舆论环境、我们的政策选择是否能够建立共识：企业家对任何社会而言，都是“稀缺供给品”，概缘于他们是职业冒险家，是永远在不确定性中赌明天的少数人、极少数人，是用实实在在持续的数字扩张（创新成果与财富增长、纳税与创造就业、慈善等）奠基国家实力与繁荣的奉献者和贡献者（这里主要指守法经营的企业家和商人）。我们必须营造一种有利于企业和企业家成长的肥沃土壤，进而批量制造出一代又一代“有缺陷的商业英雄”，这才是我们抵抗和摆脱周期性经济危机的底气所在，也是国家强盛的根基之一。

09 以内部管理的确定性应对外部经济政治周期的不确定性（下）

——论管理是企业的核心竞争力和最大生产力[①]

相信“管理的力量”

前文我们讨论了人类今天面临的五大不确定性，也阐述了四大经济政治周期律。对企业家而言，还面临着市场瞬息万变的不确定性。因此，企业家是天然的风险家。但优秀的企业家绝非赌徒，他们是以内部管理的确定性应对任何外部不确定性的职业管理家。

40 年前，30 年前，在几个特殊的时间节点，突然间，960 多万平方公里的土地上，雨后春笋般地冒出许许多多的生意人，在深圳，在海南，“一颗椰子掉下来能砸到三个老板”，蜂拥蹚进的“淘金者”们、创业者们把他们长久被压抑的渴望寄许于一个时代、一片热土，一些人十几二十年后成为骤起的巨贾豪富，也有少数人在赚到第一桶金后成为企业家。前者更相信命运的力量，后者更信奉

① 本文根据作者田涛的若干次内部讲座整理稿修改而成。

管理的力量，比如任正非，比如王石和张瑞敏。

历史充满了“误判”和“误伤”，但历史的另一面却是不断披沙拣金、吹糠见米的优胜劣汰过程。中国民营企业的40年，某种意义上是迷信不可知的命运力量与相信管理的力量这两类不同企业文化赛跑与竞争的40年。一些历经三四十年风吹雨打，并从卑微的起点崛起为一个地区、一个行业乃至于国家层面的大企业、超大企业，曾经是优胜者，近几年却普遍陷于困境，究其根因还主要在于“米不再是米，金不再是金”，缘于企业规模的急剧扩大和企业管理的滞后，比如企业家在组织兴衰逻辑认知上的欠缺、企业家战略洞察力的偏弱、企业家自身的懈怠，也缘于一些企业家的命运观。一位起家于制造业，后来转身做房地产、煤矿和投资的民营企业家，在创业期信奉奋斗的力量、组织的力量，不到20年就创造了一个“商业帝国”，而财富的暴涨使他产生了强烈的幻觉，认为这一切都得益于多种神秘因素的加持，这些年，他的身边一会儿是僧人，一会儿是道士，一会儿是风水先生，亦佛亦道亦风水，自己却越来越少地出现在办公室，出现在团队中，出现在市场一线。而当行业监管风暴来袭时，企业已是负债累累，他自己也成了被限制高消费的对象。

必须承认，中国企业今天普遍面临的困境是：管理落后。企业家和商人群体在创业的早中期，更相信个人意志的能量，成功后有些人更偏执地相信个人呼风唤雨的能力，也有不少人在面临危机时，常常寄望于通过某种外在的神秘力量（强有力的社会网络和神佛佑护等）去对抗外部经济政治周期的不确定性，却忽视内部管理。但任何外力都充满了不可预测性，以不确定性力量应对不确定性风险，无异于缘木求鱼。内部管理的确定性才是战胜外部不确定性冲击的唯一法宝。

学者汪丁丁说：“每一个中国人，只要他的企业家精神被激活，他的人生就有了悲剧英雄的基调。然而，中国人既生活在当下也生活在传统中，所以，中国人与西方人相比，更容易从英雄角色抽身出来，重返平庸。”企业家是那种终身与不确定性缠斗的高风险角色，无论东西方各国，皆如是。正因此，企业家都必须拥有冒险和探索的英雄气概，而只要是英雄，结局无非是喜剧英雄或悲剧英雄。但与西方企业家相比，中国的企业英雄们，不少人在获得短暂的成功与辉煌时，容易陷入角色的迷失：在相当多的企业家眼中，做企业是安身之所，而非使命。非使命故，他们就缺了一种对商业的执念、对管理的执念。

几年前，我应邀在国内某著名商学院演讲，在问答环节，一位50岁出头的房地产老板讲道：三分管理七分命，任正非的命好，华为也不过是“幸存者偏差”，倒下的企业已不能开口，任由成功者讲述“活下来的奇迹”。而一位留美回国创业的38岁科技公司管理者反驳道：我既相信个人的力量，也不否认命运的力量，但我更信赖管理的力量，七分管理三分命……

“上帝的掷骰子游戏”？危机管理之企业家精神

当宿命论者认为那些优秀的企业和卓越的企业家不过是“上帝的掷骰子游戏”，是某种侥幸使他们“活出了神话的样子”时，危机，一个接一个的危机却在不断验证着企业成败的理性法则。危机管理最能凸显企业与企业的不同竞争力，凸显企业家与企业家在意志力、洞察力、感召力、组织力、思想力方面的差别。

企业家是一种单调的职业，“像一位船长，每天都在重复掌舵”。在日复一日的平凡的管理中，很难区分谁才是卓越的企业家，什么才是真正的企业家精神，但在狂风巨浪呼啸而来时，高下立判。一个平平常常的商人，也许被一场突兀而来的飓风碾碎，也许向命运投降，而有人却从危机中获得了神话般的勇气，赢得了决定性的胜利，他的天赋基因——冒险和征服的基因便被激活了，而在一而再、再而三的风暴碾轧中，他不但自我信念持续加强，自信心持续增长，而且习得了、形成了一整套应对危机的价值观和方法论，那么他就实现了从商人向真正企业家的蜕变和转身。英雄总是在危机中兴盛，危机塑造了企业家英雄。纵观东西方企业管理史，也无不是在危机中逼出来的管理灵感、管理理论与管理工具。

华为是中国乃至世界范围内的危机管理经典标本，任正非也应该是世界级的危机管理企业家模板之一。

35 年前，任正非因生活所迫，创立了华为技术有限公司。我 1999 年初识任正非时，华为已是中国颇有影响力的通信制造企业，在全球业界也有一定知名度，但我当时最深刻的印象却是，他在与一群人、几个人一起交流或与我单独交流时，时常哽咽流泪，某些情形下甚至在大庭广众之下失控痛哭。这可是一位前军人、一个貌似铁打的男人啊！所以，我有时以任正非为例，给一些中青年企业家讲，不要讲什么男儿有泪不轻弹，弹完泪，压力暂时疏解了，再昂首挺胸去应对压力和战胜压力。华为的 35 年，可以说是一个危机接一个危机的苦难叠加史、血泪史，在世界范围内亦属罕见。我曾对任正非说，这些年的华为就是提着一口气，上上下下咬着牙挺过去了，挨过去了，又上一个台阶。他答：你讲的是对的。

1997 年，华为的销售额在“巨大中华”这四大通信巨头中位列第一，华为却遭遇了诸多有形无形力量的打压。无奈之下，1999 年，华为与摩托罗拉公司秘密谈判，打算以近百亿美元的价格出售给对方，最后一刻被摩托罗拉新任董事长否决了。华为在 20 世纪 90 年代也曾谋求成为一家上市公司，被以“华为没有科技含量”为由否定。这种种因素逼出了华为的一系列管理创新：大规模的员工普遍持股制、技术与研发创新管理、市场管理创新、激励制度创新、财经管理创新等。严格地讲，华为的全球化也是被内外危机逼出来的。与此同时，任正非也被逼成了独具风格的管理思想家。换言之，如果没有一个又一个危机的挤压，任正非也完全有可能会是一位平庸的企业家，或者如汪丁丁先生所言，从英雄重归平庸。

企业家的理念和信念既需要少数人的坚定支持，也需要对多数人的感染和争取。我经常对一些企业家讲：你们不能做闭门僧，不能自我神秘化，要时常出现在团队之中，要做演说家、鼓动家，向微软前 CEO 史蒂夫·鲍尔默和现任 CEO 萨蒂亚·纳德拉学习，向乔布斯学习，向马斯克学习，向任正非学习。任正非每天工作的一大半时间是在和不同层级、不同部门的管理者、专家、普通员工进行各种正式或非正式座谈交流。2020 年除夕夜，他花大半夜时间读完了尤瓦尔·赫拉利的《人类简史》，并写了上千字的读后感，大年初一却出现在华为一个个研发办公室，慰问加班员工，给大家鼓劲打气。那一年的春节，他从初一到初五，每个下午都出现在不同的研发办公室。

企业管理在一定意义上是一种信心预期，尤其是在企业面临重大危机的关头。而企业家则是构建信心的源头，也是信心的发动者和最核心的传播者。

洞察力 = 学习力：危机管理与企业家之洞察力

东西方那些卓越的企业，无不在其发展的历程中经历了无数的惊涛骇浪，但何以一次次未被打垮，反而变得更强大？因素无疑很多，但企业家的战略洞察力至为重要。

2000 年前后，全球 IT 和通信行业正处于烈火烹油的幻景中，任正非却在内部讲，“泰坦尼克号也是在一片欢呼中出的海”“华为的冬天到来了”,华为开始“在夏天准备过冬的棉袄”；2008 年全球金融危机时期，西方公司纷纷裁员瘦身，收缩规模，任正非却认为，这次危机对华为的影响有限，而且是华为的机遇，华为加快了全球市场布局和研发布局，并趁势吸纳西方公司裁掉的一批优质人才；1996 年前后，任正非判断，华为在中国市场正在和将会面临多面夹击，华为必须走出去，拓展国际市场以求存，最终赢得了国际国内两个市场；从 1999 年至 2010 年前后，任正非越来越清醒地认识到，华为的迅猛发展总有一天会“踩到别人的脚”，会面临美国越来越多的打压，华为必须加大在基础研究上的投入，并成立 2012 实验室作为应对未来重大危机的“备胎”；2021 年春节前夕，任正非预言，现在芯片市场的过热现象是暂时的，一两年后芯片会出现全球性的过剩……

这个以强大的思想能量管理企业的人，几十年来，甚至在创业初期，在多数早晨上班时间将他头脑中的判断与构想倾注到他桌前的纸页上，然后在一次次的演讲、座谈中说出来，并在一次次的修改中把它们变成公司文件或正式讲话稿，之后影响了一代代华为员工的精神世界与行为方式，进而左右和推动着华为的发展方向与发展进程。

伦敦政治经济学院一位经济学教授在2020年5月对我说：这个世界应该有更多的人听到任先生的声音……

有企业家问我：任正非的洞察力是怎么形成的？我答：洞察力=学习力。任正非自称是一个孤独的人，他把别人杯盏应酬、睡觉的时间用于大量阅读，经常深夜一两点钟还在学习，并时常将相关信息随即转发给相关人士或朋友。他的阅读范围极广，历史、哲学、宗教、科技，以及时事新闻等，无所不包。他也是个影视剧迷，尤其是纪录片和热播剧，他会经常从阅读与观剧中得到关于华为管理的某些启发，华为的2012实验室就是从电影《2012》中获得的灵感。同时，他也会花大量时间与全球业界领袖、智库学者、大学教授、科学家和技术专家、顾问等人士进行海阔天空的非主题交流。他也鼓励和要求华为的高管、科技专家们“一杯咖啡吸收宇宙能量”，在“咖啡走廊”与世界上的“最强大脑”碰撞出灵感和思想火花。

优秀企业的战略洞察力从来都不是一个人拍脑袋的结果，而是一簇又一簇群体智慧的结晶。任正非说：“华为战略不能由少数人来决定，不能由少数人来设计未来，也不因少数人的批判而改变方向。而应该由几千、几万名专家的对撞，来研究未来的方向和走向未来的路径。”而无论是专家还是高管，他们都必须拥有一种思维品质：学习力。我与华为的不少高管、地区部总裁、研发专家有过交流，他们给我的深刻印象是，普遍读书量惊人，阅读范围广。

一位清华大学毕业、5 年前入职华为研发部门的博士生告诉我，华为更像一所大学，虽然它是一家企业。

活下来是企业管理的最高哲学

一家全球行业第一的中国著名企业，他的创始人却如隐士一般鲜为人知。三年前，这位“隐士”企业家介绍我认识了一位企业很著名，个人也很著名的企业家俞敏洪。他们二人都对所在产业有罕见的洞察力和掌控力，都是从零起步，用 30 年左右，在中国各自创造和引领了一个行业。在那天三个人的聚会中，俞敏洪谈得最多的是如何以创新的方式帮助乡村学校、乡村教师和乡村孩子。这是我和俞先生的一面之交，留下的印象是：感性，理想主义，善于学习，从底层一路打拼成功，灵魂却依然柔软。几年过去了，从各种信息中得知：教培产业全面整顿，新东方业务大崩盘，股价一泻千里。半年前至今，我一直在关注着俞敏洪和新东方，我对俞敏洪的认知更立体了。在企业几乎完全崩溃的危急关头，作为创始人的他不但未崩溃，而且展现出了一种卓越的商业伦理、一种卓越的个人意志力、一种被逼出来的卓越的创新精神，他在危机管理中真正活出了优秀企业家的样子。

东西方许多卓越企业家的故事带给中国企业家群体的启示是：一切困难和风险都有可能被战胜，关键仍在于如何展现企业家精神，如何以团队的力量和智慧化解风险，并充分利用好每一次难得的机遇——丘吉尔说，“危机是上帝赐予的最好礼物”。

任正非早在20年前就讲过：华为的最低纲领是活下来，最高纲领还是活下来。在跟踪研究华为的23年中，我见证了华为历史上许多的惊心动魄，也见证了华为如何一步步度过了艰难岁月。任正非说华为的最低与最高纲领都是活下来，其实这不仅仅是他对华为管理的切身体验，也是任何有使命追求的企业和企业家的基础性管理哲学。在全球经济政治周期面临前所未有的不确定性和巨大风险的今天，我结合华为以及西方一些伟大企业的危机管理实践，给迷茫中的企业家们提出几条关于怎样抵抗和应对危机的对策性建议，仅供参考。

总的基调是：最坏的预期，最充分的准备，最坚忍的意志，长期不懈的奋斗。战略与战术原则是：稳住阵脚，收缩战线，夯实基础，等待时机，提速前进。

什么叫最坏的预期？我们可以一厢情愿地幻想：一切不确定性背后都是一场庸人自扰，或者上帝会格外偏爱我，风暴席卷世界，这边风景独好。抱有这种心态的人最好不要做企业家。我一再讲，企业家是职业风险家，优秀企业家从来都是热烈的理想主义与冷峻的现实主义的结合体：拥有理想，不抱幻想，从最坏处着眼，向最好处努力。

稳住阵脚，越是在乌云盖顶的危机期，几个月、半年、一年之内，企业可能面临毁灭性打击，企业家越要最大限度地调动自身的多巴胺能量，并高密度、高频度地出现在团队中间，充分展现勇气、力量、自信心，并与团队形成强烈的使命与激情共振。反之，帅溃则兵溃，兵溃如山倒。

危机时期是最好的团队建设期，要创造性地开展多元化的物质与精神激励。华为在这方面积累了很多成功案例。比如华为在2002年曾经开展过高中层干部集体降薪活动，有研发人员主动写报告要求降薪，却被任正非打了回去："你没资格降薪，你的工资达不到降薪标准，我们还要给你加薪！"企业在经营困难或预期经营困难时，裁员与降薪是通行的方式之一，但企业家对此要有系统性思考：首先是究竟要不要裁员，要不要降薪？其次是怎么裁员，怎么减薪？然后是如何做到震荡最小化？又如何通过裁员和降薪活动更有效地激发团队士气，而不是形成恐惧效应？进而是为什么对一些人降薪又对另一些人加薪？为什么在裁员的同时又要招聘新的员工？……这些无不体现着管理的辩证法。一遇危机就一刀切地粗暴裁员和降薪，既对员工未负起责任，也会损害企业的长远竞争力。

收缩战线并非仅仅是危机来临时的应激之举，其实企业管理的整个过程，就是扩张—收缩—扩张—收缩的动态演进史。我观察和研究华为，发现几十年来，它每两年都是在扩张中前进，研发与产品线会在这两年左右冒出不少新项目，在市场上也攻城略地，高歌猛进。但进入第三年，又进入急剧收敛期，砍掉一些研发项目，压缩一些产品，市场体系从一味"打山头，抢合同"转向既要打仗，又要抓合同质量，追求利润增长和现金流增长。一年左右的调整见效后，又进入新一轮扩张期。

企业在外部不确定性因素越来越大和经营环境越来越差时，

收缩战线是明智之策，但收缩不代表放弃和不思进取。收缩战线的辩证观是：守住核心产品，砍掉一些当下不能带来业绩、未来预期有限或渺茫的产品，同时布局新的技术创新和产品研发；守住关键市场和关键客户，放弃一些鸡肋市场和鸡肋客户；无论是技术、产品（包括新技术和新产品）还是服务，都要把有限的资源向优质客户和潜在优质客户倾斜。

危机期既需要像狮子一样储备实力，等待时机，在危机过后提速前进；也需要像鹰一样，瞅准危机阶段的某些特殊机会，在局部主动发起进攻和扩张。20 多年前，在华为的技术能力、产品能力和资金、人才都处于匮乏状态时，任正非号召员工看一部电影《南征北战》。20 年后，华为的综合实力已今非昔比，但任正非在与管理层座谈时，还不时提起这部老电影：退却是为了更好地进攻，进攻是最好的防御。

人才与变革，技术与产品

夯实基础首先是夯实人才基础。危机时期，企业要收缩战线，砍掉某些产品部门和缩小非作战部门，最大程度降低运营成本以争取活下来，这自然会涉及裁员甚至规模性裁员。但为了未来更好地活下去，有远见的企业还必须在裁员的同时，抓住机会，引进一些紧缺的优质人才，比如专业性强的技术领军人才、财经管理专家、风控专家等，也包括招聘刚刚大学毕业的新员工，以补充新鲜血液。疫情流行和俄乌战争以来，全球人才市场普遍迎来了从短缺到富余、从超高价格到理性价格的阶段（顶尖人才例外），这对有人才需求的企业无疑是机遇。华为的做法值得借鉴：趁势吸纳市场上过剩人才的同时，不但不借势降低人才价格，相反给予顶尖人才更高的待遇。

其次是夯实组织基础。危机也是进行组织变革的机遇期。华为的变革经验证明，企业在发展势头良好时，推动各方面的变革最为有利，变革的成本最低。就其实质而言，变革是一种“拆旧庙盖新庙”“换血与输血”的利益关系的重新调整，搞得不好会得不偿失。而企业运营顺利时，也有实力抵御某些组织动荡。但华为的变革实践也同样证明，在企业发展到一定规模，业务增长较好，外部压力和威胁较低时，往往变革动力不足，阻力也比较大。相反，在危机压顶时，组织进入“战时状态”，变革则进入提速期，反对变革的噪声降低，拥护变革的响应度显著提高，变革的速度和成效也有提升。

变革是面向未来的风险工程，人们无论是出于公心还是私心，怀疑甚至抵制变革本属正常，但不进行实验、畏惧失败就不会有变革，没有变革也就没有了未来。比如华为正在进行的合同在代表处审结的体制变革、向谷歌学习并进行自身创新的军团组织变革，都是一种针对大企业病和应对外部危机的积极实验，成败与成效究竟如何，都需要经过三至五年的结果检验：是否提升了组织活力和竞争力？是否激发和促进了个体的主动性和创造性？是否明显改善和提升了部门和企业整体的绩效？归根结底，是否促进了多打粮食？即使出现某些挫败或与变革预期的差距，变革也一定比不变革好。死水一潭、上下板结的企业，结局就是静悄悄地走向衰落，这样的案例在全球大企业中比比皆是。

然后是夯实技术和产品基础。我们必须清醒认识到，中国经济正在告别"萝卜快了不洗泥"的原始积累期，经济衰退也会加速大众理性消费时代的到来。所以，企业间今天和未来的竞争，是技术创新和产品质量、产品价格的综合竞争。衰退也许会让企业家们变得更理性、更沉实，让各行各业的企业真正回归商业常识，回归管理常识：质量是产品的核心生命力。

衰退与繁荣的经济周期律，对企业和企业家们来说，既预警着黑暗，也预示着曙光。而对中国企业而言，即使全球经济跨入衰退期，我们仍应有一种基础预期：14 亿人的物质消费与精神消费是每时每刻都会发生的，这是一个长期的、不间断的、庞大的内需市场，但这也是一个越来越趋于理性消费的刚需市场。更何况国家坚持对外开放的国策不变，贸易开放政策不变，国际市场的刚需消费也是大可期待的。

还有，经济危机也会加剧优胜劣汰的进程，使得一些管理不善、对衰退预期不足和准备不足的企业陷入困境，甚至垮掉，从而降低了市场竞争的烈度，这对那些管理相对优良的企业而言，对市场本身而言，也未尝不是好事。

危机期，企业（企业家）与企业（企业家）之间的竞争，核心表现在：谁更具乐观精神？谁更具危机意识？谁的团队更具战斗力、凝聚力和忍耐力？谁最先倒下去？谁是最后活下来的那一批企业？

还有更直接和更具体的挑战是：谁在夏天备好了过冬的棉袄？

现金流，现金流：危机管理之"血脉论"

30 年前，走出校园进华为仅仅两年多的郭平被任命为财务部经理，30 年后，已是“元老”的他回忆道：“我那时每天早上到办公室，就被一拨拨催债的人堵在门口要钱，我作恭打揖，赔笑脸说好话——放心，绝不会欠大家的……久而久之，他们就给我起了个绰号——‘千年不赖，万年不还’……”

华为西安研究所原所长（退休前任党委书记）周代琪讲道：“公司资金在前 10 多年一直非常紧张，有一天在食堂排队打饭，老板排在我前面，脸色很难看，我问他：‘老板，你病了？’他冒了一句：‘吃了这顿还不知道有没有下一顿，公司账上没钱了。’晚餐时，一进餐厅，我看见老板在和几个人同桌吃饭，喜笑颜开地大声讲话，我问一起排队打饭的人，说是下午催到了一笔货款，账上又有钱了……”

华为历史上大约 2/3 的年份都是一家“缺血”的公司，它不是上市公司，无法从资本市场募集运营资金；它是一家民营企业，又缺少抵押物，从银行贷款也曾经很困难。任正非近些年经常会感念创业早期那些“救过华为命”的人，而且时间地点细节都回忆得清清楚楚。比如在华为刚刚起步做交换机代理生意时期，香港鸿年公司采用“先提货，卖出后再付款”的赊账模式，等于帮华为垫资上亿元人民币，让华为赚到了第一桶金，活了下来，任正非每提及鸿年公司就说“鸿年是华为的恩人”。

在华为历史上最困难的时期，“找米下锅”是最大的困境之一。明天就揭不开锅、后天就揭不开锅，几乎年年月月困扰着任正非。

早期最困难的 10 多年，为了“找米下锅”，华为经常跟客户谈判，合同价格打 7 折左右，以换取客户早点付款。也曾经成立催款小组，几十位员工奔赴外地，拜访客户，请求客户按时付款。这中间发生了许多令人唏嘘的故事。中国的民营企业大多有一串辛酸故事，有一位陕西企业家说：几十年，流了多少汗，洒了多少泪，喝了多少酒，求了多少人，掉进多少个坑，交了多少学费，也才换来了一点成功，但后面的路依然非常艰难……

2001年前后，华为高层敏锐洞察到，全球通信行业正在面临泡沫破裂，一场危机会使整个行业步入冬天。管理层及时做出决策，将华为旗下的安圣电气以7.5亿美元的价格卖给了美国艾默生公司，从而既备好了“过冬的棉袄”，也为行业景气回升后的提速前进奠定了资金基础。

极度短缺的现金流逼出了华为的制度创新。华为的员工持股制既是任正非的观念产物，也在某种程度上是一种稳定而脆弱的“资本流”：公司只要持续增长，持续赢利，员工就更乐意将通过自己的奋斗赚到的真金白银持续投入公司；反之，当公司连年亏损，股东就会用脚投票。这种制度设计把华为十几万人逼向了“华山一条道”：企业家、各层级管理者和大多数员工（一些暂时不符合配股条件的员工，在符合条件后也有资格成为股东）与华为既是契约约束下的劳动雇佣关系，也是同一条船上的利益共同体和命运共同体，这些人都具有了“资本人＋劳动人”的双重价值。其结果是，从华为创立以来，华为在34年的历史上，年年有强劲的业务增长，年年有稳定的利润增长，股东每年都有可观的分红。看华为34年的销售增长曲线和利润增长曲线，与全球500强企业过去34年的增长曲线图相比较，你也许会发出惊叹：这是全球大企业中少见的漂亮的曲线图，也应该是华尔街投资者眼中最理想的增长曲线图之一。这一切的背后，皆归因于管理的力量，归因于任正非对管理规律的敬畏和尊奉，归因于华为持续不断的管理创新。华为的员工持股制应该是其中最为显著的管理创新之一。

华为的现金流长期紧张，也和它的人才战略、研发战略有绝大关系。华为从事的是一个对资本和人才要素要求很高的高科技行业，它要想吸引人才和招聘更多的优秀人才，早期就必须给予人才比国内市场更高的待遇，但它的起步资本金仅有 2.1 万元人民币。它要想在一个极低的起点起步，从而在高科技行业拥有立足之地，就必须有激进的技术和产品创新投入。现金流是为了活下来，以高于全行业水平的薪酬、股权、TUP（虚拟递延分红计划）、奖金等综合价格吸引全球人才加盟华为也是为了活下来，激进的研发投入尤其是基础研究的投入，是为了能够长期活下来，这是一个动态的辩证关系，但基础保障还是现金流。

多年前，任正非带领郭平等人，去广东一个客家土围子遗址，在封闭而坚固的城堡顶层，任正非指着环型土围子中央的水井说：在被包围时，缺弹药还能熬一阵子，但不能缺粮缺水啊！这就像人的血脉一样，血脉断了，当下就没命了……

2021 年，在美国连续 3 年的多轮严厉制裁之后，华为实现了历史上最好的现金流：净现金流 2412 亿元人民币，经营现金流 597 亿元。资产负债率降至 57.8%；虽然销售收入与上年相比下降 28.9%，但利润增长 75.9%，达到 1137 亿元。更值得关注的是，研发投入 1427 亿元，占销售收入的 22.4%，创历史新高。过去 10 年，累计研发投入达 8450 亿元。华为一位高管说：孟尝君养士三千，我们“养士”三万搞基础研究，制裁一来，这些科学家、大专家和研发人才就发挥大作用了……

二元张力与多元悖论：“企业三张表”背后的管理哲学

年轻时读莎士比亚的《威尼斯商人》，头脑中烙下了一个城市的名字——威尼斯，也烙下了一个戏剧主角的名字——夏洛克，一个贪婪的、冷酷的、狡诈的高利贷商人。2006 年去威尼斯旅游参观，看到圣马可广场的教堂门柱墙壁上方有一幅巨大的人物群雕，导游告诉我，最上面那位是威尼斯历史上一位著名商人，也是一位“护教者”和教堂赞助人。14—15 世纪的威尼斯曾经是欧洲和意大利最强大和最繁荣的“海上共和国”，商人在当时拥有很高的地位。而正是这些贪婪的、精明的商人，在无数次成败赢输的经贸活动中，摸索和创造了一系列商业规则和管理工具，其中最重要的创新工具是复式簿记。1494 年，一个叫卢卡·帕乔利的人写了一本叫《数学大全》的书，其中有一部分章节系统总结了复式簿记，帕乔利因此而成为“会计学之父”。1531 年，一位德国商人出版《简明德国簿记》，公布了世界上最早的一张资产负债表格式。1844—1862 年，英国颁布《公司法》，明确了资产负债表的标准格式。1883 年，美国出现经济衰退，为了防范企业做假账，美国银行家们在欧洲 200 多年前创造的复式记账法的基础上，推出了资产负债表、损益表、现金流三张表，企业去银行贷款，必须持有法人代表和财务经理共同签名的“三张表”。从此之后，三张表逐渐从企业走向国家和其他社团组织，从西方走向整个世界，成为衡量一国经济是否健康、一家企业经营是否健康和可持续的世界通行的统一依据和唯一标尺。著名的会计学教授薛云奎先生对我说：三张表是西方经济 400 年来的伟大发明。

我 2009 年在新加坡国立大学商学院读 EMBA 时，陈仁宝教授给我们讲授“企业财务报表分析和诊断”课程，他把三张表的内在机理讲得无比透彻，我在讲义上做了密密麻麻的笔记。茶歇间隙，我向陈老师请教：三张表是管理哲学啊！他说，是的，三张表是一个系统哲学。以下观点是我在跟随陈仁宝教授学习三张表时的感悟摘要（有部分补充和修改）。

二元张力：短期生存与长期主义。紧盯脚下，抓住眼前机遇，获取最大利益是企业和企业家的本能选择，并无不妥。但一夜暴富有可能，夜夜暴富则是一厢情愿的幻觉。企业要想永续发展，就必须在经营形势好时，加大对未来的人才投入、创新投入和管理变革投入。即使在形势变差时，也应坚持一边谋当下生存，一边为未来生存布局。反映在财务报表上，就是利润、现金流与运营管理成本之间的动态平衡：比如利润暴增，而研发投入和员工薪资福利等占比却过低，这样的企业未来堪忧；相反，利润很少甚至为负，但现金流相对充裕，研发投入强劲，员工薪资福利具有业界竞争力，这类企业以初创企业（有良好的自有资本或融资通道的企业）、科技类企业为多，它们也许在破坏性创造的浪潮中垮掉，但它们中间也一定会诞生出一批优秀企业和优秀企业家。

短期生存与长期主义，是企业内部始终存在的一对紧张对立又内在统一的矛盾，是企业管理的最大辩证哲学。

多元悖论：比如负债率过低，企业貌似发展稳健，但过度保守型的经营显然背离了企业家是冒险家的本质属性，未来成长预期有限；负债率过高，会将企业置于巨大风险中，寅吃卯粮，卯时即是衰落时。这同样违反了企业家精神的另一精髓：企业家不能成为赌徒。卓越的企业家无不是激进的保守主义者，或者无不是谨慎的冒险主义者。

多元悖论还包括固定资产与流动资产的比例、运营成本与管理成本的比例、成本内部结构之间的比例、研发投入与营销费用的比例、毛利率与净利润之间的关系。还有长期投资与负债结构的关系，比如短债长投背后的风险可控性等。再比如应收款与应付款的比例，应收款并非仅仅反映的是客户应付款或其他负债者的欠款问题，这一栏冷冰冰的简单数字背后的“水很深”，充满了故事，它事实上反映的是企业市场活动和投资活动是否健康、是否可持续、是否具备可改进空间这样攸关生死的大事。三张表最有趣味的是，每一栏的数字都是表象，每一栏的数字背后都充满了故事和哲理。而把三张表结合起来看，把三张表的每一栏数字关联和闭环起来看，把季度三张表、年度三张表、5 年或 10 年的三张表各类数据进行纵向比较（与自身比）和横向比较（与行业代表性企业比较），再挖开来看，既可见企业的兴衰度、兴衰史和一路走来的曲折坎坷，也可见企业家的理想主义或实用主义、战略远见或短视、战略定力或盲打盲动、奉献精神或自私贪婪，还可见团队精神、组织活力以及公司的决策机制健康与否、治理结构合理与否与综合管理能力的强弱等。我一直有个念头：找一家有代表性的中等规模的企业，围绕着这家企业 10 年的三张表，访谈其背后的不同角色，通过数字呈现管理故事，写一本管理案例书。可惜我的精力有限，能力也不够。

三张表虽是企业当期管理现实的数字化呈现，也反过来会更好地牵引企业家和管理者建立相对理性的、平衡发展的架构思维。可惜的是，我们不少企业家缺乏这样的认知。当然，不做假账是企业和企业家的底线思维。

推荐企业家们读一本书：黄卫伟主编的《价值为纲》。这本书凝结了任正非和华为高层群体对财经管理的系统思考，严格而论，它是一本透过数字管理企业的商业哲学论著。

管理是与无效经营、低效经营斗争的伟大工具

首先，管理是企业的灵魂，也是企业的本质属性。任何企业和企业家都不具有改变外部环境的力量和能力，唯一可期待的就是以内部管理的确定性应对外部的各种不确定性。华为之所以能够战胜和跨越历史上无数次大小危机，是因为管理的力量；它之所以能够从一个极低的起点崛起成为全球领先的高科技企业，和它持续的管理进步和不断的管理变革有绝对的对应关系。早在 1998 年，华为创立的第 11 个年头，任正非就讲道："未来要战胜竞争对手，靠的不是人才，不是资金，不是技术，而是管理，只有管理将它们整合到一起，才能形成力量"，"我们只能加强管理与服务，在这条不归路上，才有生存的基础"。他在 2006 年讲道："华为与竞争对手比什么？比效率，比成本，看谁能多活一口气。" 在 2015 年的讲话中，任正非讲得更为明确："我们应该有一个严格有序的规则、制度，同时这个规则、制度

是进取的。我们是以确定性来应对任何不确定性。”这段话的要点在于：毫不动摇地坚持构建严格有序的制度与规则，但制度与规则必须富于进取性。

有一个时期，管理舆论场流行一种观点，认为管理大于经营是中国企业的普遍问题，也是导致一些优秀企业走向衰退的根因。[①]这种观点是概念上的混淆。经营与管理不是可以截然分割的关系，而且教科书上关于这二者的定义也是混沌的、莫衷一是的。有论者认为，经营是对外的、面向市场与客户的，管理则是针对内部的。但事实上，在大多数的管理案例中，讲到企业的“外部经营活动”时，用的词仍是“管理”二字，比如客户管理、营销管理、销售管理、供应链管理等。经营就其本质而言，是一种企业直接针对市场的对人财物诸元素进行整合与支配的管理行为，是一系列管理动作的连续体。

---

① 其实恰恰相反。在本文写作过程中，我阅读了 100 多家代表性民营企业的案例分析文章，涉及制造业、互联网、房地产、金融投资、文化传媒等多个行业，这些企业多数近几年陷入困境，有些企业几乎是一夜之间从兴隆迈入衰退的。抽丝剥茧，你会发现：这些企业皆兴于时运相宜，企业家拥有超出常人的冒险精神，思维敏锐且勤奋，善于抓风口，且在各种复杂的人际网络中长袖善舞，从而使得企业迅猛崛起。但今日之困境，也大多缘于发展起来之后的无序管理、低度管理，其共通性表现在：决策体制残缺或形同虚设，企业家的独裁与一言堂，导致决策的随意性；激进扩张和盲目多元化的同时，人才短缺，监管体系滞后；“猴子掰苞谷”式的市场导向，却导致交付困难、产品质量欠佳、合同管理粗疏并隐藏重大风险点、现金流短缺；过度负债与短债长投；“水多了加面与面多了加水”式的规章制度建设模式，使得管理体系缺乏系统性、辩证性、长期性，导致执行困难，并流于形式。最致命的是，企业家把大半的时间和精力用于外部活动：无休无尽的场面应酬、无休无止的“公关”——包括客户、官员、媒体、投资者等，但却疏于自我管理、对管理者的管理、对人才和员工的管理、对创新的管理、对产品质量的管理，以及对风险的管理。

管理贯穿于企业的全部行为之中，而无内外之分，只有好坏之别。好的管理多多益善。华为在几十年间为什么始终紧盯文化管理、价值观管理不放，是因为它的核心价值观的灵魂是“以客户为中心”，代表着它的管理方向的不变性与永恒性。而它的制度与流程建设也只有一个唯一的归依：围绕着客户与市场多打粮食。它的令人眼花缭乱的一系列管理变革，其背后也贯通着一条唯一的主线：一切为了前线，一切为了客户，一切为了多打粮食。脱离了客户这一根本，这样的管理当然会妨害经营，妨害企业的可持续发展。

这几年，我曾几次和任正非交流过看法：管理是与低效经营、无效经营斗争的伟大工具①，管理与经营绝非对立关系。任正非每次的回应是一致的：我赞同这个观点。

事实上，在华为创业早期，任正非就明确讲过，“规模是优势，规模优势的基础是管理，规模扩张的限制也是管理”，华为要“建立一系列以客户为中心、以生存为底线的管理体系”。可见，对管理与经营的关系，他从来都有很清晰的认知。他甚至说，将来华为公司“什么都不会剩下，就剩下管理”。

其次，企业和企业家必须建立对科学管理的信仰。任正非说，早期的华为是“蒙估将军”（盲打盲试的拍脑袋管理），也有高管说，早期十年左右，公司没人知道今年究竟赚了多少钱，只是大致晓得赚了还是亏了，“一个连数字都含混不清的企业走向海外市场

---

① 此观点见《下一个倒下的会不会是华为》（第1版，田涛、吴春波），来自作者之一吴春波的见解。

就只能挨打”[①]，小数点右边的数字往往决定企业的生死存亡，尤其在研发管理、产品质量管理、财经管理、合同管理、服务管理、物流管理等方面，千万不可随便“四舍五入”。华为早在 1995 年就开始与西方尤其是美国多家管理咨询公司合作，20 多年付出了巨大成本，引入外脑，在企业中进行从研发、供应链、人力资源到财经、市场甚至后勤服务体系的全方位管理变革，使得华为从一个活力与混乱并存的“江湖”、制度与规则缺失的“游击队”成功转型为一个活力与秩序相融合的“正规军”大企业，这是华为国际化与全球化成功的管理底气所在。

构建基于数字化之上的理性管理，代表着华为管理的现代性：注重事实的收集与分析，崇尚规则与流程，强调组织的功能与力量，强调从数字中萃取效率，通过数据来推演趋势与变化……然而，企业管理永无完美，在我们推崇基于事实和数字的理性化管

---

① 可参阅《新教伦理与资本主义精神》（马克斯·韦伯）中关于数字管理与现代企业的论述。韦伯认为，前资本主义时代的企业制度，“计算或估算也从来没有真正准确过，而纯粹通过推算，或采用传统和惯例的方式”，而传统的“亚洲的国家学说都没有一种类似亚里士多德的系统性和理性概念”。现代资本主义经济的兴起，得益于两个重要的发展因素：“家政和经营的分离——这已经彻底支配了现今的经济生活；还有与之紧密关联的合理簿记。”韦伯指出：“精确计算是其他一切的基础，它同样是在自由劳动的土壤上才可能出现的”。

也可参阅《万历十五年》《中国大历史》（黄仁宇），作者强调指出，对数字的模糊与漠视，是中国传统经济与国家治理体系的一大缺陷，也是阻滞社会进步、商业文明的严重障碍，是大明王朝走向衰亡的决定性技术因素。

对数字管理的轻视，在当今中国的民营企业中仍属普遍现象，企业家关注的重点多在所谓的“经营端”，忽视甚至忽略包括财务在内的管理的严谨性、科学性、真实性，不少企业在数据的采集、甄别、清洁、分类、对比等方面都有点“马虎主义”，大多数企业很少从“三张表”的视角审视经营管理活动的方方面面，甚至还有随意调整数字和数字结构的“做假账”问题。IBM 对华为进行的管理咨询，其本质是把华为公司全面带上了可量化、可回溯、可重复、可验证的数字管理轨道，使得华为的管理具备了现代企业的全部特征。任正非说：我们的管理要努力做到，能量化的全部量化，不能量化的也不能乱拍脑袋，比如福利待遇，要尽量走向货币化……

理的同时，绝不能忘掉管理的目的是什么，绝不可走向理性管理的极端化。[①]理性管理永远无法解决的挑战是：组织中的士气、纪律、领导力、创造力、品德和勇气如何量化？

因此，在我们信奉科学管理的同时，也要格外重视非理性管理，即文化管理的力量，企业家和管理者要始终拥有一种两极平衡的管理思维和管理品质。泰勒之前，科学在管理活动中是一种陌生的意识形态，正是泰勒和百年来一批科学管理的开创者，使企业经营活动走出了原始混沌，走向了现代化，大大提升了企业的运营效率，也使得管理逐渐成为一门独立学科。但与此同时，科学管理也呈现出了巨大的弊端，尤其是对人性的忽视将个体变成了“秩序的仆从”，妨害了个体的主动性与创造性，反过来也降低了组织效率，这又直接或间接地催生了当代管理学家、企业家们对人性管理、企业文化建设、企业家精神等，也即非理性管理[②]的探索研究。理性

① 可参阅《蓝血十杰》（约翰·伯恩，海南出版社）一书。“蓝血”在西方文化中泛指那些高贵、智慧超人的精英人士，本书中所讲的“蓝血十杰”是二战时期美国空军的10位后勤英雄。战后，他们把数字管理引入福特汽车公司，从而将后者从濒临破产带向复苏，从盲目管理带入现代管理，进而开了现代企业科学管理的先河，推动了美国20世纪中期长达20年的惊人的经济增长。但也正是对数字化管理的极端信仰，导致福特公司从兴盛走向再度衰退。十杰的最后一位“数字沙皇”从福特谢幕后，该公司在第一时间做了两件事：一是裁减一半财务人员，从14000人减到7000人，二是组织公司的中高层管理者参加研修一门课程——非理性管理。任正非在华为首届“蓝血十杰”表彰会上讲道：不能以一种倾向掩盖另一种倾向，华为的管理始终不能偏离“以客户为中心”的核心价值观。

② “非理性管理”研究的代表性人物是德鲁克和詹姆斯·马奇，他们并不否认科学管理、理性管理的价值，德鲁克在他的著作中不止一次对科学管理的泰斗泰勒给予了极高的评价。德鲁克、马奇等学者对“非理性管理”的研究给科学管理赋予了人性的温暖，赋予了人文主义灵魂：人并非机器链条上的螺丝钉，每个劳动者包括领导者，首先是拥有平等追求个人权利的自由人，是充满了鲜活欲望的价值创造者和价值获取者，管理要以最大的善意去激发个体的主动性和创造精神。

管理与非理性管理的汇流，成为当今东西方优秀企业的共同特征。

再次，管理创新是卓越企业家的使命追求。信奉管理的力量，并以管理的力量驾驭企业，是属于每一位优秀企业家的普遍故事：洞悉和顺应人性的欲望，激发个体对财富、权力、成就感的正当追求，同时以制度和流程约束人的无边欲望、非正当诉求，悖论性地构成了自身企业一整套丰富多彩的管理生态系统，从而推动了企业的经营扩张与健康成长。但卓越的企业家却有所不同，他们不仅是经典管理理论的尊奉者、经典管理工具的推行者，也是传统管理思想的突破者、变革者，是管理新思想、新工具的创新者与实验家。在中国企业家群体中，后者的代表性人物莫如张瑞敏与任正非。

张瑞敏不仅是一位卓越的企业改革家，也是一个虔诚的管理学信徒。从他执掌海尔公司始，近 40 年，他不仅大量系统学习和借鉴各种前沿管理思想和案例，而且早在 20 多年前就创新性地提出“休克鱼理论”，这些年又推出“人单合一”管理新工具，这两大管理创新思想不仅推动了海尔集团自身的健康扩张，也被全球管理研究界关注。

任正非创立华为时，一边为生存所困，也一边进行着管理实验。他早期在华为实行“工者有其股”——“人人做老板，共同打天下”的分配制度也是危机逼出来的，也带有理想主义的乌托邦色彩。但这种平均主义分配观也最终遭到了人性的挑战。碰壁无数后，他在早期的元理论框架上，嵌入了更具现实主义的人性元素，并受热力学第二定律的启发，提出“价值创造—价值评价—价值分配”的创新管理理论，即：按贡献和责任结果，以及他们在此基础上的奋斗精神，进行价值分配，“给火车头加满油”，但也不能过度拉大分配差距。这种既拒绝平均主义又警惕收入过度悬殊的企业创新管理实验引起了欧洲一些经济管理学家的关注，有学者称其为“企业治理的第三条道路”。

华为的轮值董事长制度（从轮值 COO 到轮值 CEO，进化到轮值董事长）、干部轮岗制度、组织变革与创新、激励制度创新等，也是东西方管理学界感兴趣的研究课题。

一个国家在它的经济高成长期，一般会涌现一批世界领先的卓越企业，也通常会发育形成一批创新的管理思想和管理案例，比如英国、法国、日本，尤其是美国。美国企业家、管理学者在 19 世纪下半叶至整个 20 世纪，为人类贡献了大约 70% 的管理理论，哈佛商学院贡献了大约 80% 的管理案例。经济快速发展推动了管理思想的诞生，管理思想又反过来推助了企业的蓬勃成长，进而推进了经济的繁荣。唯愿中国的企业家群体、经管学者们不负中国 40 余年的改革开放与经济持续发展。

第二篇

华为启示录：以理念之力驱动组织

10 悲观主义者做不了组织领袖[①]

危机论是不是“狼来了”？

任正非强烈的危机意识到底基于什么背景？会不会是一种“狼来了”的寓言式呐喊，以此来凝聚内部的力量？

一部华为发展史就是一部危机管理史，无疑是有充分和大量的故事依据的。也许在未来不长的时间内，会有人以案例的形式将华为的艰难与困苦、挣扎与奋斗展现给读者。我们仅从信息产业这一行业极其独特的禀赋角度对任正非的危机意识来源做些阐述。

几十年来的全球信息产业史，所展现的就是一场“死亡竞跑”。永远有不知名的新晋者找到新的商业模式，从而摧毁一个或几个百年贵族，而当新贵们不再有创新与进步时，又会有另外的挑战者迅速占领舞台，其残酷性乃至于惨烈程度只有亲历者才能有切肤感受。

① 本文为《第一财经日报》评论部主任徐以升 2013 年与华为公司高级顾问田涛、华为公司高级顾问吴春波的对话，略有删减。

任正非当然是大历史的亲历者，再加上他与生俱来的使命感、理想主义追求，使得他不可能不时刻感受到危机的迫压，久而久之，形成了一种“理想精神与危机意识”相混合的思维定式，并将之传导到了华为文化的方方面面。

华为成功的核心因素到底是什么？

那么，华为成功的核心因素到底是什么？是危机意识或者自我批判吗？有人认为，任正非管理思想的核心是悲观主义，华为是悲观主义的胜利，这样说对吗？

悲观主义者是做不了组织领袖的，它是诗人和艺术家的性格元素。商人可以有忧患感，但却必须神经粗糙，而且杰出的企业家无不是堂吉诃德式的理想主义者。

任正非很会讲故事，30年来无时无刻不在给员工画饼。他是个讲话极富煽动性和感染力的“假设大师”，但他是在真诚地以理想和假设激荡追随者，也激荡自己，从而燃烧起上上下下的奋斗火焰，最终将一个个“假定”变成了真实。

凡是听过任正非讲话的人，大多有一个感受：是在听一个充满了哲理性，甚至有浓厚的文学细胞的人在讲演。有这种个性的人，能是个悲观主义者吗？

“对冲”这个术语用在任正非身上非常合适。如果他是那种单纯的理想主义者，没有与之对立的忧患思维或危机意识去“对冲”，他会得妄想症。

我们知道，任正非患过抑郁症，所以他显然也不是个天真的乐观派。任正非的管理思想总是在两极之间激荡和平衡，这是他思维方式的一大特征，我们称之为“辩证法的胜利”。

“自我批判”也不能被定义为华为成功的核心因素，它仅是工具而已。华为的成功，说到底是因为核心价值观和价值观体系。

华为坚守的“常识与真理”

核心价值观就是华为反复强调的那三句话，“以客户为中心，以奋斗者为本，长期坚持艰苦奋斗”吗？你们将之称为“常识与真理”。

是的，这是真正的华为之魂。“以客户为中心”就是西方人说的“客户即上帝”。可惜的是，随着工业资本主义文化在西方的衰落，金融资本主义在西方的迅猛发展，“客户至上”这个概念在他们那里似乎过时了，受冷落了，“股东至上”成为流行的风尚。

华为则相反，任正非把一个老掉牙的常识奉为真理，并以极大的热忱和意志力将之传播、执行到极致。我们在《下一个倒下的会不会是华为》一书中讲，华为奉行的“拜上帝教”，即“客户为上帝”，就是对此的形象化表述。

遵循了常识就是坚持了真理。什么是商业组织的常识呢？即是：谁愿意掏钱购买你的产品，谁就是你存在的唯一价值和不可能“为二”的“上帝”。

令人遗憾的是，无论东西方，很多企业常常将常识遗忘了或扭曲了。“谁是老大”？“谁是爷爷，谁是孙子”这本来是铁定的自然规律，但在现实的商业实践中，却总是被颠覆。

华为发展到30年以后，已经成为行业内的领军企业，任正非仍然讲“眼睛盯着客户，屁股对着老板”。这一是表明华为对“常识即真理”的坚持与坚守，二是说明华为在这一点上出问题了，必须大力矫正。

以前听你们讲过任正非的“龙头理论”。

华为的管理思想理念的“龙头”就是核心价值观，华为的组织理念的“龙头”就是“以客户为中心”。

客户、市场一线是“龙头”，龙头指挥龙身龙尾，思想变革与组织变革都必须以“龙头”的摆动为根本，追随“龙头”的变化对“龙身”和“龙尾”进行“批判”和调节。龙身臃肿、龙尾沉重，那就必须进行“瘦身运动”或者忍痛“割尾”。

以一线的“龙头”为本，这也好理解“以奋斗者为本，长期坚持艰苦奋斗”的含义了。

是的。围绕客户的现实和潜在需求的奋斗，才是有价值的，否则便是“赘肉”，要被切除。相反，奋斗的方向对了，客户满意度高了，团队和个人就应该得到物质与精神的激励，这样“龙身”上堆积的“脂肪”就会变成“肌肉”，“肌肉”更会朝“龙头”的部位攒劲儿。

任正非说，我们要敢于提拔一批“少将连长”，无非是到东莞的小工厂多买几把铜豆豆而已。这是个夸张的说法，意思是要敢于、善于在面向客户的一线提拔、重用年轻的有为者、价值贡献者。其实，华为还有一种做法，让“上将”到战场前沿当“团长”“旅长”，指挥局部地区的攻坚战役。

华为曾经的常务副总裁们有好几位都有被“降职”到地区部做总裁甚至办事处主任的经历，为什么？一是干部到炮火一线去指挥炮火，有利于协调重装力量，实现“重点突破”；二是这样可以锻炼干部的实战能力；三是让干部磨厚脸皮，能上能下，这样才能担当大任。能上能下在华为的组织文化中是一种传统。

从“海盗文化”到“开放、妥协、灰度”

华为的“奋斗文化”常常让人联想到“狼文化”“不留退路的进攻”“黑寡妇”等等。事实上，这也是中外媒体和社会大众对华为的标志性认识，这种说法正确吗？

有一定道理，但失之片面化。看华为的历史，早期的十几年完全是为生存而战，狼性、进攻性、英雄主义是华为的主基调。同样，西方商业的繁荣起源于海盗时代，也基于清教徒主义的奋斗精神，全部人类文明的进步史在这一点上是相通的。

不奋斗，不奋不顾身又有所畏惧（对法律与道德的畏惧）地进攻性前进，华为恐怕早都死掉了。今天和未来的华为缺了这个根本，也将会迅速沉没、衰亡。

实力是打出来的，不仅体现在华为的成长壮大方面，也渗透进了华为的文化基因中。华为的高管，包括任正非，哪一个不是从市场一线打出来的？没在市场前沿带过兵，攻过山头，受到过无数挫折，是很难进入公司最高层的。

然而，实力不等于领导力，领导力是塑造出来的。一味地进攻与竞争，一味地崇尚英雄主义，对外，会带来与竞争对手的恶意对抗，其结果必然是被对手们联手绞杀掉。尤其当华为成为行业第二、第三的时候，是全球这个行业的“准领导者”，如果不能以新的角色来调整自身的价值观体系，将会对整个行业生态环境带来破坏，要不了多久，当对手们一个个垮掉了，华为也会倒下去，甚至先于别人倒下去。

对内，则很可能是“遍地英雄下夕烟，遍地是狼烟”，山头林立，你争我斗，内耗严重，在竞争对手没有打垮你之前，自身先崩溃了，自己把自己打垮了。

因此，华为因时度势，任正非推出了“开放、妥协、灰度”的理念，尽管这三个词所代表的三种含义，华为在过往的商业实践中也都在应用，但与“三句话”相比，失之于弱，也未能理性地上升到价值观层面。

以任正非2008年的“开放、妥协、灰度”讲话为起点，这三个词与三句话共同构成了华为的价值观体系，它们是相辅相成的，互为呼应的，也成为华为对外竞争与合作、对内进行组织批判与变革的理论指导，从而避免了在国际市场的恶性冲突与在企业内部的组织动荡。

“镜子”阴面的警告

你们之前提到“照镜子”，镜子有阴阳两面，其中阴面指的是什么？

“阴面”即是“镜子”，映照出的今天华为组织体系上的霉斑和“黑洞”。这几年，我们不止一次地听到任正非和华为其他高层对华为问题的担忧和警告。比如，华为的“龙头”与“龙尾”之间的链条是不是太长了？整个后方体系的身躯是否太庞大了？华为有 3 万多人在后方，IBM 只有 1 万多人。任正非说：“前方打仗，后方紧吃。”后方沉淀着一大堆能人，在后花园里喝咖啡，看 PPT，变着法子制约前方，一线的战斗力能不削弱吗？

公司越来越规范，实际上决策效率在降低，客户响应速度在减缓。华为向西方学到了许多好的东西，但也染上了许多相同的病症，比如形式主义、文牍主义、官僚主义等等。

还有，有没有普遍滋长的自大情绪，认为自己比客户高明，比竞争对手强大，从而失掉忧患意识？更大的问题是，从上到下，华为的员工到底盯的是客户还是老板，屁股对的究竟是谁？用“阳面”的镜子照照华为，华为还具备过往 20 年那样强大的战斗力吗？华为是否患上了“组织疲劳症”？……

如果在未来的某个阶段，“镜子”变成了“哈哈镜”——价值观扭曲变形了，甚至“镜子”被怠惰、腐败等人类天性中的劣根性击碎了，那等待华为的结果只能是一个：倒下去。

其实我们写《下一个倒下的会不会是华为》一书的目的，就是想让这面“镜子”常拭常清，自我批判无疑是最有效的工具，但首先要“对镜整妆”。“镜子”在哪里？就是华为过往赖以成功的思想力。我们当然更希望这面“镜子”别变形，尤其别碎掉。变形了，碎掉了，那不仅是华为的悲哀和悲剧……

尼采有一段哲言值得华为人和一切企业家沉思：“当你凝视深

渊时，深渊也在凝视着你。”

尼采是在唤醒人们的乐观主义情绪，但这是一种将头埋在沙子中的鸵鸟哲学。对于组织领袖们来说，闪躲深渊，但深渊依然在，显然是不可取的做法。唯一的出路只能是与深渊对视，并展现出战胜深渊的强大意志力，这里的前提便是刮骨疗毒的自我批判精神。

所以，任正非在谈到华为的接班人问题时说：“合格的接班人，一是认可公司的核心价值观，二是富于自我批判精神。”

11 华为为什么总能吸引全世界的目光？[①]

为什么华为对人，即它的客户，是否了解中国文化感兴趣？以苹果或亚马逊等其他巨头为例，它们不会在请学者、客户或作为“未来种子”的学生方面投入，并与他们分享文化。

据我的观察，华为邀请客户，包括学者或“未来种子”学生访问中国，更主要的目的是让他们参观和访问华为，感知华为的技术和产品创新、华为的管理，以及华为的企业文化。从客户的角度，他要采购华为的产品和解决方案，深入了解华为是非常必要的，而华为邀请客户参访，也是为了让客户加深对华为整体实力的印象，坚定双方长期合作的信心。

华为是一家创立于中国的全球化公司，中国的历史与文化，尤其是中国的改革开放对华为的影响很深，但不可否认的是，外部世界对华为包括对中国的认知还是很不够的，有好奇，有疑惑，有偏见。华为在邀请客户、学者、学生参访华为的同时，也带领

① 本文根据田涛在《下一个倒下的会不会是华为》西班牙语版 2018 年出版后接受《福布斯》杂志（墨西哥与中美洲版）的采访稿整理。

他们到中国一些有代表性的地方走马观花，向他们介绍中国40年的改革开放成就，这对加深他们了解华为成长的外部环境还是有帮助的。但客观地说，通过一次或几次访问就完全了解一个民族、一个国家的文化与历史是不现实的，也不是华为所要做的、所能做的。华为是一家商业公司，它的所作所为都是为了让客户、让对华为感兴趣的朋友包括学者们认识一个真实的华为——它的商业价值观、创新文化、技术与产品、使命与愿景等等。

在书中，您提到任正非是一代企业家的缩影，他们肩负着中国的复兴，他们都有一些共同的核心价值观（如强烈的民族意识和努力工作），但仍然不能保证所有中国公司的成功。是什么让华为与众不同？华为成功的核心要素是什么？

这也是我感兴趣的研究方向，在我的书中您也会看到这样的比较。为什么在同一片蓝天下，每一片树叶会不一样？为什么与任正非同时期创业的一批中国企业家许多最后都消失于历史的烟尘中，虽然他们也很努力，也拥有强烈的抱负与责任感？这中间固然有市场优胜劣汰的法则在起作用，但以下几点是华为与他们的重要区别，也是华为阶段性成功的关键因素。

一是产业的选择。过去40年，无论是中国还是世界大多数国家，都以巨大的热情拥抱和投入信息技术革命，从而造就了人类有商业以来全球最大的技术和产品市场。华为创始人任正非在人生走投无路之际，于44岁创建了华为技术有限公司，无资本、无技术、无背景，生存极其艰难，但通信产业前景广阔，市场需求巨大，而且产业升级的速度比任何行业都快。中国有句民谚“女怕嫁错郎，男怕入错行”，任正非选对了人生主航道，既改变了他个人的命运，也造就了华为的成功。

二是长期坚守“以客户为中心”的核心价值观。客户是华为存在的唯一理由，这是华为总裁任正非的经典思想，30 年来华为以各种方式不断向它的十几万员工反复传递这一理念，华为的员工薪酬机制、配股机制、晋升机制背后，都有鲜明的指向：是否直接或间接地围绕客户创造价值，同时为华为创造价值，然后依据各人不同的价值贡献分配财富、分享权力和成就感。正是在这样的价值导向下，华为的 18 万员工充满活力，长期奋斗，在发达国家，在蛮荒、战乱、疟疾肆虐的地区，在海拔最高的高原，在南极和北极，在地震、海啸等自然灾难发生时……世界上有人的地方、有危险的地方就有华为人，就有华为公司提供的技术与产品，华为在 170 个以上的国家和地区为全球 1/3 以上的人口提供着网络服务。尤其值得关注的是，在消除人类数字鸿沟方面，华为是有巨大贡献的。而这一切的背后，就是“以客户为中心”，包括以全球 65 亿以上的消费者为中心，这是华为最根本的制胜之道。

三是对人的“大脑”定高价。华为是典型的知识密集型企业，18 万员工中的绝大多数接受过良好的高等教育，如何管理知识劳动者对华为是巨大挑战，在世界范围的企业管理中也同样是新课题。工业革命以来的 200 多年，管理学将非知识劳动者的工作效率提高了一二十倍，但在知识劳动者的管理研究方面贡献不多。华为与许多知识密集型的全球大企业相同，都在这方面有许多自身的探索，走在了管理学研究的前面。在早期人才短缺、资本短缺的困境下，华为创始人被逼提出了一个制度创新：员工普遍持股制。迄今为止，9 万多员工拥有华为 100% 的股权，而任正非仅持有其中 1.42% 的股权，带来的结果就是“人人做老板，共同打天下”，这既与西方公司的期权制有雷同处，也有重大的差异。

20 世纪 70 年代以来，世界有两大深刻变化：一个是从发达国家发端的金融创新乃至于过度创新，使得世界经济长期存在的资本短缺现象发生改变，资本过剩或资本充裕成为普遍常态，企业获得资本的渠道和方式比过去多了很多，成本也显著降低；二是信息技术尤其是互联网的发展与普及，带来的巨大改变是，对经济活动的技术创新要求越来越高，导致大多数行业非知识劳动者的从业比例大幅下降，知识劳动者的从业比重直线上升，人的“大脑”的价值远远高出体力付出的价值。这两大深刻变化对经济学、管理学提出的根本挑战是：股东价值最大化、资本利益最大化的传统命题是否需要做出调整？

华为 30 年的重要探索体现在，华为重视和认可资本在企业发展中的必要价值，股东理应获得合理和长期的回报，但华为认为，与资本相比，知识劳动者的创造性劳动才是企业持续发展的根本动力，所以要与资本共享企业发展成果，并先于和优于股东进行价值分配。过去 30 年，华为员工的年平均收入之和（含工资、奖金和福利）与股东分红的比例大约为 3:1。在企业的客户、员工、股东这三大主体中，华为不认同任何一方利益的最大化，华为谋求一种共赢机制。

可以说，观念创新和制度创新是华为成功的根本要素。

如果我们从华为的方程式中消除中国文化，我们会看到同样成功的公司吗？

这个假设很有趣，但历史、文化、哲学这类软命题又很难假设。比如假设华为没有投入几十亿美元向美国、欧洲等西方公司购买咨询服务，以长达20年的时间构建一整套与国际一流标准对接的制度和流程体系，华为会不会成功？再比如，假设华为在国际化的过程中不能充分遵循由“西方俱乐部”所确立的游戏规则，不在全球法律遵从（包括遵守联合国法律和所在国家法律）、严格合规经营方面下大功夫，华为的国际化进程能否成功？再比如，华为18万员工中有4万多非中国籍员工，覆盖了165种国籍，假使华为没有这些不同民族、不同种族的人才加盟，华为的全球化能否成功？等等这些问题，答案都是显而易见的。

开放是华为的灵魂。什么是华为文化？华为总裁任正非的解读是：洋葱头文化，剥开一层是英国文化，剥开另一层是美国文化，再剥一层是中国文化……有人评论华为深圳总部的员工生活区，就像一个“五颜六色的开放型俱乐部”，或者像“奥运村”，不同肤色、不同语言、不同文化背景的人一起生活与工作，使得华为充满了文化的多样性与丰富性，这也是华为创造力的重要源泉。华为今天有数千名科学家、专家，大部分来自中国之外的国家，他们与华为的中国籍科学家、专家、开发人员共同奋斗了若干年，使得华为在科技创新方面获得了巨大进步。到目前为止，华为累计拥有8万多项技术专利，其中相当一部分是基础专利。

当然，必须看到，创立于中国的华为，无疑有本民族文化的基因，这也是华为值得自豪的方面。中华文明源远流长的奋斗精神、不畏任何挫折与挑战的意志力，可以说在华为的创始人身上、在华为的企业文化结构中，打上了深刻烙印。一部华为的创业史就是一部血泪史，一部华为的全球化历史就是一部不断遭遇误解、非难、打压的危机史，如果华为文化中缺失了奋斗、缺失了坚持、缺失了使命感，恐怕华为走不到今天，也许早就垮掉了。

在全球化的环境中，华为的故事和价值观为什么能够成为全球非中国企业家和组织的灵感来源？

这个问题在以上的回答中都涉及了，在我的书中有更系统的阐述。华为的故事并没有什么独特性，无非是奉行和坚守了人类社会的普遍逻辑，这就是唯有奋斗才有成功，个人如此，国家如此，企业同样如此。我欣赏一句话：最艰难的路才是捷径。这是对华为成功之道的最好表述，也是对全球任何成功企业、企业家最形象、最正确的解读。

与此同时，华为的核心价值观中关于客户、员工和股东三种主要利益关系的界定，华为在此之上建立的价值分配机制、制度创新，以及激励和管理知识劳动者的一些理论与经验、挫折与教训，对非中国的企业家和组织无疑是有借鉴意义的。

12 恐惧是变革的最大动力[①]

毫不夸张地说，华为的30年发展史即是一部波澜起伏的变革史。中西杂糅的变革理念、因时因势的变革方略、渐次推进的变革节奏、领导者的变革勇气与谋略，以及以开放为旗帜的自我批判等，从整体上带来了华为从原始积累期的混乱与活力并存走向规范化与秩序化，进而带来华为的全球化成功。华为在前30年的变革探索，其理论与实践对发展中的中国企业无疑是有借鉴意义的。同样，华为的一系列变革举措对西方语境背景下的企业也不无启示性，尤其是近8年来华为针对大企业病、针对人性悖论所衍生的组织悖论所进行的一系列变革尝试。

一切制度的缺陷皆源自人性的缺陷。个体对财富、权力、成就感的贪婪，对未知的不安全感，追求舒适与惰怠的本能，既在某些方面构成组织存在的前提和动力，又对组织的制度设计、制度运行构成多元威胁。华为是一个罕见的不断“折腾”自身的组织，这是缘于创始人任正非对人性的深刻洞察，以及对人性异化和组织异化的深刻恐惧，而恐惧是变革的最大动力。

---

① 本文是田涛为《华为管理变革》一书所作序言，略有改动。

当组织的领导层普遍缺乏对内外部的警觉意识、缺失对面向未来的危机感时，一种温水煮青蛙式的思想和文化麻痹将不可避免地把组织带向衰落。

时空纠缠，注定了永无完美。华为早期的10年，高速增长的背后充满了激情与活力，但也充满了混沌与紊乱，“遍地英雄下夕烟”，遍地是狼烟，主义多元，山头丛立。如果没有《华为基本法》这样以凝聚共识为主要目的的思想变革，没有“削足适履”式全面向西方、向美国企业学习的制度与流程体系的组织变革，华为将会依然停留在“头扎白毛巾，手持盒子炮”的游击管理时代，很难想象华为的国际化、全球化扩张会有什么样的结局。正是有了“理想主义＋实用主义＋拿来主义”的开放思维，正是有了对基于理性、基于数据、基于端到端（客户到客户）的西方科学管理思想和制度与流程体系的无保留拥抱，才有了华为在全球信息技术领域的世界级领先地位。

然而，时间支配组织，时间是永恒与美好的天然杀手，时间注定了组织领袖必须承担起“永动机”的角色——永远与自我战斗，与组织悖论和人性悖论战斗。当华为进入所谓“历史上最好的时期”——管理日趋完善、经营遍及全球时，一种人类任何组织都逃脱不了的宿疾也或多或少地困扰着华为：规范化慢慢走向烦琐哲学、浮夸的形式主义、制度化逐渐衍化成叠床架屋的教条主义、财富增长带来的富营养症、对客户的傲慢自大、唯上唯书唯流程而非目标导向和结果导向，以及活力的降低和惰怠现象的滋长……因此，“简化管理”又成为华为自2009年以来的变革主基调。应该说，向大企业病宣战，简化和优化管理，通过持续的换血与输血以永续组织活力，使组织远离“舒适区”，将是华为今天和未来变革的长期目标与方向。

事实上，华为的领导层关于这方面的许多认知以及近 8 年来的一系列变革举措更具系统性、创新性，更值得学术界关注和研究——这其实也是迄今为止企业界、管理学界尚未完全攻入的“无人区”，华为也仍处于探索与试验之中。

宇宙在 137 亿年前大爆炸时是高度有序的低熵状态,正是“时间之矢”将所有事物推向了终极的无序与混乱。理论物理学家所揭示的这一铁定法则同样适用于人类组织，但人类并非无可奈何地听任自然铁律的摆布，自我批判 - 创新 - 变革所构成的三位一体的人类思想与实践的结晶，正代表着几千年来人类群体对宿命的抗拒，对熵增的斗争，而且不断激扬着人类历史的进步。

华为不过是其中一分子罢了，但华为总裁任正非强大的自信心与“非此即彼的不安全感”的两极对冲特质、理想家的勇气与坚持，华为领导层一以贯之的思想与组织层面的变革立场、前瞻性、一整套方式论等，无疑是值得深入探讨和借鉴的。

“当恒星死亡时，便把种子抛向太空。”同样，人类单个组织的生命更是有限的，组织领袖的所有努力都是让组织活得更长久些、更健康些，避免组织早夭或出现严重的病态。但无形的管理却是有持久的生命力和传播力的。

唯愿华为在持续创造有形的物质价值的同时，也能在管理思想的创新和实践方面对人类有所贡献。

13 任正非的“力出一孔”与“一桶糨糊”[①]

陕西人身上，很有些“一根筋”的劲儿。

张艺谋电影里的“秋菊”颠沛流离，执着一念，只为讨要一个“说法”。

陕西作家们也都有不同寻常的“写法”。路遥写《平凡的世界》，每天熬到深夜，早晨从别人的中午开始，3 部 6 卷 100 多万字的皇皇巨著，每天握着圆珠笔在稿纸上笔耕不辍，直写到手指露出白骨；陈忠实写《白鹿原》，只身跑到乡下祖屋，每天抽着劣质香烟，额头上沟壑纵横，历时 4 年，把稿子交出去的时候，跟对方说，“我把命交给你们了”；贾平凹早年想靠文学翻身，孤身独屋，清晨一声“开写”，就落笔如神，草纸翻飞，一直写到天昏地暗……

孙皓晖写《大秦帝国》，从 1993 年开始动笔，到 2008 年敲下 500 多万字的最后一个句号，前后历经 15 年。他辞去高校教职，多年磨一剑，青丝变白发，只为一个心愿：让大秦明月朗照后世，为中华文明正源。

---

① 本文写于 2020 年，作者陈为。

“力出一孔”从何处来？

2009 年，根据孙皓晖小说改编的长篇电视剧《大秦帝国》第一部《裂变》正式开播，好评如潮。此后，第二部《纵横》、第三部《崛起》分别于 2013 年、2017 年播出。10 多年过去，在众多剧迷的期盼与呼唤中，据说这个系列的第四部《天下》[①]终于要在近日揭开面纱了。

任正非曾向华为人推荐《大秦帝国》电视剧。2017 年，通过顾问田涛，华为把孙皓晖请到深圳，给华为高管做了一场题为“大秦帝国对现代企业的历史启示”的重磅讲座。

而在 2013 年，任正非在新年献词《力出一孔，利出一孔》中就曾提出：如果我们能坚持“力出一孔，利出一孔”，“下一个倒下的就不会是华为”；如果我们发散了“力出一孔，利出一孔”的原则，“下一个倒下的也许可能就是华为”。

这个“力出一孔，利出一孔”是什么意思？来自何处？任正非为何如此看重这个表述与理念？

这句表述最早见于《管子・国蓄》：“利出于一孔者，其国无敌。”而完整论述这一思想的是商鞅的《商君书》。

《商君书》里有两处明确谈到“利出一孔”的宗旨。《农战》篇里有言“民见上利之从壹空出也，则作壹”。这里的“空”是“孔”的通假字，一空就是一孔，意思是民众看到赏禄都是从农耕与作战这个途径发出，便会专务农战，不作他想。《靳令》篇里则有更直接的表述：“利出一空者其国无敌，利出二空者其国半

---

① 《大秦帝国之天下》之后改名为《大秦赋》播出。——编者注

利，利出十空者其国不守。”

“利出一孔”最忠实的倡导者与践行者是商鞅。而《大秦帝国》第一部《裂变》，主要讲的就是秦孝公和商鞅君臣协力锐意改革、变法图强的故事，其中也专门有编撰《商君书》的动人情节。

法家思想的两面性

商鞅是何许人也？

商鞅，本名公孙鞅，战国时卫国人。后来因为领兵大破魏军，“秦封之於、商十五邑，号为商君”。

这里的“於”是今天的河南省南阳市西峡县一带，“商”就在我的故乡陕西省商洛市。《大秦帝国》第二部《纵横》里有秦相张仪以“商於六百里地”欺楚的故事，指的就是这一片秦豫交界之处。话说“商”东接河南南阳，南靠湖北十堰，历史上著名的“朝秦暮楚”之地,就在我老家山阳县的漫川关。而陈寅恪考证，陶渊明描述的让人心神向往的“桃花源”，其实地也在商洛。

《史记》里专有《商君列传》一篇。说商鞅少有奇才，本在魏相公叔痤门下。公叔痤临终向魏王举荐商鞅，可惜魏王没眼光，没有用他。正好秦孝公发求贤令，商鞅便去了秦国。见到孝公，起初商鞅说之以帝道、王道、霸道，孝公都打瞌睡，没兴趣。后来商鞅说起“强国之术”，孝公一下子激灵起来，两人“语数日不厌”，决意变法求新。

要变法，就要打破很多既得利益者的坛坛罐罐，历来都是极难的事。商鞅变法也是如此，甘龙、杜挚一派一开始就极力阻挠反对，幸好孝公意志坚决，一意力挺。改革派与守旧派的斗法这一段，是《大秦帝国》里演绎得最为精彩曲折、摄人魂魄的段落之一。历史真相或许正如其中所示，没有孝公和商鞅之间的高度互信，没有两人一意的奋发图强、视死如归，变法都不得成功。

变法之始，先是徙木立信，让令行于民。后来太子犯了法，商鞅说，“法之不行，自上犯之”，依照法律，一意孤行，坚持把太子的老师、孝公哥哥公子虔的鼻子割了，把太子的另一位老师公孙贾施以黥刑。

把拦路的“老虎”打掉之后，便是整治军队，提升军力。以军功爵位为赏，严刑峻法为罚，把百姓的力与利都置于“耕战”之一孔。效果很明显，秦在当时尚是小国，民众勇于私斗，怯于公战。改革之后，没有人情与潜规则，完全按斩首的敌人人头来计军功。于是，“秦人捐甲徒裎以趋敌，左挈人头，右挟生虏”，“民之见战也，如饿狼之见肉”，“是以三军之众，从令如流，死而不旋踵”，成为真正的虎狼之师。

除了军爵制度，商鞅也对整个旧体制进行了大刀阔斧的改革，核心是土地改革，统一度量衡和推行郡县制。效果立竿见影，“居三年，百姓便之”，“居五年，秦人富强”，到了第十年，“道不拾遗，山无盗贼”。

但改革注定要得罪人，商鞅不晓得自我保护，也没有“彼可取而代之”的野心。《大秦帝国》剧中，孝公临终，曾想传位给商鞅，商鞅坚辞不受。孝公之后，惠公继位，诸多敌人群起而攻之，最后商鞅被诬告谋反，遭车裂而死。

《商君书》又称《商君》《商子》，是法家的代表作，在战国后期颇为流行。其中内容并非都是商鞅所著，而是商鞅及其后学的著述汇编。现在流传的版本，共有26篇，涵盖其变法的指导思想与具体措施。

对于商鞅与《商君书》，历来众说纷纭，争议颇多。

文人言多鄙薄。司马迁评价商鞅“天资刻薄人也”，“卒受恶名于秦”；苏轼作《论商鞅》称，“自汉以来，学者耻言商鞅”。而政治家却往往对其多有称道，嬴政时的秦相李斯评论：“孝公用商鞅之法，移风易俗，民以殷盛，国以富强，百姓乐用，诸侯亲服，获楚魏之师，举地千里，至今治强。”北宋宰相王安石在《商鞅》一诗中说：“自古驱民在信诚，一言为重百金轻。今人未可非商鞅，商鞅能令政必行。”毛泽东中学时读到《史记》里的商鞅故事，曾心潮起伏，写下《商鞅徙木立信论》一文，称“商鞅之法，良法也。今试一披吾国四千余年之纪载，而求其利国福民伟大之政治家，商鞅不首屈一指乎？”[①] 据媒体报道，1996年末，时任副总理朱镕基在北京看话剧《商鞅》，到车裂一节时，也颇为动容，泪洒当场。

《商君书》亦然，争议不休。文化学者鲍鹏山一直激烈地批判这本书，称它是恶之花，是“秦王朝专制政治的黑暗心脏”；国学研究专家杨鹏则称其为中国历代统治者必备的教科书，是读懂中国历史与人性不可不读的一本书。

在我看来，商鞅及法家残暴酷烈的一面，“弱民”“愚民”“削民”的一面，“燔诗书而明法令”的一面，无疑应扔进历史的垃圾堆。但其制度理性的一面，极富进取心与务实精神的一面，特别是顺应人性、满足人性的一面，却是值得认真学习借鉴的。

财经作家吴晓波研究中国历代经济制度变革，发现“在世界各文明古国中，中国是最早打破贵族制度的国家，这其中，商鞅的

---

① 引自《毛泽东早期文稿》（湖南出版社，1990年）。

作用可谓最大”。开始于公元前356年的商鞅变法，可称是“中华帝国坯胎初成的时刻”。

秦国后来能在大争之世横扫六合，一统天下，商鞅变法堪称强国起点。其后，秦国军力、国力的大幅跃升，由此发端。商鞅是郡县制、依法治国、统一度量衡的早期倡议者与实行者，堪称秦律与秦制的总设计师。

庄周梦蝶，孔子梦周公。“郁郁乎文哉，吾从周”，孔子对周朝一直心驰神往。但在柳宗元看来，商、周之所以不变法，不废诸侯，是不得已，是有私心，因为依靠这些人才革了前朝的命，将来还要依靠他们出力保卫自己的子孙。而秦朝废除分封诸侯，推行郡县制度，是最大的公。以天下为公，是从秦朝开始的。柳宗元在《封建论》中说：“秦之所以革之者，其为制，公之大者也；其情，私也，私其一己之威也，私其尽臣畜于我也。然而公天下之端自秦始。”

史家千帆过眼，论人断事自有定见，不为俗世物议所摇夺。尽管商鞅所代表的法家一直背负恶名负评，学界中人其实一直对法家现代性的一面不乏挖掘与表彰。

吕思勉在《中国政治思想史》里说：“法家之学，在先秦诸子中，是最为新颖的。先秦诸子之学，只有这一家见用于时；而见用之后，居然能以之取天下；确非偶然之事。”黄仁宇在《中国大历史》中也有客观精到的评论，他称法家思想“虽然它站在人性为恶的立场，可是也认为人类仍可以集体为善。这种信条与19世纪德国历史学家特莱澈克的理论，极为接近。也因为它的‘现代’色彩，中国法家有时令西方读者倾折。他们的法制观念不为传统习惯、古代特权、流行的道德观念、家人亲疏，或甚至恻隐之心所左右”。张宏杰在其《简读中国史》中也称，在各国的变法中，商鞅变法是最成功、最彻底的，“法家推崇制度理性，要用制度而不是道德来解决问题，这个思路应该说比儒家更为高明。法家改革者打破一切条条框框的勇气，不避锋芒、敢为人先的魄力和摧陷廓清、翻天覆地的气势，确实也让人感觉振奋”。

需要指出的是，在《商君书》中，商地的商君却对商人与商业依然抱有偏见。在他看来，这一阶层是需要打压抑制的对象，这无疑是其认知缺陷。但书中也体现了明确的产权意识、所有制观念，这却是先进以至堪称先锋的。

《商君书·定分》中讲了一个生动的故事：“一兔走，百人逐之，非以兔为可分以为百，由名分之未定也。夫卖兔者满市，而盗不敢取，由名分已定也。”一兔傍地走，百人竞追逐。满市卖兔者，却无一人顾。

何以然？产权是否明晰所致也。

领导者不能有道德洁癖

拨开历史的烟尘与迷雾，任正非又从商鞅身上看到、学到了什么有用之处？看完《大秦帝国》，任正非对商鞅既有同情，又有遗憾。

但天才善于从一切事物中汲取成长养料。

有人注意到，商鞅变法的核心是“农战”思想，而任正非的话语体系也经常围绕“农”与“战”展开。如果统计一下任正非发言中的高频词汇，土豆、养猪、种地、种庄稼、磨豆腐、打粮食、土壤肥力，都是他经常提及的。当年艰危之际，准备卖掉华为时，他也预备用拿到的钱去并购洛阳的拖拉机厂。而军事用语在任正非的演讲中更是层出不穷，红军、蓝军、将军、士兵、队伍、战壕、前线、炮火、冲锋、攻城、碉堡、指挥部、上甘岭……

但这其实只是表面的巧合。从商鞅身上，任正非汲取到的真正精华便是“力出一孔，利出一孔”的价值导向。“力出一孔”是战略方向的聚焦，“利出一孔”是赏罚制度的保障。而这背后，则是对人心与人性的深刻洞察与激发。

商鞅的“力出一孔”就是通过变法把整个秦国变成一座农场和军营。任正非的“力出一孔”则是整个组织只对准一个城墙口冲锋。

大国争锋，“战火”燃到华为身上以后，任正非密集接受了一系列中外媒体采访，他多次提及，“一个人如果专心只做一件事是一定会成功的”。华为能走到今天，原因无他，就是因为坚持“一根筋，一条路”，几十年来只在一个窄窄的面上发力，只对准一个城墙口冲锋，持续压强投入。

这就是“力出一孔”。

而“利出一孔”，对于商鞅而言，就是从人性出发，以名利（军爵赏禄）来刺激秦人的饥饿感，满足其获得感。《商君书·算地》中说一般大众的特点就是“生则计利，死则虑名。名利之所出，不可不审也。……胜敌而草不荒，富强之功可坐而致也”。奠基其上的商鞅变法以此充分地激活了个体，造就了强大的国家。但其后国家对个体的过度榨取，却又造成了个体价值与创造力的萎靡乃至泯灭，最终摧毁了整个系统。

任正非是人性大师。他一直有效防范组织的腐化、僵化与贪婪，却又成功地通过“饥饿感”让十几万员工保持着激情、欲望与奋斗精神，保持着激扬的战斗力与创造力。

在这方面，任正非有很多别具一格的精彩表述，在传统儒家耻于言利的认知体系里，它们几乎是惊世骇俗的。任正非为华为重点人才团队拟定的口号是：升官发财，请来战略预备队。他鼓励公司研发人员的家人，多到奢侈品商店去买包。而在华为创立初期，他就经常为员工描绘一幅场景：你们以后买房子，阳台一定要大一点，因为你们将来会有很多钱。钱多了装麻袋里面，塞在床底下容易发霉，星期天拿出来晒晒太阳……

正是在这个角度，学者杨鹏说，“即便到今天，一个没有名利意识的人，一个不自觉进行名利制度安排的人，当不了好的管理者。管理者，首先要能迅速洞悉人性深层的永恒的名利冲动，明白唯有满足这种基础性的名利冲动，才能调动出持续的积极性，将个人追名逐利的动力与组织利益的发展高度统一起来”。这几乎就是对任正非的描摹与解读。

杨又说，真正的领导者不能有道德洁癖，“真实的完整的人性理论，是能理解人性的多层性和丰富性的。真正厉害的人，是上层动机总控，同时多层动机、多层动能统一起来的人。厉害的国家，是上层动机总控，同时多层动机、多层动能统一起来的国家”。

《大秦帝国》以商鞅变法为起点，描画了秦国几代雄主能臣以东出为念，以天下为志，殚精竭虑，奋发图强的故事。它是一个国家由弱到强的创业史，也是几代人持续接力的奋斗史。商鞅的理想是高蹈的，在人性的层面，却是务实的。商鞅变法的成功，本质上缘于对人性暗河流向的顺从与顺势而为。

在任正非看来，商鞅变法方向正确，却依然有缺陷。他曾评价：“商鞅变法的路子是对的，可惜太激进，变革不能太激进，否则会人为增加变革的成本。”

他更为欣赏与敬重的是另一位成功的改革者邓小平。40 多年前中国的改革开放，能让一个大国洗涤旧染，脱胎巨变，本质上正缘于邓公对人性的释放、满足与呼唤。当时，在纷飞的教条和迷信之中，邓公致力于解开人们身上与心上的束缚，让人民吃饱肚子，过上好日子，所以他被亲切地称为“伟大的俗人”。当十几亿人在饥饿、压抑与创伤中抬起头，生发出对富足与美好的热望，鼓动起对财富与力量的竞逐，那是何等澎湃壮阔的巨流！

往事越千年，大道相通。从商鞅到邓小平，成功的变法与改革，无不是唤醒、激发与满足人们对于财富、声望、权力与价值感、成就感的渴望，无不是对人性的发现、解放与引导。

《史记》的《货殖列传》一篇是专讲商人的，司马迁在开篇就有一段精辟独到的评论：“《诗》《书》所述虞夏以来，耳目欲极声色之好，口欲穷刍豢之味，身安逸乐，而心夸矜势能之荣使。俗之渐民久矣，虽户说以眇论，终不能化。故善者因之，其次利道之，其次教诲之，其次整齐之，最下者与之争。”意思就是说，虽然前人谆谆告诫人们“五色令人目盲，五音令人耳聋，五味令人口爽，驰骋畋猎令人心发狂”，希望大家闭目塞听，清心寡欲，但自古以来，老百姓就是喜欢听好听的，看好看的，吃好吃的，玩好玩的，贪图享受，追求威风，这是永久不变的人性啊。你就是挨家挨户给他们上门讲道理，办培训班，恐怕也难移禀性吧。所以，一个国家的领导者在这点上就有了高下之分：最糟糕的是放纵自己，与民争利；稍好一点的会订立规则，用规章制度来限制人们的欲望；再高明一点的懂得教育大家，要节制欲望；更厉害的则是借着有利的形势而加以引导；最高层级的领导者则晓得“人欲即天理”，他们会顺从人们的欲望，并将之导向正确的方向。

《管子》中也有类似表达："故凡治乱之情，皆道上始。故善者圉之以害，牵之以利。能利害者，财多而过寡矣。"意思是善于治国者，都用害来约束人们，用利来引导人们，把握好利害，就能增加财富，减少过失。把握好利的源泉所在，就会"民自美安"，像鸟儿孵卵一样，无形无声，只见小鸟破巢而生。

勃发的人性从来是历史前行的原力。国家如此，企业何尝不是如此。

为何任正非就能洞悉人性密码，他葫芦里的灵丹妙药从何而来呢？

"一桶糨糊"

任正非如何看待自己？

他的自我评价是："我既不懂技术，也不懂管理，也不懂财务。我就提了一桶'糨糊'，把18万员工黏结在一起，让他们努力冲锋。"

很多人会说，华为这么成功了，任正非这是在过度谦虚吗，他的话该如何理解？

"我后面还说过，我提了桶糨糊，把十几万人黏在一起，力出一孔，利出一孔，才有今天这么强大的华为。很多人不看，也看不懂这句话。"任正非解释，"其实这桶糨糊，在西方就是胶水，这黏结人与组织的胶水本质就是哲学。"

任正非表示，华为历史的前30年是他提着这桶胶水，浇在大家脑袋上，把十几万员工团结起来了，"浆糊"在组织中起到了黏合剂的作用。在《一江春水向东流》这篇文章里，他自述："我创建公司时设计了员工持股制度，通过利益分享，团结起员工，那时我还不懂期权制度，更不知道西方在这方面很发达，有多种形式的激励机制。我仅凭自己过去的人生挫折，感悟到要与员工分担责任，分享利益……在时代面前，我越来越不懂技术、越来越不懂财务、半懂不懂管理，如果不能民主地善待团体，充分发挥各路英雄的作用，我将一事无成。从事组织建设成了我后来的追求，如何组织起千军万马，这对我来说是天大的难题……"

正是兼容并包的"浆糊"哲学，解决了这个天大的难题。"浆糊"表现为华为的企业文化与理念，而源于任正非的精神乳汁与思想养料。

在这桶浆糊里，前文浓墨重彩书写的传统思想仅是其中一勺，并非主体。

那么，任正非的"一桶浆糊"里到底有什么，其成分是什么？我就此向多年近身观察华为的田涛先生请教过。在他看来，华为的文化与机制恰恰不是"中学为体"，而是"非驴非马，亦中亦西"，但更主要的是向一切先进的管理思想与制度学习，本质上是西式构造。这正是华为独具优势、遥遥领先的密码。

一路走来，任正非不拘一格，博采众长。

他最早的管理启蒙起源于一组介绍西点军校的文章，后来IBM和合益集团对华为的流程和组织再造起了突出作用，即便在孟晚舟事件发生后，他也强调要毫不动摇地向美国学习。

他向英国学习，"英国光荣革命与法国大革命相比，我更赞成英国光荣革命。英国光荣革命就像扁鹊长兄治病一样无声无息，英国就改革完了"。他认为企业要从中学习保持冷静和理性，善于妥协，追求发展和进步。

他向日本学习，惊叹于日本人的奋斗和工匠精神，称赞他们是勤劳和善于精工的民族，遇到了困难会集体忍耐，“度过寒冬”。

他向微软、苹果、亚马逊学习，向丰田、索尼学习……

他向解放军学习，向美军学习，向衡水中学学习……

他向黄大年学习，向李小文学习，向阿甘学习……

他向蛭形轮虫学习，向薇甘菊学习……

无论西东，任正非的学习力确是惊人的。《华为基本法》的起草者之一、华夏基石咨询公司创始人彭剑锋说，任正非不是在“学习”，他简直就是在“血洗”。你的角度和思想他总能很快掌握，而且马上比你阐述得更为深刻。

真是一桶浆糊！一桶融汇各家之所长的浆糊！

思想上的博采众长与行为上的极致专注，形成一个看似矛盾的对立统一体，成就了独一无二的任正非与华为。

而这矛盾与悖论里，正凝结着一个强者的核心特质与秘密。

经营者们，你的“一桶浆糊”和“力出一孔”，又是什么？

14 信念是一切优秀组织的精神基石[①]

《铁马秋风集》与《瓦尔登湖》：一种推挤式阅读体验

7月入伏，我在北京郊外闲居，带了一本亨利·戴维·梭罗的《瓦尔登湖》。30多年前读徐迟翻译的《瓦尔登湖》，只是觉得文字美，大自然美，但对书中无处不在的哲性思考体会很浅。现在回头看，大约是因为青春年少，未经沧海，不知岁月辣滋味。几十年后，再读《瓦尔登湖》（译者马晓佳、李志林），似乎觉得每一页、每一句都是关于生命与生存的至论，因此几乎每一页的空白处，都留下了我的笔记感言和名句摘录。梭罗实在是位伟大的“躺平主义”哲学家啊！当你被生活摔打了60多年，当你挺直着腰背奋斗了40多年，你才能真正与梭罗在心灵深处建立默契。

在我沉迷于《瓦尔登湖》的“梭罗式躺平”时，宫玉振老师发来微信，希望我为他的新作《铁马秋风集——企业如何向军队学打胜仗》写序，我不假思索地答应了。答应过后又有点后悔：铁马秋风？瓦尔登湖？我岂不是要在火焰与湖水之间被两极推

① 本文是田涛为宫玉振《铁马秋风集》一书所作序言，原题为《在悖论中前进》。

挤？但后悔亦迟，只好早上迎着太阳享受“湖水”，午后在绿荫下被“火焰”炙烤，感受铁马金戈的世俗英雄主义，连续6天有一种撕裂式的阅读体验。

《瓦尔登湖》我读得很沉迷，《铁马秋风集》我读得很过瘾；《瓦尔登湖》我做了几千字的读书笔记，《铁马秋风集》我同样做了上千字的眉批，我特别欣赏宫老师大作中“企业向军队学什么”和“管理学的战争视角”这两部分，无论是观念、引述的故事、架构还是文字，都颇具冲击力。马克思说“辩证法不崇拜任何东西，按其本质来说，它是批判的和革命的”①，这段话用在《铁马秋风集》这本论文集，应该是恰当的。宫老师是军事理论专家，给企业管理者讲军事管理，但全书从头至尾是节制的、警惕的，倡导企业和企业家向军队和军事家们学习军事管理，又告诫读者不要走向军事管理膜拜，不要走向盲从与极端。《铁马秋风集》更像一本管理哲学论集，而卓越的企业家也无不是管理哲学家。企业家向军事学管理，本质上不是向军队学习如何点将布阵与打仗，而应该学习关于感知变化与应对变化的军事辩证法，宫老师这本书讲的就是军事与企业管理辩证学。

企业：以经营活动为指向的类军队组织

读《铁马秋风集》，我将其与任正非的讲话文稿进行比较。任正非很具鼓动性的感性词语包裹着深刻的理性，而宫老师颇具哲理性的语言遮掩不住军人的激情。他们都曾经是军人。《铁马

① 马克思，《资本论》，人民出版社，1975年。

秋风集》引用的大量古今中外军事著作、军事名将的故事和军事名言，以及一战、二战、长征、抗日战争、解放战争、朝鲜战争、越战、解放军的“一点两面三三制”与当代美军的军事体制改革等许多经典案例，任正非在创建华为以来的34年讲话中常有引用，诺曼底登陆、莫斯科保卫战、斯大林格勒保卫战、仁川登陆、塔山阻击战、长沙会战、上甘岭战役等也是华为高管尤其是市场一线主官们耳熟能详的著名战例。任正非娴熟地运用军事哲学牵引华为从小到大、从弱到强，19万知识劳动者既有井然秩序，又有自由精神与创造力，使得华为在30年极端艰难的外部生存环境下，实现了技术、产品与市场的快速扩张，并塑造了其独特而鲜明的组织性格。

我对长征史一直心怀敬仰，买了147本关于长征的书，精读了10本以上。华为的全球扩张史就是一部“风雪长征史”，华为商业成功背后的逻辑与长征奇迹背后的逻辑是完全相通的。而事实上，东西方一切卓越组织之所以卓越，背后的逻辑也是一致的。这种一致性逻辑就是宫老师书中反复阐述的“四位一体”：战略、组织、领导力、执行力。

从某种意义上说，企业是一种以经营活动为指向的商业军队。而企业家就是“冒险事业的经营者与组织者”。军事指挥官和企业家的角色决定了他们必须不断进行冒险假定，即进行战略设计。“如果你没有自己的战略，你就会成为对方战略的一部分”“企业管理者一定要像优秀的将军那样学会战略性的思考”“要有一种取势和提前布局的意识和能力”。任正非说“我一贯吊儿郎当”，“既无人权，又无财权，更无业务权”。但他又说“最大的权力是思想权”，思想权当然不仅仅是企业文化建设，与之并重的是企业长期发展战略的务虚思考与中短期战略的精心擘画。华为何以 30 多年很少打败仗且不断打胜仗？首先是因为华为拥有任正非和一批高层企业战略家，“大战略无大错，胜利就到手了一半”。

然而，大多数企业的战略都会失败，即使有伟大的战略也可能不会持久。“头脑比天空辽阔”，但卓越的公司不仅要头脑辽阔，而且要四肢强壮而灵敏，正如任正非所言：方向大致正确，组织充满活力。强大的组织能够将正确的战略发挥到极致，也能够将有缺陷的战略完形化，甚至能够以组织的快速应变力、战斗力与凝聚力对错的战略进行纠偏。华为在早期（前 10 年左右）曾经屡次在产品方向和市场方向上出现战略误判，可一旦发现机会偏差，它会迅速掉头，快速集结精兵锐将组成“敢死队”，扑向新的城墙口，咬住它，撕开它，然后大部队蜂拥跟进，从而反超对手，赢得类似“塔山阻击战”那样的“几乎不可能的胜利”。“决策在大智，行动在大勇”，沙盘推演固然重要，但组织强大与否决定执行力的强与弱，执行力决定组织生死。

从领导力来看，很难想象，过去 30 多年，一个任正非缺席的华为会是怎样。任正非是华为的创始人，但创始者并非都能成为组织的灵魂人物。只有在大风巨浪中当过舵手，并且一次次将组织从困境乃至死境中带出来的领头狮子，才有资格成为优秀的领导者。任正非在 19 万知识劳动者群体中“气场很足”，源于他的远见、品格、奉献精神、罕见的意志力，以及几十年如一日的“走前线”。任正非没有读过德鲁克的著作，也没有学习过《孙子兵法》，华为高中层管理者也不是手捧《道德经》《孙子兵法》《战争论》去征战全球市场的，饱读兵书却未真正打过仗的马谡不可能在华为被提拔、被重用。“要想升官发财，到一线去，到非洲去，到艰苦地方去”，恐怕在全球500强企业中，像任正非这样走遍非洲和战乱国家、走遍世界绝大部分蛮荒地区的企业领袖为数不多，而华为的高层领导们也无不是“上甘岭上打出来的”，这是华为干部成长的铁定法则。

组织力与领导力的相辅相成，锻造了一支超大规模商业团队的超强执行力，这是军事管理带给华为的深刻影响。事实上，许多美国著名的大企业，比如联邦快递公司，都从军队管理中汲取了丰富的营养。

企业家谨记：不可在企业管理与军队管理之间画等号

企业管理深受军事管理影响，甚至可以说，企业管理派生于军事管理。但两者仍有巨大的区别和差异。一些雾里看花的人士轻率地将华为的管理与军事管理画等号，认为华为的今日成就得益于任正非曾是一位军人，这是一个误判。

宫玉振老师在其大作中专论《管理毁于“形式主义”：企业向军队学打胜仗三忌》，为今天的中国企业界盲目向军队学管理的虚热注入了难得的理性。在“管理学的战争视角”部分，不仅从东西方战争理论的角度解析了企业竞争的本质属性及指导原则，而且从中国传统哲学、《孙子兵法》中提炼出了竞争的模型、竞争的伦理底线、竞争的战略与策略等，特别是“超越竞争”的提法虽非作者首创，但如何将其应用于企业，宫老师有其独到的见解。我这里借助宫老师的观点，做几点引申讨论。

如何管理竞争是企业和军队的最大不同点。战争关乎军队生死甚至国家兴亡，是存量基础上的零和游戏，敌我泾渭分明。而市场竞争虽然关乎企业兴衰，但明智的企业家都无比清楚，决定企业命运的决非竞争对手，而是客户，是那些用真金白银一次性、扩大性、重复购买你产品的千千万万“看不见的人”。客户能将你抬进全球企业500强的“花轿”，也能将你打入“死亡谷”。因此，同行之间的竞争仅是企业竞争的副战场，主战场则在企业内部。“最大的对手来自内部”，来自企业家的雄心与格局，来自企业的价值观，来自企业的创新意愿和创新能力。华为有今天的世界领先地位，根本在于19万华为人对“以客户为中心”这一铁律的长期坚守，这6个字是华为人的“商业宗教”。

什么是真正的“以客户为中心”？为客户、为消费者提供一流的技术、一流的产品和一流的服务。如何实现“以客户为中心”？除了对“上帝”的虔诚，苦其心志之外，还有最重要的一条——创新。创新是超越竞争的最大法宝。当你每年拿出销售额的10%以上投入研发、研发经费长期高于利润一倍左右时，当你每天获得10多项专利、多年专利申请数占据全球前一、前二名时，当你的创新性产品和创新型服务覆盖全球170个以上的国家和地区时，你赢得的不仅仅是对一众竞争对手的胜利，而是几十亿“上帝”对你的认同。

这就是企业竞争与军事对抗的根本区别，也是企业家向军事学习管理所应格外警醒的方面。记着：双眼尽是对手，你将失去未来；一只眼睛盯对手，一只眼睛盯客户，此乃中策；双眼紧盯客户，最有效地满足客户的眼前需求和现实需求，同时最大程度地发掘和开发客户的潜在需求、未来需求，并进而创造顾客，此乃上上策。这是一条崎岖之路，但最艰难的路才是摆脱竞争对手羁绊和打压的捷径。

企业与军队的第二大本质区别是，企业是功利组织，赚取利润是企业的根本目的之一。军队则不然。军队是最具创新力的组织，这是由军队的属性决定的。只有不计成本地投入基础研究和尖端技术，才能在当下和未来的战争中成为胜利者，并最大限度地避免和减少死亡。任正非说“军队的创新没有投入产出比的要求”，言下之意的另一面是，企业创新必须把握好一个悖论：不创新就会被他人消灭，创新就会被自己消灭。但归根结底还是要创新，关键是把握好创新的节奏与方法。

企业是一个价值创造体，也是一个价值分享体。优秀的企业和伟大的军队都是把激励机制发挥到极致的组织。但对于以追求价值最大化为核心诉求之一的商业机构来说，财富分配是激励体系的基础要素。很简单，货币资本赚得盆满钵满，劳动者的“劳动资本”回报甚少，老板却天天在企业中鼓吹“无私奉献，英勇奋斗”，这样的所谓向军队学习的“精神激励”，怎么可能驱动员工持久的工作热忱和创造激情呢？华为实行的是“以奋斗者为本”基础上的全要素（包括员工、股东、社会等相关利益方）合理价值分配的普遍激励制度。30 年来，员工年平均薪酬包括奖金、福利与利润之比为 3∶1，国内外纳税额与利润之比为 2∶1，净资产回报率年平均高达 30%，股东每年都有可观的分红。值得关注的是，华为 100% 的股东都是“双栖人”——既是“资本人”，又是“劳动者”。

在合理而偏于激进的分配制度前提下，华为长期坚持以使命精神和责任意识牵引整个组织，这是华为始终充满活力、持续扩张的双轮驱动力（物质激励与精神激励双轮驱动）。

企业向军队学管理，重在学战略观、组织观、领导力和执行力，并非全盘“军事化”。我们断不可忽视企业与军队在根本属性上的差异，包括激励机制和激励手段上的差异。

单基因演化：蛭形轮虫带给任正非的启示

任正非最近在多个场合讲蛭形轮虫的故事。

进化论认为，双性繁殖是物种进化的最优路径，而单亲繁殖必然带来基因衰变，甚至灭绝。但令遗传学家意外的是，蛭形轮虫只有雌性，无雄性，竟然在地球上繁衍了 8000 万年，并形成了 400 多个亚种。蛭形轮虫栖息于水潭、水沟之中，却特别抗干旱，在无水环境下可存活长达 9 年，即便体内的 DNA 双链断裂，在遇到水后，它不但能将碎成片的 DNA 进行修复，还会在修复过程中，顺便从其他生物身上攫取有用的基因，以适应新的环境。

科学家们发现，这种神奇生物拥有一种神奇的进化路径：不管是细菌、病毒还是动植物，只要是有用的 DNA，都会被它合并到自身的基因序列中，从而有效解决了单性繁殖导致的多样性走低而步入进化死胡同的困境。蛭形轮虫身上可以表达的基因中有 10% 来自其他超过 500 种物种的基因，从而使得这种微小生物呈现出了不可思议的生命力。

任正非由此引发联想：华为像蛭形轮虫一样是单基因文化，需要多基因的冲突和融合。

我也由此反观宫玉振老师的《铁马秋风集》。这是一本中西军事管理思想和实践的杂论集，也是一本中西文化的思辨集。从汉尼拔到项羽，从成吉思汗到拿破仑，从曾国藩到艾森豪威尔，从丘吉尔到毛泽东，从蒙哥马利到林彪；从坎尼会战到垓下之战，从诺曼底登陆到四渡赤水，从敦刻尔克大撤退到辽沈战役，从仁川登陆到上甘岭战役；从湘军到中国工农红军到解放军，从苏军、德军、英军、法军到美军；从《孙子兵法》到《战争论》，从《战略论》到

《论持久战》；从儒家到法家、道家、兵家、纵横家，从周秦汉唐的经世学说到中西领导力，从治军之道到治企之道：等等案例信手拈来，思想大开大合，令人叹服。这实在是一本关于多基因军事文化“碎片”、多基因商业管理“碎片”碰撞与融合之佳作。

事实上，华为就是一个多元文化杂糅的特殊物种。军事文化的确是华为文化的重要组成部分，毛泽东的“集中优势兵力打歼灭战”和林彪的“一点两面三三制”一直是华为管理者奉为圭臬的战略宗旨与战术原则，解放军和美军、俄军的领导力培养、士气激发、团队建设等都对华为的企业文化和组织建设形成了影响。同时，中国共产党的思想体系、制度体系也在华为的文化建构与制度建构方面打上了烙印，还有不容忽视的是向西方尤其是向美国学习现代企业管理。企业管理理论有两大特性：一是实践性，一百多年来的企业管理学说间接来自军事学说，直接来自企业和企业家的摸索与实践；二是现代性，它既是工业革命的产物，又是科技革命的产物。而现代性，从管理学的视角讲就是西方性。华为管理在本质上是一个“西式构造”“美式构造”，包括过去10年向美军学习组织变革（美国参谋长联席会议前副主席比尔·欧文斯在《揭开战争的迷雾》中说，“美军是全球最大和最复杂的企业”）。

华为管理语汇中有两大体系：大量的军事用语和大量的英文字母缩写。前者体现出军事管理对华为文化的塑造，后者反映的是以IBM为代表的西方企业管理思想、机制对华为在制度和流程方面的再造。

即便如此，任正非依然认为，华为文化缺乏多样性。华为文化像蛭形轮虫一样“东抓一块，西抓一块”，混合了多种基因，具有超强的韧性和生存能力，但华为文化应该更开放、更多元，才能在多变和动荡的时代更具生命力。

四信合一，是一切优秀组织的精神柱石

避暑期间，我还带了另外三本书。一本是《新教伦理与资本主义精神》，这本书我每年找不同的译本重读一遍，这回是第6次阅读，由康乐与简惠美翻译。另外两本是冯象所著《圣诗撷英》《宽宽信箱与出埃及记》。我多次翻阅《圣经·出埃及记》，总觉着是在看军事故事，故事背后隐藏着深刻的管理哲理。《出埃及记》应该称作一部古典兵书，一部关于意志和战略、激励与惩戒、个人英雄与群体英雄、领导力与组织艺术的军事管理著作，尤其是它对信仰与打胜仗两者的必然性逻辑的反复呈现，深刻揭示出了卓越军事组织的普遍性规律，也反映出了一切成功组织的普遍规律。这种逻辑在《铁马秋风集》中有相当透彻的阐述。

信仰、信念、信心、信任，四信合一，是奠基一个政党、一个民族、一支军队、一家企业的精神柱石。舍此，所谓战略战术的强大、资源和装备上的强大、人员在数量上的貌似强大，管理上的貌似优良，都是虚幻的，不可持续的。反之，有高远的信仰，有磐石般的信念，有必胜的信心，有个体与团队间的相互信任，弱小者会变得强大，实力会发生翻转，不可能会变成可能，而且会战无不胜。中国共产党的历史、人民军队的历史是这一逻辑的最经典诠释。

走笔临末，顺带讲讲《创世记》带给我的新联想：关于奋斗与躺平。其实，上帝早就规定好了：6天劳作，1天休息。背后的哲学观应该是：劳动是人的本能，追求闲适也是人的本能。作为个体的人，你想奋斗多点，还是躺平多些，你想“铁马秋风”多点，还是“瓦尔登湖”多些，无非是一种自我选择罢了。

15 信仰是品牌的灵魂[①]

伟大的品牌属于天空与远方

《高势能品牌》是剑桥学者尹一丁教授关于品牌的12次系统讲座的整理稿。读了两讲，便兴奋不已，当即和一丁老师微信通话：这是我所读过的关于品牌研究最精彩的著作之一！“信仰是品牌的灵魂”，这样的观点虽然有企业界人士讲过，但在管理学界，将其鲜明地提出来，并进行系统阐述，应该是首次。

马克斯·韦伯说：人是悬挂在自己编织的意义之网上的动物。那么，对由人构成的任何组织来说，它事实上就是一组“意义之网”。具体到企业组织，员工无不是携带着自设的“意义”加入组织的，客户也无不是从“意义”的视角进行消费选择的。这既使得组织的“意义”五彩斑斓，又倒逼组织必须不断进行自我定义和意义假定：我是谁？我信仰什么？我为什么而存在？这是一丁老师贯穿全书的反复追问。回答清楚了这几个事关组织的终极问题，

① 本文为田涛为尹一丁《高势能品牌》一书所作序言，原题为《“意义之网”：信仰是品牌的灵魂》。

也许，企业的品牌战略就完成了一半。

伟大的企业是有坚定的信仰的，伟大的品牌是属于天空、远方的。梭罗在《瓦尔登湖》中说，做探索内心的哥伦布，为思想而非贸易，开辟自己的精神海峡。哥伦布岂仅是开辟了自己的“精神海峡”？大航海时代那些冒险家岂仅是淘金者、烟草种植者？也正是他们的后代，创立了福特汽车、哈雷摩托、耐克运动鞋、可口可乐、星巴克、苹果……可口可乐是一罐特殊配方的魔水饮料吗？是也，非也。星巴克是一杯咖啡吗？是也，非也。苹果手机是一部智能的信息交互工具吗？是也，非也。它们是我们这个星球无所不在的商业品牌，承载的是自身商业组织独特的精神信仰，也夹杂着美国文化中那种强烈的扩张性、多元性、开放性的意识形态。

我 30 岁以后最钟情的音乐是小提琴协奏曲《梁山伯与祝英台》和贝多芬的《英雄交响曲》，最神往的“浪漫”却是能拥有一辆哈雷摩托车，虽然我从未骑过和拥有过摩托。但在海南生活那些年的某一天，椰风蓝天下，细浪白沙旁，一位黝黑的南国男儿，驾着哈雷摩托穿越蕉林小路疾驰。那一刻那一瞬动感极强的画面，从此定格在了我的大脑中，哈雷摩托也成了我的梦幻。一丁老师在书中说，哈雷摩托是全世界最受欢迎的品牌刺青，“心无挂碍，特立独行”。它代表着力量与征服，代表着英雄主义，是勇者和孤独者的精神图腾。

社会学家格奥尔格·齐美尔说：“金钱有一点像上帝。”的确，我们有太多的商人视金钱为上帝，太多的企业视利润为最高信仰——无论是东方还是西方。但齐美尔还有一句话：“金钱只是通向最终价值的桥梁，而人是无法栖居在桥上的。”

那么，一家企业的最终价值，即企业的信仰（品牌）究竟是什么？在何方？

“唯客独尊”：从信仰的圆心散射出三条半径

古往今来，许许多多的企业都在追逐金钱的忙碌中死去了，唯有少数伟大的品牌在锈铜铸就的商业原野上，像玫瑰花一样绽放。

几年前，一位牛津大学毕业的年轻学者在杭州西湖边的茶室和我聊天时说，他是耐克鞋的收藏爱好者，收藏了上百种新潮的、老派的各个不同年代和款式的运动鞋，他的不菲年薪中有一半左右用于收藏耐克鞋，他也经常参与网上的鞋子鉴赏和拍卖活动。他告诉我，这是一场世界范围的“青春运动”。他还对我说，耐克鞋的创始人之一比尔·鲍尔曼是他的“精神偶像”，鲍尔曼 1972 年设计的一款名为“月亮鞋”的跑鞋，在拍卖会上以 300 万元成交（美元？人民币？我忘记问了）。寡闻限制了我的想象力。

北京大学一位哲学专业的硕士生，曾经毫不掩饰地对我这位“华为顾问”说，“我是极端的苹果粉”，从少年到青年，从高中一年级到硕士即将毕业，他会抢先购买每一款新上市的苹果手机、iPad（苹果平板电脑）、苹果手表等系列苹果电子产品（他并非所谓的“富家子弟”，他的收入主要来自当家教和稿费），乔布斯是他的“精神偶像”。尽管他认为苹果这两年的新款产品少了一些“意外的惊艳”，但“乔布斯拉长了我对苹果品牌的忠诚延长线”。

乔布斯让苹果成为亿万年轻人心中的“商业宗教”。同样，耐克品牌不也是一种“类宗教”吗？而华为创始人任正非也早在创立华为之初，就明确讲道：“我们要以宗教般的虔诚对待客户。”

“英雄都是太阳之子。”那么，谁是一切企业家心中的太阳？客户，唯有客户。谁是一切商业组织头顶的上帝？消费者，唯有消费者。正像尹教授书中所言：一切追求卓越的企业和企业家，只有一条路可走——从“唯我独尊”转向“唯客独尊”，这完全契合了任正非几十年如一日、车轱辘似的反复宣灌的“华为经”：以客户为中心。

伟大的商业帝国绝非通过廉价口号、酒宴与派对、资本魔术、密室设计、狂轰滥炸的促销、放卫星达成的。一丁老师斩钉截铁地断论：品牌战略的第一公理是，无价值，无品牌。无信仰，无价值。伟大企业必须始终围绕客户这个唯一上帝，从信仰（品牌）的圆心出发，围绕客户这个“信仰之轴”，持续构建和延展组织的三大半径：员工、股东、社会。只有员工选择了相信组织的信仰，并充分、连续地展现出个体和群体的奋斗行为，只有股东们真诚接纳企业“以客户为中心”的信仰，并用真金白银认同企业的长期主义追求，只有社会大众从企业的守法纳税、技术与产品创新、带动就业、公益行动诸方面认可一家企业时，这家企业才开始越来越接近成为“伟大的品牌”。

一个充满激情和充沛生命力的品牌（信仰）最终体现在产品上，体现在围绕极致产品的创新上，体现在厚积薄发的“十年磨一剑”中。埃隆·马斯克说，他们的产品在核心功能上“要比竞争对手好十倍”。贝佐斯则说，亚马逊在世人眼中的隔夜成功，背后都是十年默默无闻的辛苦努力。尹一丁教授说：对任何企业而言，最核心的都是组织的创新能力。他评价华为：华为的品牌战略几乎等同于研发战略。在欧盟公布的全球 2020 年研发投资前十位排行榜中，谷歌排名第一，华为位列第二。

人类无捷径可走，国家与民族无捷径可走，企业无捷径可走。我们的祖辈早就悟得很透彻：一分耕耘，一分收获。今人也在歌中咏叹：樱桃好吃树难栽，幸福不会从天降。

组织领袖：一半在天空，一半在大地

一丁教授在书中指出：企业不但是产品的制造者，还是“意义”的创造者。所谓“意义创造”就是企业的“信仰设计”，即企业品牌战略的设计。那么，谁是品牌（信仰）战略的总设计师？一丁老师的回答是：企业家。“品牌战略是企业最重要的宏观战略，应由企业家直接领导并全员参与。”苹果品牌战略的总设计师是乔布斯，华为品牌战略的总设计师是任正非。

我在《我们为什么要做企业家》一书中有一个观点：卓越的企业家是那种能够制造信仰、持续传播信仰并巩固信仰的极少数人。信仰是由使命、愿景、价值观连接出来的一整套精神与文化体系。

华为的组织信仰（品牌）打上了深刻的任正非烙印。我最近系统阅读了任正非从 1997 年至 2019 年的 103 篇代表性文章（讲话），一个突出感受是，任正非具有：从始至终的理念与制度层面的顶层设计，系统思维之上的悖论思维，一以贯之的商业信仰，极富煽动性的文字张力。这在中国企业家中是极为罕见的，在全球企业家中也并不多见。

任正非是一位用思想旗帜引领华为从小到大、从弱到强、从卑微走向世界领先地位的企业家。华为品牌也从无到有，到 2020 年全球排名第 45 位。而华为品牌的显著特征是科技含量与思想含量。

在华为，你会发现一个反经典管理学的异类现象：创始人兼CEO（首席执行官）既不直接管人、管事，也不直接管财务，却亲自掌控公司的文化建设——“思想权是最大的领导权”。早年，他经常为《华为人报》写评论，现在偶尔“潜水”公司网站的员工论坛，并时常阅读“心声社区”每周编辑整理出的有见地的跟帖与短文汇编，将一些有代表性的观点摘选出来再予转发，并亲自撰写“总裁办按语”；几十年来，他几乎平均每天安排1次以上不同部门、不同层面的员工座谈会，“层层点火，村村冒烟”；几乎每周会有一篇内部座谈或正式非正式的讲话整理稿，多数早上的8点到10点的黄金时段他是在办公桌前修改文件，而许多文件中夹杂着宏大叙事、貌似让人“云里雾里”的中外历史掌故和非典型的任氏管理语汇。而他30多年来的所有讲话稿、文章都是自己一字一句写出来和改出来的，多数文章修改达几十次。

在华为，你还会发现另一个反经典管理学的现象：CEO每隔一段时间就会推荐全体员工看一部电影，或者一部电视剧，或者一本书，或者某篇文章……高中级干部看过后，有时还必须写观（读）后感，任正非会仔细阅读，并对有见地的文章加批语，转全体员工讨论。他阅读和观剧的范围很杂，也很新潮，经常是热播青春剧的“追剧者”。但耐人寻味的是，他从来不读管理学书籍。

芭蕾烂脚、“扫地僧”李小文、百米冠军乔伊娜、刚果河捕鱼者……这一系列华为著名品牌广告的创意灵感都源自任正非，无不散射着鲜明的华为文化特质：热烈的理想主义与冷峻的现实主义。

年轻人大多相信诗歌，中年人大多热衷于历史，老年人大多是哲学家。一流的品牌无不是诗歌、历史、哲学杂拌而成的“鸡尾酒”。

象牙塔中的“万里长旅者”

“我是个完整的人，也可以说是一幕有思想情感的剧。等生命的戏剧落幕——无论是悲喜剧，观众就走了。”[①] 诚如《金刚经》所云：缘生性空。一个组织的品牌亦复如是。一所大学，比如剑桥大学，虽然有 800 多年历史了，也终有一天会走向寂灭；一家卓越的企业，比如苹果与华为，也终有一天会消亡。但是，它们在历史的天空中毕竟灿烂过、辉煌过。逝去的是物质形态，留下的是文化与哲学。

个体的人亦如此。生命如露亦如歌，活了一回，就要活得认真，活得生机饱满，活得有质感。每个人都是自己的品牌。研究品牌文化和讲授品牌哲学的尹一丁老师，其观念、其做派、其为人、其言谈举止都在彰显独具魅力的“Eden.Yin”品牌范式。

认识一丁教授的人很多，一丁认识的人也很多，但我相信，真懂“一丁品牌”的人并不多，我应该算一个。一丁是我的思想兄弟。

一丁出生于中国新疆有“小江南”之称的伊宁市，标准 70 后，打小就在多民族多元文化的环境中长大，大学就读于吉林大学，“西北风”与“东北风”将他从骨血里塑造成了一条中国汉子：表面谦恭的背后尽是热血与沉实，达观与坚韧。他大学毕业后去美国，先后在两所美国著名大学读博士，获得经济学与商科博士。在美国的 8 年期间，他曾自驾车环游全美，历时 25 天，总行程 2 万公里。诞生过最多世界级大品牌的美国，是他关注品牌文化研究的起点。

---

① 引自《瓦尔登湖》，亨利·戴维·梭罗著。

2001 年，他赴剑桥大学嘉治商学院任教，一去就是 20 年。英国是西方文明的源头之一，更是悠久的品牌大国，而剑桥大学更是英国与世界文化品牌塔尖的璀璨明珠。一个中国汉子的思想维度、精神结构变得更为多元和丰富。我曾评价他是中国“西北风”与“东北风”、西方“北美风”与“英伦风”的“文化三明治”，但夹心层仍是中华文明的本体。

“日月欲明，浮云盖之；河水欲清，沙石秽之；人性欲平，嗜欲害之。”[1] 在这个企业与个人品牌“泛滥注水”的互联网时代，不投机、不功利、不取巧成为一种难得的组织品质与个人品格，一丁大概就属于这少数的异类。剑桥大学那种沉厚的学术风范塑造了他的学术风格，这也是他沉迷于剑桥氛围的原因。几十年“行万里路，读万卷书”，胸中有锦绣却不轻易著述。我们俩有过若干回咖啡长谈，他有很多独特而系统的思想见解。比如，对数字化时代、人工智能时代与“Z 世代”消费者群体的“十字架式交叉现象”及未来品牌的演化趋势，他的观点是：品牌是一个时刻进化的活体。智能化时代标志着传统品牌和品牌战略的终结。我们也许将进入一个“人人皆品牌”的人生数字化和游戏化的全新时代。

五十而立，前 22 年在中国，后 28 年在美国和英国，并在美国、欧洲、澳大利亚、阿根廷、巴西等地的若干学府短期授课，也在复旦、上海交大和香港大学兼职授课，他属于标准的“国际人”，但灵魂中跳动的却是“中国心”。过去 10 年，他走访过不少国内企业，包括多次参访华为，为这片热土上每天都在涌动着的诞

---

① 引自《淮南子·齐俗训》。

生与消失、创新与失败的活力现象所鼓舞，所惊叹，但也对诸多中国企业在品牌战略上浮光掠影式的认知、粗放乃至于粗暴的品牌营销方式深为焦虑。他在华为大学的一次座谈中讲道：品牌战略与战略投机，区别在于信仰，在于基于信仰的产品品质。没有品质去谈“体验”“意义”，都近乎商业欺诈。

批评至深，期待至殷。尹一丁教授认为中国品牌正在进入“大航海时代”，这是他在书中对中国企业过去 40 年品牌建设历程的一种形象化描述，更是关于未来的畅想与冀望。我们走过了“狼吞虎咽”的“灰铁时代”“白银时代”“镀金时代”，在许许多多的企业和企业家的经营理念中，“金钱有一点像上帝”，但终究“金钱只是通向最终价值的桥梁，而人是无法栖居在桥上的”。那么，中国企业和企业家的“最终价值”究竟在何方？也许，尹一丁老师的《高势能品牌》这本大作，会给有志于实践和探索、观察和研究此一问题的人们带来诸多启示。

16 一流企业家的“三观”[①]

人大出版社发来《影响美国历史的商业七巨头》书稿，得以先睹为快。

此确属好书。梁启超当年倡导“翻译强国”，提出“国家欲自强，以多译西书为本，学子欲自强，以多读西书为功”，认为翻译西书，引进西学为“强国第一要义”。

百年以降，人们有更多的渠道获取国外各种思想、信息与知识，但多译西书、多读西书的功效仍不可低估。

就本书而言，读完之后，结合现实，有一点感想，与诸位朋友分享。

作者理查德·泰德罗在书中记述了美国黄金时期 7 个生龙活虎的商业巨头，安德鲁·卡内基、亨利·福特、山姆·沃尔顿……几乎每个在中国商界都有广泛的认知度。品读完他们的商业人生，你会由衷感慨：如果美国梦有颜色，那一定是黄金的颜色。美国梦由企业家所支撑，没有企业家的成就，就没有资本主义的创造性和推动力。这些企业家通过自己的奋斗与不凡天赋，在成就自己的同

① 本文是陈为为《影响美国历史的商业七巨头》一书所作序言。

时，也为大众创建了一个更好的世界，他们与美国诸多杰出企业家一起绘就了美国梦的基色。

“七巨头”风采各异，所属产业亦有不同，但在他们与古往今来的一些卓越企业家身上，我们依稀能看到几处稀有却共有的特质。

宇宙观：在时空之中锚定自我

木心说，真正的大人物，都有宇宙观。“无论什么人物都得有个基本的哲学态度，一个以宇宙为对象的思考基础。以此视所有古往今来的大人物，概莫能外。非自宇宙观开始、以宇宙观结束的大人物，我还没见过。否则，都是小人物。”

先秦杂家称，“四方上下曰宇，往古来今曰宙”。宇即空间，宙即时间。

有宇宙观，便是有时空观。有了透彻的时空观，便会依循“第一性”原理，便会逼近事与理、时与空的本原。《大学》中有言，物有本末，事有终始，知所先后，则近道矣。

空间是既定的，它给人带来护卫与安全感，却也带来限定与约束感。家庭、故乡、故土、家园，是空间感的原点，它们让人依恋，却也限制自由，滋生反抗。企业家是天生不安分的人，所以他们要挣脱襁褓，冲决网罗，要破坏，奔走，流浪，飞跃。企业家中鲜有哲人康德一样终生蜗居家乡小镇的人，他们要下海冲浪，在风波与风浪中感受痛苦与刺激，建功立业。

沈从文说，一个战士不是战死沙场，便是回到故乡。企业家的选择是从自己的精神原乡出走，奔赴沙场。

从这个意义上来说，自由意志对于既定空间的反抗带来了熊彼特所说的“颠覆性创新”，空间感的自觉让企业家借由自建的商业帝国创建出一个新的物理世界与精神家园。

而时间感给人带来生命感，充沛的生命感又会激发崇高的使命感。时间永远在流逝，逝者如斯，不舍昼夜。如何在时间的长河里留下身影印迹而非默默沉寂水底？这是每个有志者对自我的拷问。在生命的某个阶段，一旦使命觉醒，如神灵附体，他们便从此开始了颠沛流离而又喜不自胜的新生。

泰德罗在书中用了不少词句来描述这些自视不凡、雄心勃勃的主人公的使命感。

福特的使命是造一辆普通人的汽车，伊士曼为柯达公司确立的天赋使命，就是“成为世界上最大的摄影器材制造商，否则就会倒闭”。沃森的使命是“将 IBM 打造成信息处理行业的巨人”。

最为典型的当属钢铁大王卡内基，使命感如虫噬心，让他坐立难安。“不管出于什么原因，卡内基内心正在经历着某种波动。和许多成功的商人一样，他既富有深刻的洞察力，又总是自欺欺人。他相信自己无论做什么都会‘极大地推动’一些改变发生。为了满足这种心理需求，他要求自己不要同时追求六种以上不同的商业利益，不论它们会多么成功。从来没有人告诉安德鲁·卡内基要胸怀大志，但那已深入他的骨髓。卡内基明白，要想成为即将到来的时代——钢铁时代的王者，就要调动他所有的资源，即所有智慧、财力、商业关系都必须集中在一个目标上。不管钢铁行业有多么庞大，他都要更强大，这是他完成自己使命的途径，是他平息内心不安的方式。”

丘吉尔说过：“我们大家都是昆虫，不过，我的确认为，我是一只萤火虫。”在浩瀚的夜空下，万物各自生长。正是对发光与飞翔的渴望，让那些创造者脱颖而出。

信仰观：用信仰穿越欲望

大企业家都是用好产品普度众生的人。

在战场上开疆拓土的军事领袖是旧时代的舞台主角，进入现代化、世俗化社会，企业家成了和平年代的英雄，其中一些佼佼者更成为大众偶像，成为世人眼中“神一样的力量”。

福特用T型车造就了轮子上的美国，他逝世之时，与美国最伟大的总统林肯并称；乔布斯用iPhone手机联通了各国人民，他往生之后，收获了古今罕见的全球性的持续哀悼与纪念。这些现象都让泰德罗惊诧，其实可以预想，好戏还在后面——如果马斯克真正实现了带领人类移民火星的狂想，他无疑会被视为当代救世主。

这些企业家为何能收获世俗社会极高的声望与崇仰？恐怕是因为他们能唤醒与激发员工超出想象的潜能，用产品向消费者传递爱与尊重，并极大地拓展世人行动的自由与想象力的边界。

商业是理智与感性的合流。企业家以做出好产品为本分，一流的企业家则向人性的金矿里开掘，以真善美的理念与实物激发共鸣，抚慰人心。在西方社会的语境中，现代科学与技术力有不逮的地方，正需要信仰的光芒带来温暖与指引。如历史哲学家汤因比所言：“如果科学和宗教抓住亲近上帝的机遇，共同致力于理解上帝创造出来的变幻无常的人类心理，不仅理解深层的潜意识，而且把握表面的意识，一旦这种协同努力最终圆满实现了目标，又有望获得什么样的回报呢？回报非常丰厚，因为人类精神生活的源头是潜意识，而不是理智。”萧伯纳也曾断言，宗教是世界上唯一真正的动力。

七八年前，我和一帮企业家去西藏，途中便有感慨：宗教是最好的生意。凡人终究是需要神的，造一尊偶像，垄断解释权，形成完整产业链，金钱便会如不可遏抑的源头活水，持续喷涌。

而最好的生意，其实也有一定的宗教性。最好的企业家，有意无意都在用产品和理念建造一座人间庙宇。打造这座庙宇的人，或许并不被大众顶礼膜拜，但他却用神奇之手描画出了人们的内心所求，并告诉他们：这就是你们心目中的“人间天堂”。美国总统柯立芝曾有名言：美国的事业就是商业。在他看来，商业与宗教大道相通，都是磨炼灵魂的方式，“一个人建起一座工厂就等于建起一座寺庙，在这里工作的人就在这里膜拜神灵”。

电影《大创业家》讲述了雷·布洛克打造麦当劳帝国的传奇历程，很值得一看。雷·布洛克并非企业的创始人，但这个此前在生活中一路碰壁的失败者看到麦当劳兄弟设计的黄金拱门之后，惊喜地发现了“天堂之门”。他对麦当劳兄弟说，在美国，每个小镇都有两样东西：教堂和法院。教堂顶上是十字架，法院顶上是国旗，而麦当劳就是第三个东西，它代表的是美国人的生活方式，它不光提供食物，还盛放人们的精神理想。麦当劳上面不只是一道金拱门，它是一种图腾，宣示你正在走进一个新式的美国教堂。

简而言之，美国很多优秀企业在“文化营销”上大放异彩，为自己的公司和产品注入情感和理念，甚至让它成为一种信仰，这很值得我们的本土企业研究与学习。而真正的学习,不是模仿方法，而是深入商业的底层逻辑与认知内核，找到自己的文化之魂。

从企业家的角度，除了经营业绩，尤其需要找到生意的意义，借以泅渡至人生彼岸，离苦得乐，获得解脱。李善友说，我们原以为当生活条件变好了，有事业、有家庭、有各种便捷的高科技，我们就会快乐，但突然全世界几乎同时发现，我们获得生活的富足之后，必须借由某种虚无缥缈的东西才能活下去，那个东西叫作“意义”。

哲学家叔本华说：生命是一团欲望，不能满足便痛苦，满足了便无聊，人生就在痛苦和无聊之间摇摆。

企业家要穿越人生的摇摆与痛苦，便要找到真正的心灵所寄，以热爱战胜恐惧，以信仰穿越欲望。

劳动观：手上有茧子的人，身上有诚实

儒家文化的一个缺陷便是对于体力劳动的轻视。

《论语》里有樊迟问稼的故事。樊迟向孔子请教如何种庄稼、种蔬菜，孔子都推托说不知，转头还跟人说，樊迟真是个小人啊，懂得礼义忠信，百姓就会归附，哪还用得着自己动手种庄稼蔬菜？

这种袖手旁观的姿态，对于想做事的人尤其是企业家来说，无疑是不可取的。尽管技术日进，时代日新，真正的企业家却需要像老农一样，手不离锄，脚不离地，一直耕种在生意与生活的田间地头。

美国的企业家精神，其实就是清教精神。在信仰的驱使下，企业家拼命赚钱，拼命省钱，劳作不休，以此作为灵魂救赎与荣耀上帝的手段。如果将劳动视为一种美德、一种需要，便自然会有一种现场感与切身感。

学者弗朗西斯·格伦德曾宣称，像美国人一样“工作就是快

乐，劳动就是消遣的那种人，人世间大概再也没有了”，“像食物和衣服对于一个欧洲人来说是至关重要的一样，劳动对于美国人的幸福是至关重要的”。在美国的先贤们看来，劳动是一种非常重要的品格与美德。本杰明·富兰克林说：“一个靠双腿劳作的农夫比一个跪在地上祈祷的绅士更伟大。”杰斐逊也曾说：“人类社会的核心群体是那些身挑肩扛的劳动者，而不是那些穿着光鲜亮丽的靴子骑在马背上的绅士。”

企业家心中有信仰，脚下才有力量。取得一定成功的企业家，身上会被不断贴金，如果企业家不能主动破除自我迷信，深入劳动一线，保持勤劳与自省，就难免会走向自负、僵化与失败。

很多优秀的企业家，终生都保持着一种让人感觉亲切又叹服的人格特色。日本“经营之圣”稻盛和夫相信现场有神灵。他长期置身产品现场，为了做好京瓷产品，甚至抱着产品睡觉；他经常置身员工工作生活现场，参加公司“空巴”酒会，和员工把酒畅谈，凝心聚力；他宣称要心甘情愿做“客户的仆人”，为客户竭尽所能。中国台湾的“经营之神”王永庆强调的则是“切身感”。他是一位卖米起家的商人，别人卖米都是顾客上门来买，买的米还常掺有杂质，他却精心拣米，送米上门，还帮顾客免费清洗米缸。他很快借此胜出，并终生保持勤劳朴实的本色。在有生之年，他每天长跑，从不间断，在“劳其筋骨，苦其心志”中保持敏锐的体感。

“企业家中的企业家”任正非也是如此。他语言朴实，却饱含宏阔格局与深邃思想。功成名就、年事已高的他，经常独自一人出差，拉着皮箱辗转各地。任正非从来不看那些管理大师的著作，在他看来，所谓的现代商业其实和农民种庄稼无异，“管理就是增强土地肥力，多打粮食”。

福特等企业家也有类似的特质。福特坦率又骄傲地把自己定位为农民英雄。他希望自己被当成普通大众、通过辛勤工作赚钱的英雄，而不是来自华尔街、靠资本运作赚钱的精英。他曾经问："你见过有手上长出茧子的人是不诚实的吗？很少。当男人的手上有茧子、女人的手变得粗硬，你应该能肯定，诚实就在他们身上。和那些柔软白嫩的手相比，你更能确定这一点。"

当然，要成就事业，实现自我，不能忽视时代因素。本书中的企业家之所以能完成自己的使命，除了个人的天分与努力，重要的是，他们是在一条激荡向前的河流中行舟。20 世纪无疑是属于美国的世纪，据相关记载，到 20 世纪 60 年代，全球前 200 大公司 70% 的销售额都来自美国公司，全球大约 40% 的经济活动都是由美国企业家发起的。

在这样的背景下，七巨头勇立潮头，劈波斩浪，书写了关于个人与企业命运的传奇，他们是美国梦的代表与缩影。

如今，在 21 世纪的舞台上，中国的故事正在上演。

中国经济的水域并不平静，却从不乏风浪之中的冒险远航者。

沧海横流中，浪奔浪流中，百舸争流中，会诞生多少直挂云帆济沧海的故事？会成就多少同样"影响商业历史"的天之骄子？会书写怎样精彩的"中国梦"？

我们期待，并祝福。

17　企业经营的本质[①]

无须讳言，近年社会舆论有对企业家污名化的现象。

与之相关联，污名化的部分原因正是对企业家概念的泛化。

严格地讲，以各种名目割韭菜的“收割机”，肯定不是企业家；只把企业当成快速“提款机”的投资者，也不是企业家；靠市长而不是市场的红顶商人，也算不得企业家。

风波里的一叶舟

企业家到底是什么？企业家边界的廓清，有助于真正的企业家与企业家精神的浮现。

关于这方面的中西方相关论述很多。服务企业家多年，我对这方面的真切感受，与两首意境相关联的中国古诗有关。

一是宋朝张俞的《蚕妇》：“昨日入城市，归来泪满巾。遍身罗绮者，不是养蚕人。”

“遍身罗绮者，不是养蚕人。”蚕妇进城，发现自己一辈子养

① 本文创作于 2021 年，作者陈为。

蚕，却穿不上丝绸做的衣服，这是劳工阶层的辛酸与哀叹。吟完此句，难免有些黯然神伤。

另一首，也是宋诗，范仲淹的《江上渔者》："江上往来人，但爱鲈鱼美。君看一叶舟，出没风波里。"

吃鱼的人，只知道鱼的鲜美，却想不到打鱼人的操劳辛苦，谁能想及"渔者"要经常在风雨里奔波，在风波里出没。

风波便是风险与波动，冒险与不确定，这就是商人身处的环境及其特质。

消费者体验着舒适精美的产品，却不想为了做出好产品，创业者要在市场的血雨腥风里翻滚，在社会的惊涛骇浪里前行。

《管子》云："其商人通贾，倍道兼行，夜以续日，千里而不远者，利在前也。渔人之入海，海深万仞，就波逆流，乘危百里，宿夜不出者，利在水也。故利之所在，虽千仞之山，无所不上，深源之下，无所不入焉。"

为了赢利，风波是商人阶层的孤独与宿命。

由此入手，所谓企业家，或许可以简单地说，就是善于操舟弄潮，却也不忘与身边人和远方客同舟共济的人；就是锦衣玉食，却也努力让养蚕人能遍身罗绮，让江湖客皆知鲈鱼之美的人。

公元1082年，苏东坡与友人春游遇雨，没有雨具，同行者皆觉狼狈，唯独贬谪中的苏东坡泰然悠游，不以为意。

不一会儿，天就晴了。他挥毫写下一首《定风波》："莫听穿林打叶声，何妨吟啸且徐行。竹杖芒鞋轻胜马，谁怕？一蓑烟雨任平生。料峭春风吹酒醒，微冷，山头斜照却相迎。回首向来萧瑟处，归去，也无风雨也无晴。"

企业家有了这样的心肠与心境，纵然风雨相伴，风波未定，或也能阴晴随心，坦然浮沉。

虽然前行路上，不时有些噪声和杂音，但正如有识之士所示，高层支持企业家、激发企业家精神的主旨其实从未改变。

此前，在正和岛创变者年会的“打胜仗”论坛上，我请宋志平和何志毅两位道行深厚的老师用一句诗词来描述中国企业。

何老师说：“江山代有才人出，各领风骚数百年。”宋会长说：“为有牺牲多壮志，敢教日月换新天。”

都有豪情，也有深意。我想起正和岛微信专栏“何志毅看产业”里，何老师讲中美产业争锋，化用过另一首诗“两岸猿声啼不住，轻舟待过万重山”，颇有感触：“待过”，是还没有过，将来会过。前面还有“万重山”，面对千难万险，怎么办？要有信心。

这么多年来，民营企业一直在曲折中前行，终究由小到大，由弱变强，汇川成海。正如南宋杨万里的《桂源铺》所述：“万山不许一溪奔，拦得溪声日夜喧。到得前头山脚尽，堂堂溪水出前村。”溪流要向前淌，万重山拦着它，溪水喧闹个不停。这个时候，不要着急，不要害怕——到了前面山脚村头的地方，溪流就会一泻而下，一往无前。青山遮不住，毕竟东流去。

这就是民营企业作为中国经济源头活水了不起的活力、生命力和创造力。虽然眼下困难很多，但是我们深信，中国有挡不住的国运，中国民营企业一定有挡不住的未来。

企业经营的“三法”

前一段时间，和一个企业家朋友聊天。

他出身穷苦，20 多岁创业，历尽艰难曲折，曾一度攀升至区域首富。现在放下身段，再次创业，心潮逐浪高，却感觉思路、组织尚未理顺，颇为纠结。

这些年，我看了不少公司，大小、新旧、成败，各类均有。对这个问题，我有些心得：企业经营管理的底层逻辑是相通的。就像手机，不管你安装了什么应用软件，它的操作系统却大致是一样的，无非是安卓或 iOS 系统。

当下和这位朋友畅聊甚欢，他也颇有云开月明之慨。归纳出来，与方家探讨。

关于企业和企业家，中西方的相关专著、论述汗牛充栋。这些年，西风东渐，西方管理大师渐次登场，他们的理论熏染了众多商界与学界中人。于是，不光经济学家，诸多企业家也言必德鲁克、迈克尔·波特。

遗憾的是，在各种概念和理念的轰炸中，一些经营者不是越来越清醒、明晰，反而偏离了客户原点，模糊了经营焦点。

大道至简，要言不烦。企业经营者和管理者需要的不是理论的迷宫、词语的迷雾，而是要回归本质、常识和基本逻辑。

企业经营千辛万苦，然而究其底层逻辑，其实并不复杂，简单地说就是：找到好人才，做出好产品，卖出好价钱。企业是企业家的企业，企业家决定了企业的兴衰成败。如果立足于企业家视角，企业经营的本质或可一言以蔽之：想法，说法和干法。

先说想法。

再伟大的宏图和事业，都是起源于一种心流，一种憧憬，一种冲动。所以，陈春花说，本质上，战略是一个梦想，人生是一种向往。

有人解读《西游记》，西行取经的团队中，为何最厉害的角色是一只猴子？为何一匹白马始终不离不弃？正因为师徒四人和白马可以理解为人性的不同面相，或者一个人成长的不同阶段。这其中，“心猿”与“意马”是最为神通广大的。

企业起源于创始人的一个想法，是这个想法的落地与延续。在企业里面，想法的载体便是使命、愿景和价值观。分别解决的问题是：公司为什么而努力，公司想做成什么样，公司倡导什么、反对什么。

在上一时代，很多企业野蛮生长，个人胆识与资源、时运等因素干系重大，很多企业并不太重视企业文化建设。

但如今，经济发展进入新阶段，好人赚钱时代到来，没有理念引领与价值观驱动的企业很难再做大走远。

企业虽然是利益集团，追求利润，却也是理想集团，需要信仰，需要用共同的追求凝聚人心。在这方面，如何把虚做实，把想法落到实处，是经营者需要仔细思考的命题。

再看说法。

想法解决了意义、目标与原则的问题，说法则有两个内涵。其一，是指公司的叙事系统。其二，则是公司的机制设计。

传播学家麦克卢汉提出了“地球村”的理念，也提出了“媒介即人的延伸”的著名论断。在今日的语境中，公司即媒介，产品即信息。公司的话语和表达系统直接影响着消费者的判断和选择。

更为重要的“说法”则是机制设计，具体而言，是指价值评判原则与分配机制。

德国社会学家韦伯认为，社会分层的决定因素是财富、权力和声望的三位一体。自古以来，中国老百姓都很在意向上面“讨个说法”，其目的或为利益，或为权利，或为名誉，或兼而有之。公司里的各类各级“打工人”，回归人性本原，驱动其奋斗的内在动力也无非是财富、权力和声望，三者各有偏重而已。

因此，一套效率与公平兼顾的合理价值评判与激励机制，是形成有序、有效、有活力组织的关键。好的制度就是凡事都有个说法，让员工服气，通过制度规则，让员工有盼头。让他不管是想要得到声望、利益还是权力都有清晰路径可循可依，从而点燃其心中之火，引燃其工作激情和创造力。

所以，曾打造出两家世界500强企业的宋志平先生经常讲：“没有机制，神仙也做不好企业。有了机制，做好企业也不用神仙。”企业的点火装置就是企业家精神和共享机制。

共富时代，企业尤当以员工物质和精神两方面的“共富”为目标，设计合理机制，凝聚人心，激活组织。

最后是干法。

干法就是怎么干，怎么样实现前面所述的“想法”与“说法”，主要指的就是公司的产品和服务体系的建设与运营。

干法的核心就是围绕用户需求和痛点，做出精美、高效、差异化的产品和服务。如此，在满足用户的同时，其实也是员工成就感的自我满足。

物有本末，事有终始，知所先后，则近道矣。干法要合理，需要逼近事物的原理与本质，从“第一性”出发，找到解决问题的办法。

马斯克创建SpaceX时发现，购买运载火箭的成本高达6500万美元。他由此回到源头思考：“火箭是由什么制成的？航空级铝合金，再加上一些钛、铜和碳纤维。然后我会问自己，这些材料在市场上值多少钱。结果是，这些火箭原材料的成本大约是火箭价格的 2%。”特斯拉发展早期，又遇到电动汽车电池成本高的难题，当时储能电池的价格是每千瓦时 600 美元。他即从第一性原理角度进行思考：电池组到底是由什么材料组成的？这些电池原料的市场价格是多少？电池的组成包括碳、镍、铝和一些聚合物。“如果从伦敦金属交易所购买这些原材料然后组合成电池，需要多少钱？天哪，你会发现每千瓦时只要 80 美元。”

杰出的企业家不是套利者，他们在干法上都有独特性与创新性。

企业家的思考和经营重心，当紧紧围绕“想法，说法，干法”这企业三法来进行。其中一以贯之的是人，企业经营也是人的经营。人的发展，驱动组织的发展。一言以蔽之，企业家当以先进的理念引领人，以有效的机制驱动人，以优质的产品服务人。

企业经营的“三个世界”

企业为什么而存在？

在美国经济学家罗纳德·科斯看来，企业之所以存在，是因为它降低了社会的交易成本。

从成本与资本角度、资源角度、技术角度、产品角度来理解企业，企业的物质基础非常关键。

这是企业经营的基础环境：物理世界。

在这个世界中，企业家即为造物者。万物有灵，产品即人品。企业家终究要以产品说话，他费尽心血造出好物，才能受到市场和客户的欢迎。

做出好产品，是优秀企业家的特质与本分。

作家王小波说，一个人只拥有此生此世是不够的，他还应该拥有诗意的世界。企业犹人，除了物质的、物理的世界，它也有信仰的、想象的、精神的、思想的世界，我称之为意念世界。

按照马克思的理论框架，企业的生产过程实际上就是劳动者运用劳动工具改造劳动对象的过程。这其中，劳动者是最为关键的。没有劳动者的能动性，生产就无从谈起。

从企业主体的角度，除了企业家与员工，企业还有投资者与消费者。在员工、客户、股东三者的关系中，不同的企业各有侧重。长期以来，华尔街偏重股东利益，华为一直强调“以客户为中心”，稻盛和夫则总结京瓷存在的意义是为了全体员工物质和精神两方面的幸福。

不管如何，激发劳动的诗意、审美性和崇高感，激活产品的精神价值、意义价值，是企业的必修课。

商业中，顾客就是上帝。研究上帝、靠近上帝，除了运用人类可贵的理性，潜意识、感性同样必不可缺，甚至更为重要。

我们来看看《历史研究》中对于人类如何努力接近上帝的描述：“人类精神生活的源头是潜意识，而不是理智。潜意识是诗歌、音乐和造型艺术的源泉，灵魂接近上帝的渠道。在这种精神探险的迷人航程中，首要的目标乃是探寻情感活动的机制，因为情感有着不为理性所知的动机。”第二重目标是探求理性真理与直觉真理之间差异的本质，相信两者在各自的领域内都是名副其实的真理。第三个目标是努力发掘构成理性真理和直觉真理基础的普遍真理。最后，通过努力发掘精神世界的内核，更全面直接地认识“内心深处的居民：上帝”。

好的企业家也会是人性大师、艺术家与布道者，他们激发了员工的潜能，又给消费者传递爱、美与尊重，唤醒他们身上沉睡的一部分，从而得到他们的拥戴与共鸣。

乔布斯在大洋彼岸从口袋里掏出新款的 iPhone，此地的年轻人不惜“卖肾”以求，这就是极致商业的魔力。产品还没上手，却早已走进你的“内心深处”。

在物理世界、意念世界之外，今天的经营者们还要面对一个世界：数智世界。

20 多年前，尼葛洛庞帝写出《数字化生存》一书，揭示“信息的 DNA”正在迅速取代原子而成为人类生活中的基本交换物，这无疑是一个精准的概括与预言。

今天，对于一线城市的年轻人而言，线上生活的时间、价值与存在感，恐怕远超线下世界。对于企业而言，没有上云、没有技术与数据、没有数字化路径与目标的企业，恐怕是没有未来的。数字化、智能化成为商界的分水岭，在这种大分化中，数智化能力正成为横亘在企业家面前的一道“数字鸿沟”。

企业的竞争力，在很大程度上取决于企业家在数智世界的搏杀能力。

这就是当今的企业经营者所面临的环境。他们要在三个世界奔波穿梭：物理世界、意念世界与数智世界。数字化转型标杆企业广联达董事长刁志中亦有类似观察，他说：世界逐渐从原来的“二元世界”进入“意识世界–数字世界–物理世界”的“三元世界”。以数字世界为纽带，人们认识和改造世界的能力大大提升。

这三个世界彼此交错，深度融合，有时需要合三为一，有时又需一分为三。卓越的企业家总是在三个世界的交集中，在科技与人文的交汇点上起舞放歌。

新生代企业家的四大特质

方今之时，大变局之下，一些企业迎难而上，与时俱进，成为时代宠儿、商界骄子；也有一些企业堕入平庸或就此落幕，被未来挡在了大门之外。

1492 年 8 月 3 日，航海家哥伦布受西班牙国王派遣，带着给印度君主和中国皇帝的国书，率领 3 艘帆船，西航出海。经过 70 个昼夜的风波颠沛，10 月 12 日凌晨，他们终于发现了陆地。

直到逝世，哥伦布都以为自己的踏足之地是印度。后人经过考察证明，他抵达的地方不是印度，而是“新大陆”——美洲。

大航海时代，就从这里发端。新航路的开辟，伴随着一种全新的工业文明成为世界经济的主流，西方也就此崛起于世界，雄于地球。

2021 年 6 月，我随正和岛创始人兼首席架构师刘东华先生参加亚布力年会。

作为多年来最受企业家欢迎的论坛，这次活动上最受瞩目的不是浸润论坛多年的商界老炮儿们，而是几个初来乍到的年轻面孔：元气森林的唐彬森、华大基因的尹烨、泡泡玛特的王宁等。他们以新鲜、大胆、犀利的认知和实践，给大家带来冲击与惊喜。

加上此前与我深聊过的喜茶的聂云宸、阿那亚的马寅、小罐茶的杜国楹等，我有种鲜明的感受：分化与进化，正成为当今商界的主题。

他们是一群迥异于前辈经营者的“新商人”，他们及同类所耕耘探索的疆域正是商业的“新大陆”。

这批新大陆上的居民，领域、风格各异，却有几个共同点：

认知水平领先

我曾经和胡润探讨过新老企业家的差异，他说，老一辈企业家胆子大，新一辈企业家胆子大，脑子更大。

与伴随改革开放历程发家崛起的前辈们比较，这一代企业家经历稍显单薄，对于潮流动向与理念世界的探究却更为深入。

一手打造了“文旅神盘”阿那亚的马寅，思想之深不亚于很多学者。在他的书桌上，经管类图书鲜有，我看到的是厚厚一摞人类学、社会学、历史学相关图书。他说，社会学家汪丁丁对自己影响最大。

回归商业本质

外界对这些新形态的公司，往往瞩目于其品牌的蹿红，而这些企业创始人自己最关注的，却往往是产品与服务的质量。

他们普遍信仰“拜用户教”，强调用户洞察与体验。

唐彬森说，传统的饮料，最贵的其实是瓶子。而在元气森林，产品经理的话语权最大。这位喜欢挑战巨头、屡受争议的 80 后，把公司的很多股份给了团队，在研发上也不惜成本，誓要为用户做出真正健康又好喝的饮品。

高扬审美旗帜

设计力是新型公司的价值观与竞争力。

北大校长蔡元培曾倡言“以美育代替宗教”，而在商业新生代看来，颜值即是正义，审美就是宗教。

喜茶被戏称是一家被茶饮耽误了的设计公司，其产品风格熔现代与传统为一炉，广受欢迎。创始人聂云宸以乔布斯为偶像，在这个30岁的年轻人看来，不美的产品是不可原谅的。

注重人文科技

卓越的企业家本就是在科学与人文、技术与艺术的交汇点上起舞。

很多餐饮老板将“文和友”视为同类，文和友创始人文宾却在面试浙江湖畔创业研学中心时，一开口就表明自己是做“文化”的。而美的也正努力撕下家电的标签，换上科技的新装。

新一代创业公司的科技含量与文化含量正在迅猛增长，而很多大树也正在发出生机勃勃的新枝。商汤、柔宇、地平线、科大讯飞、小鹏汽车……或许将来的商业视野里，只存在这两类公司：科技公司与文化公司。

“年年后浪推前浪，江草江花处处鲜。”商业世界的浪奔浪流，是前浪与后浪的融汇弄潮。

虽然，看起来现实中“老头儿更有力量”，但正如毛泽东所说，世界终究属于年轻人，“因为他们贫贱低微，生力旺盛，迷信较少，顾虑少，天不怕、地不怕，敢想敢说敢干”，如果“再对他们加以鼓励，不怕失败，不泼冷水，承认世界主要是他们的，那就会有很多的发明创造”。[①]

---

① 引自《毛泽东文艺论集》（中央文献出版社，2002年）。

企业传播的三重境界

有一位商界前辈论说新媒体的现状，大意是有较好操守的人大概不会选择做新媒体人。我便是从业多年的新媒体老将，操盘正和岛公众号，从 0 到 1，直至成为有近 300 万订阅用户的企业家大号，看完也不由得给他点了个赞。

几年间，亲历新媒体行业勃发兴起，壮大繁盛，地位显明，也眼见一些坏风气愈演愈烈，如梁文道所言，堪称“乌烟瘴气”。

新媒体从业者良莠不齐，泥沙俱下。有的取巧投机，鼓吹民粹主义和狭隘民族主义；有的落井下石，攻击踩踏低谷中的企业和企业家；有的恶意炒作，无限夸张，耸人听闻；有的贩卖焦虑，继之以“毒鸡汤”吸引流量。更有甚者，搬运、散布假科普与伪保健知识，毫不顾忌可能引发的后果……

作为读者，固然应该不断提升自己的判断力和鉴别力，但作为“制假售假”源头的各类自媒体，岂可以推过塞责？

1525 年，54 岁的王阳明在回朋友的信中，写下一段话，慨叹其时圣学良知沉沦，邪说霸术横行。如今看来，这段话用来描画今日的新媒体乱象，也无不当：

“若是者纷纷籍籍，群起角立于天下，又不知其几家，万径千蹊，莫知所适。世之学者，如入百戏之场，欢谑跳踉，骋奇斗巧，献笑争妍者，四面而竞出，前瞻后盼，应接不遑，而耳目眩瞀，精神恍惑，日夜遨游淹息其间，如病狂丧心之人，莫自知其家业之所归。”

到处都是戏精们的浮夸表演与看客们的忘我沉醉，而他们忘了新媒体里“媒体”二字的真意。

自2012年微信推出公众号，国内注册的公众号已有两三千万之多，其中活跃账号就有三四百万。

“正和岛”公众号作为其中一员，忝身财经大号之列。作为它的运营者，我近10年来将全部心力投入其中，常会思考：

我们做新媒体，衡量内容的标准是什么？目标是什么？路径是什么？

行业起起伏伏，从最开始的低调潜行，到两三年前的“风口”，再到现在所谓的“红利期结束”，我经历整个过程，这思考也在持续，最近才开始有了些心得。

王国维论学，三种境界之说广为人知。“古今之成大事业、大学问者，必经过三种之境界：‘昨夜西风凋碧树。独上高楼，望尽天涯路。’此第一境也。‘衣带渐宽终不悔，为伊消得人憔悴。’此第二境也。‘众里寻他千百度，蓦然回首，那人却在，灯火阑珊处。’此第三境也。”

在我看来，比拟于此，新媒体或也有三种境界。

传播力：数据拷问

传播力，关注的是有多少人看。做媒体，总希望自己呈现或表达的事实与观点能有最大的传播度，让更多的人知道。要做到这一点，衡量标准一点不“新”，还是旧的，即看文章本身是否符合新闻的经典“五性”（时新性、接近性、显著性、重要性、趣味性），是否符合传播规律。

相对于传统媒体，以微信公众号为代表的新媒体，一个明显的优势是可以进行“数据拷问”。每一篇文章发出，都可以看到即时的阅读量、转发量、评论数、点赞数；每一个账号也都有明确的关于用户、点击、发稿、爆文和互动方面的数据。

数据最为清晰直观，效果立现。这其中的用户量和“10 万 +”篇目，自然而然便成为大号们共同追逐的核心指标，在某种程度上，它们是传播力的证明。很多新媒体止步于此，没有看到新媒体还有第二种境界的进阶。

影响力：谁写谁看

在这一层次，关注的是什么人写、什么人看。

影响力以传播力为基础，却远不是上面的那些指标、数据可以衡量的，它更看重的是作者和读者的质量。

仅从广告这一指标来看，有的“大号”或营销号虚假繁荣，流量惊人，市场却并不会给予足够认可；有的公众号貌不惊人，但受众聚焦、精准，便能做到广告价格坚挺、奇崛，这便是读者群体的质量在起作用。而重量级的作者，也能够助力新媒体超越同行间的同质化竞争，实现影响力跃升。

在我看来，拥有分量重的作者和读者，二者必居其一，最好兼具，才能确立真正的影响力。

创业者罗永浩如今低下了高傲的头颅，一心营商还债，当年牛博网的用户却都会记住他那时作为一个媒体人的高光。他创立的牛博网无疑是当时的一座媒体高峰，其最大的特色便是搜罗了一批言论方面的厉害人物来做专栏作者。《人民日报》旗下的“侠客岛”公众号则是因为高层领导明言自己经常阅览而名满天下。

几年前开始，我们也陆续邀请到一些名家、高人在“正和岛”公众号上开辟专栏。在不断增加公众号原创内容比例的同时，提高内容的质量与分量。

譬如，2018年我们所编发的王志纲专栏文章《邓公的遗产》一文，便是当年评述邓公的文章中最有影响力的一篇。作者王志纲先生后来与我交流时说，文章点击量过百万他固然欣慰，但他更高兴的是这篇文章得以上达“天听”，有多位高层人士看到了这篇文章并给他不少反馈与鼓励。今年他去某省会城市交流时，该地市委书记也专门提到这篇文章，并对他说：“我们都是邓公的受益者啊，看了《邓公的遗产》，心有戚戚焉，感觉有强烈的共鸣。”

除了政界人物，我们还通过不同形式确认过马云、张瑞敏、郭广昌、冯仑等重要的商界决策者都是我们的读者。

根据初步统计，在“正和岛”公众号目前近300万订阅用户中，各种层级的政商决策者占了60%以上。通过有影响力的作者，影响有影响力的读者，这是正和岛新媒体的影响力之源，也是我们媒体团队和合作伙伴、品牌客户重要的动力之源。

变革力：引领变化

在影响力之外，新媒体还有更高层面的追求：变革力。这一境界关注的是要达到什么目标。小而言之，在商业上，推动转化变现。大而言之，在社会层面，激浊扬清，引人向善向上。

第一流的传播家，其实往往并不限于媒体这一行。马克思、陈独秀、李大钊、毛泽东、周恩来等革命家，无不是媒体人出身，有过办报刊经历。因为他们不仅精于文辞，善于传播，更善于以文载道，通过传播推动现实世界的改造与建设。

马克思有名言，哲学家们只是用不同的方式解释世界，而问题在于改变世界。王阳明说：“精于文词而不精于道，其精僻也。夫道广矣、大矣，文词技能于是乎出，而以文词技能为者，去道远矣。”

真正的媒体，也应该是良知媒体，它们追求的是利益、清净世道人心，而不是染污、扰乱世道人心。真正的新媒体人，他们的追求不止于表面的“客观中立理性”，不止于做现实的一面镜子，而是要做燃灯者，做“介入的旁观者”，致力于传播真、善、美，并推动这个世界向着真、善、美的方向发展。

反例则是滥用话语权，蛊惑人心，长乱导奸。前些时候的香港风波中，《苹果日报》等媒体便起了很不光彩的作用，让人不齿。

传播力、影响力和变革力，这三种境界相辅相成，又不断递进。有趣的是，新媒体的“三境界”之说，在中西语境中，都可以找到相应校验。

美国学者 M. H. 艾布拉姆斯在其《镜与灯——浪漫主义文论及批评传统》一书中提出，文学的四要素是文本、作者、读者、世界。

其实，新媒体也大概如此。这里的“文本”对应的便是文章的传播力，“作者”和“读者”对应的便是媒体的影响力，而“世界”对应的便是言论对于现实的变革力。

中国明朝的《呻吟语》曾将人的资质分为三类：聪明才辩是第三等资质，磊落豪雄是第二等资质，深沉厚重是第一等资质。以这个维度来看新媒体人，也同样合适。

精于文辞，做好传播，有聪明才辩足矣。但这只是基础，是第一种境界。要获得高层次的作者和读者，则须磊落豪雄不可，这便需要媒体运营者超越文辞，实现“诚于己，信于人”的进阶。而变革与建设难度最大，要引领变化，化育人心，断非深沉厚重之人不可也，这才是新媒体人的终极追求。

“任重道远，士不可以不弘毅。”与团队伙伴自勉，与业界同人共勉。

18 警钟：慎言海外大并购[①]

在全球经济危机的大背景下，国内近期出现了声浪越来越高的关于中国企业走出去的呼声，甚至不乏更热切的舆论，认为此时正是中国企业海外大并购的最佳时期。果真如此吗？以中国企业整体短短二三十年的成长历程而言，"走出去"仍然充满了陷阱，中国企业更没有实力发起一轮金融危机之下的"中国大收购"，需要做的仍然是"韬光养晦"，练好内功。

走出去、海外大收购不只是进行多少亿美元初始投资的问题。中国企业在治理层面的欠缺、不同文化的对接等等，都会使走出去

① 本文最早发表于2009年3月9日的《第一财经日报》，署名"骥强"。2008年从美国发端的全球金融危机，使得国内一些学者、企业家和政府官员产生一种误判，认为这是中国企业"走出去"的难得机遇，也是进行海外大并购的最佳期。在一片盲目乐观和躁进的氛围中，作者田涛撰文警示：慎言海外大并购。作者以TCL并购法国汤姆逊、上汽集团并购韩国双龙汽车、日本20世纪80年代对美国企业的大并购浪潮为反例，以华为的国际化历程为样本，明确提出，拔苗助长式的"走出去"，尤其是"蛇吞象"式的海外并购，只会使企业陷入无法挣脱的困境。10多年过去了，作者当年的警言性观点大多成为现实。本文并非一概否定"走出去"和海外并购，而是认为，无论是前者还是后者，都必须基于企业自身的理性选择和缜密论证的方略，不能依赖粗疏盲目的想象和运动式手段。作者特别指出：中国要格外珍惜30年市场化改革所积累的国民财富。

的道路布满悬疑。虽然也有走出去较为成功的企业，但更大层面上，中国很多企业走出去多以失败告终，或仍然处于艰难的探索和挣扎中。尤其是，近年中国企业发起的多起大型并购，比如TCL并购法国汤姆逊、上汽并购韩国双龙汽车，都遭遇到了所在国法律制度、文化层面的强烈冲突（特别是强大的工会力量），最终因为人才、治理结构与治企理念、文化等方面的整合问题而遭遇失败。

中国要珍惜30年市场化改革所积累的国民财富。以并购为例，国际金融危机虽然表面上可能减少了我国企业实施并购的直接成本，但并购背后的管理整合、人才整合、制度整合、文化整合等所构成的隐性成本并没有减小，甚至增加了，而这些整合都关系着整个并购的成败。如果没有这些隐性成本领域的整合能力，对于中国企业来说，所谓收购初始的低成本乃至零成本也是陷阱。

现在，很多政府官员、国有和民营企业家乐观预期，金融危机给了中国进入世界产业链分工高端的难得机遇，这种认识很可能高估了金融危机对西方实体经济、产业层面的冲击。尤其是试图以并购的方式实现国际产业分工跳跃式升级的观点，忽略了在产业并购背后的系统性整合所需要的单个企业能力以及我们国家目前的综合承担力，而这种认识上的忽略可能给中国企业带来致命的危险。

关于“走出去”的两个认识误区

有两个误区，让很多企业家包括一些学者和官员，以为“走出去”是当下的大势所趋。

第一个误区，是为了全球化而全球化，似乎不贴上“走出去”的标签，就不是大的国际化企业。

中国市场本身就是全球化大市场的一部分，当全球企业近 10 年都在聚焦 13 亿人口的中国大市场时，实际上中国市场已经成为群雄逐鹿的主战场之一。在中国市场的竞争，本身就是面对全球市场和全球行业竞争者的角逐。从这个意义上讲，我们各个行业稍具规模的企业，都已经无时无刻不在面对国际化了。

第二个更大的误区，是一些企业家被一种伟大的梦想牵引，希望在更短的时间内造就世界一流企业，在这种个人梦想的背后，是企业的长期发展战略的“拔苗助长”，这显然缺乏足够的耐心。我们不能以梦想代替决策。

中国的改革开放史仅有 30 年，我们很多企业大都只有二十几年、十几年甚至更短的历史，绝大多数企业家目前还只是创始的第一代。企业不仅在自身产品、产业层面还不具备世界范围的竞争力，更重要的是，在管理经验、流程、资本、人才、制度、文化等更多层面上，不具备海外扩张的综合本领。“拔苗助长”式地走出去，尤其“蛇吞象”式地海外并购，只会使企业陷入无法自拔的困境。

客观意义上，企业要不要走出去，应该完全立足于企业自身对市场的研判。很多小的国家和地区，比如瑞典、丹麦等北欧四国，韩国和中国台湾地区，制造业企业到了一定规模以后，其使命只能是走出去，这是迫不得已的，但中国不同。中国市场是全球企业都觊觎的大市场，对本土市场深度与广度的开拓和认识是否已经足够，是评价企业是否要走出去的最重要标准。发展中的中国企业，万不可有太多的目标诉求，在没有准备好的时候就贸然承担国家的、民族的，以及企业家个人太多的梦想，这显然太重了。走出去是一种市场化选择。

“走出去”的路径与方略

企业要不要走出去，要不要实施海外并购，没有统一的答案。对市场的研判，是企业和企业家要不要走出去的唯一标准。当一个企业决定要走出去的时候，选择走出去的路径和方略至关重要。

华为可以说是目前中国国际化程度最高的企业之一，2008 年华为全球销售额达到 233 亿美元，国际市场收入所占比例超过 60%。实际上，华为在 10 年前就意识到，随着中国通信产业的高速发展，中国市场的饱和迟早会到来，只有在全球市场的成功，才能为华为未来的永续发展奠定基础。

屡战屡败，屡败屡战，从几十万美元的合同到几十亿美元的合同，华为经历了 10 多年从惨淡到辉煌的极其艰难的过程。如果加以梳理的话，以下的经验与教训似乎对中国企业走出去有一定的借鉴意义。

第一，产品扩散优先于所有权层面的并购。

华为海外市场拓展已达 10 年以上，但至今也没有做行业上的大规模并购，其背后即是华为的决策层充分认识到了国际并购的艰难。华为抵御住了很多海外并购的巨大诱惑。所以，华为在高速发展的同时，依然“元气充沛”。

第二，走“农村包围城市”的海外市场拓展路线。

华为的海外第一单合同是从俄罗斯开始的，当时的俄罗斯正处于市场转型的初期。由此发端，华为的市场战略从俄罗斯，到非洲，到东南亚，到中东，到欧洲，到日本，再到今天北美市场的攻坚，一步一步走了一条所谓的从非主流市场、新兴市场到主流市场、成熟市场的从外围到中心市场之路。

第三，以与竞争对手合作、结盟的新思维，替代你死我活的竞争策略。

捆绑式销售、产品互补、专利互换等越来越成为跨国企业之间新的合作与竞争方式，今天的华为，已经融入这些新的合作竞争格局。这里面的前提是，摒弃你死我活、非敌即友的传统竞争思维；与之相关更重要的是，企业想融入跨国企业合作竞争的俱乐部，没有相当的底气是实现不了的。思科曾经起诉华为，以诉讼和解告终，这即是华为的底气；据媒体报道，2008 年全球企业申请专利数华为居第四位。

第四，并购是一种风险极高的选择，但有些并购也是国家和企业必须选择的。

中国绝大多数企业的高速发展是在缺乏完整价值链支撑的基础上发生的。比如研发投入过少，导致产品技术含量低，企业的发展后劲普遍不足。为了弥补价值链的缺失，有必要在经济危机期开展对纯粹技术类、研发型企业的并购。一般来说，这类企业的特点多为经济高温期投入了高额资本、人才密集、技术成果集中，但技术转化的市场化程度低，而且企业规模不大，并购之后的整合相对容易。另外，从我国的长期发展来说，中国加强能源、资源类并购也是必需的，这类产业的管理也较为粗放，容易整合。

不过除开技术类、能源资源类企业，以中国企业现有的整合力来说，越是强调流程管理和精细化管理的行业，整合难度越大，越不能轻易染指并购，尤其是金融业、制造业等领域。

总之，并购的风险远远大于其他的走出去策略。根据麦肯锡的研究，过去 20 年全球大型的企业兼并案中，取得预期效果的比例低于 50%。具体到中国，有 67% 的海外收购不成功。海外收购的目的，比如获得先进的技术，大多都没能实现。

“走出去”的准备

企业要想成功地走出去，至少要有以下三个层面的准备。

其一，走出去是一种主动选择，主动选择的前提是企业家对市场未来的先知先觉。

只有在企业处在行业高毛利率时期，才有对外扩张、承担和消化走出去成本的财务能力。如果企业处在毛利率从高到低的时期，进行海外扩张，企业本身面临的竞争压力就大，将没有足够的财务能力去面对巨大的直接和潜在成本。

在毛利率转低的时期走出去，实际上是一种被动的走出去。可以发现，TCL 进入越南、进入欧洲，以及联想对外大举并购，都是在毛利率走低的时期，内外竞争压力巨大，最后都很难摆脱被动的局面。

其二，需要企业管理流程的再造，以适应走出去的国际化接轨，以及在国际化的流程上广泛吸纳和储备人才。

在中国特色的改革开放大背景下成长起来的中国企业，管理上大都有浓厚的人治色彩，与西方发达国家的企业相比，我们的企业普遍存在制度缺失、决策机制不完善、流程混乱等突出问题。华为公司在与外国企业进行国内市场的竞争时，就已经充分意识到内部流程管理是华为与跨国企业竞争的最大软肋，为此华为以数亿美元的高额代价，聘请 IBM 咨询管理公司对华为进行流程的全面再造。这为华为的全球发展打下了坚实的基础。

其三是要有对走出去目标国的制度、法律、劳资关系、历史、文化的充分研判。

上汽并购双龙的教训显得极为深刻。上汽实施海外收购的目的是尝试构筑全球经营体系，以及吸收双龙在 SUV（运动型多用途汽车）以及柴油发动机等领域的技术，提高核心竞争力。但事与愿违，在进入双龙后，上汽才真正地感受到中韩企业文化的沟壑有多深，尤其是韩国工会之强势。

关于“走出去”的几点警示

第一，政府主导还是企业自主选择？

从国内外企业并购成败的事实得出的唯一结论只能是：要不要走出去，只能由企业自身根据市场的变化去判断。企业家和企业面对的市场环境，充满了巨大的风险和不确定性，所以，政府的作用就是制定清晰的游戏规则，为企业的发展护航，为企业减负，使企业能轻装出航。

第二，所谓的“时不我待”，只看到了时间（全球金融危机期）带来的可能的机会点，却忽略了“空间”蕴含的巨大风险。在面对发达资本主义国家的制度、文化、习俗、历史、资本创新工具等方面的时候，我们的企业是否有融合和驾驭的基本能力？低成本乃至零成本收购背后最大的黑洞却是看不见的软成本。

第三，警惕国际市场上的资本掮客。

两万亿美元的外汇储备，是一个巨大的资本诱惑。为利而来、逐利而去，是国内外资本掮客的本能。我们的企业和政府对此要有充分的警觉。

第四，国际并购史一再证明，蛇吞象常常会被噎死，象吞蛇有可能被毒死，双象结姻离者多、合者少，更何况跨国并购呢？

第五，守住寂寞，练好内功，做百年老店，是中国第一代企业家必须承担的责任。任何冒进与躁动，都可能使一个企业几十年的辉煌灰飞烟灭。

马克斯·韦伯曾说，财富的贪欲确实是企业家的最大敌人，只有超乎寻常的坚强性格，才能使这样一个新型的企业家不至于丧失适度的自我控制，才能使他免遭道德上和经济上的毁灭。

日本曾经的教训：慎言并购

目前中国市场上出现的海外大收购舆论，与20世纪80年代后期日本企业的大肆海外收购有很多相似之处，但日本那一轮大收购并没有成功。

20世纪80年代是日本经济腾飞并奠定地位的时期，日元货币的大幅升值更让日资开始在全球寻找收购机会，在1985—1990年期间，由日本发起的超过500亿日元的海外并购达到21起，这包括收购洛克菲勒中心和卵石滩高尔夫球场等地产项目，以及收购哥伦比亚电影公司、加州联合银行、MCA唱片公司、火石轮胎等企业。但这些收购大部分都给日本企业带来了巨大压力，它们最后亏损退出。

其实如果比较一下当时的日本和当下的中国，我们看到很多中国企业在技术能力、生产效率、企业管理、人才储备等很多方面，整体竞争力都不及当年的日本企业。中国企业的成长还有很长的路要走。

第三篇

历史启示录：以理念之火引领未来

19 人类历史演进中的四个苹果[①]

这篇口述整理的文字稿，严格来说，是一篇读书分享，是在对多部西方经典著作进行阅读之后关于人性管理、科学发现与技术创新的非系统性思考。“四个苹果”是一条思考线，但所涉猎的内容显然不止于此。

苹果在西方文化中，是极富象征寓意的。从伊甸园的苹果，到牛顿的苹果，到图灵的苹果，再到乔布斯的苹果，这中间似乎有一根很神秘的文化链条，一种很神秘的文明暗示。[②]

读者在翻阅本文时，勿将其与严谨的学术文章并列，文中的一些观点多属于灵感性的联想，而非断论，读者能从中得出一点思辨性启示或质疑即可，这即是我一直倡导的开放式阅读。同时，如有兴趣，读者也可以翻阅我的另一篇读书讲座整理稿：《从神圣

① 本文 2021 年刊于正和岛《决策参考》，作者田涛。

② 苹果在西方诗歌、小说、电影以及宗教作品中的描述非常之多，被赋予了复杂的哲学含义和情感元素，是西方文化的核心意象之一。本文关于“四个苹果的联想”并无任何创新性，仅是围绕此一线索，从人性管理和科技创新的维度进行一些发散性讨论，严格来说，此文是一篇阅读分享。

使命到世俗动机——科技创新的使命与动机漫论》[1]。这应该是本文的姐妹篇。我的另一篇阅读访谈是关于咖啡的，讲的是咖啡的历史，从咖啡与宗教的互动历史中，探讨科学技术发展的片段史，以及背后的文明演化轨迹、哲学因素、人性逻辑与组织逻辑。它与前两篇构成了一个体系，但尚未整理出来。

本文在访谈整理稿的基础上进行了大量修改。

人性悖论与管理悖论：欲望的激发与控制

上帝设计的故事：亚当偷吃禁果

我读《圣经》有几十年的历史了，过去都是断断续续地翻一下，总觉得它很啰唆，都是车轱辘话，看不下去。但这十多年，我在系统探讨企业管理背后的人性逻辑这一命题时，回头再读《圣经》，从人性管理和组织管理的视角读《圣经》，才感觉意味无穷，并且自认为它是迄今为止最伟大的一部博大精深的管理学巨著，当今西方全部管理学成就都无法与之比肩。我不是基督徒，我是从企业管理的角度去探讨和研究《圣经》的。在这里重点探讨一下旧约中的几章，《创世记》、《出埃及记》和《撒母耳记·上》、《撒母耳记·下》。

首先我要讲一句“离经叛道”的话：倘若我们真的认为上帝是一种确定存在的话，那么，就必然面对一个无法绕过的悖论：上帝悖论。耶和华是全能全知的主吗？真的是吗？如果是，他怎么不能预知蛇对夏娃的诱惑？怎么能够允许夏娃的“枕边风”和亚当

① 参见《我们为什么要做企业家》（中信出版社，2020 年）。

的“耳朵软”？怎么不在悲剧发生前以大能之手阻止悲剧的发生？换个角度进行推演：他的确是全知全能的万物主宰者，他知道这一切，但他有意不去阻止，顺水推舟甚至乐见悲剧的发生和演变。或者，他正是整个事件背后的推手——万能的推手。

大胆假设一下：亚当和夏娃被蛇诱惑这一“人类第一大事件”也许是上帝设计的一个伟大的故事脚本。

这样的逻辑演绎有没有点合理性呢？当然有。我们先从上帝的特质说起。上帝最大的特征是，他不是一个清静无为者，他跟释迦牟尼不同，后者主张的是静定慧，主张彻底的无色无欲，“色即是空，空即是色”，以无为抵抗有为，甚至以不抵抗化有为于无形。《圣经》中的耶和华却相反，是一个喜欢热闹的神，一个无所不在的干预主义者。《圣经》里边几乎所有的重大事件，如《出埃及记》中以色列人一边流浪一边打仗的40年，整个过程都有上帝的介入和参与。上帝在“前五天”先创造光，造空气，造天地万物……然后在第六天造出一个很特殊的角色——人类原型亚当，并赋予亚当一个相当于CEO的角色：“上帝说：我要造人了，照我自己的形象，如同我的模样！我要人做海里的鱼、空中的鸟以及一切牲畜野兽爬虫的主宰！”[①]

但上帝这个“董事长”很潇洒的同时，既不完全放心CEO，也耐不得“高高在上”的寂寞。

亚当代表上帝给万物起名，给植物、动物、山川河流起名，并代表上帝统治万物。但亚当这个CEO也寂寞。上帝很人性化，他从亚当身上取了一根肋骨，变成“肉中之肉”的伴侣夏娃，亚当甚

---

① 《摩西五经》（冯象译注，生活·读书·新知三联书店，2013年）。

喜。然后，上帝让亚当和夏娃守护和打理伊甸园，那是上帝在地球上的第一个与人相关的乌托邦实验园，一个美轮美奂、无欲无求、色彩绚烂、时间静止的“理想国”。而亚当和夏娃则是典型的“富一代”，他们完全有条件、有资格做一对永恒的“躺平主义者”，无须被物质与精神的任何负累挤压。

但是，又一个但是：设计他们的全能的神并不这么想，甚至并不认为伊甸园就是理想国。我们前面讲过，上帝喜欢喧闹，喜欢有声有色，厌恶寡淡和庸常，他不会允许他所创造的对象、他钦定的 CEO 躺平，躺平意味着没有故事，没有戏剧。而且，更重要的是，上帝热爱创造，上帝本身就是一个伟大的创造性劳动者，而且他的劳动都是原创性劳动。上帝说要有光，光便出现了，这是多么富有想象力的创造性劳动！然后，劈开宇宙，划天划地，然后造山川、造河流、造万物，再创造人，每一项工程都极其浩大和艰巨。试想，作为一个伟大的宇宙第一的开创性劳动者，他怎么可能让他亲手创造的人过安安静静、无悲无喜、寡淡无趣的生活呢？不可能的。

这是我的第一层认知，是从人性管理角度关于上帝、关于人类、关于生存意义的第一层思考。我注意到，西方思想史上不少先哲对此有过更深刻和更系统的思辨。

苹果：上帝戏剧的第一道具

上帝的第二特质是什么呢？他是个结构主义者，不仅喜欢热闹，当编剧，而且也经常当导演，在人类的戏剧中设计各种各样的冲突、各种各样的悲欢离合，以及安排角色甲乙丙丁。与此同时，他还是整部戏剧从始至终的主角、头号演员，人类永远是陪衬者。

他喜欢威武雄壮的英雄剧、战争剧，在这样的剧目中，他被称作“万军之帅”，虽然他不直接参与两军对垒，但每到关键时刻，他就出场了，施展雷霆万钧之大能。“耶和华是战神”，而在一般情况下，他会退到幕后或者台下，离开舞台，做一个貌似置身事外的观剧者。

也就是说，人类充满爱恨情仇、竞争与妥协、仇恨与和解、对立与融合、厮杀与拥抱的惊心动魄又花前月下的全部故事，一部伟大与残酷、光荣与丑陋、梦想与绝望的个体和全体的历史剧，背后都是由一个叫作耶和华的虚拟的神编撰的、导演的、设计的、规定的。这样一种历史命定论显然是令人沮丧的，从这层意义上讲，人类只不过是一个被上帝役使的仆人和工具而已，这自然也引出了文艺复兴时代、科学主义时代人类对上帝统治的全面反抗，对自己造出的“天上的主”的全面反抗。一个总是愤怒的、冷酷的、报复性的、全知全能的上帝必然会遭遇反抗。约翰·弥尔顿在《失乐园》中借“叛逆之神”撒旦[①]之口说道：“即使我堕入了地狱，这样的上帝也无法令我敬重！”

我们接着要讨论人类戏剧中的一个道具，一个决定人类全部命运的道具：苹果。上帝创作了人类之剧的上半场，用泥巴捏了一个“木偶剧中人”亚当，又为亚当分配了一个特别的配角夏娃。如果故事到此结束，人类之剧将同一切物种的故事一样，平淡极了，乏味极了。上帝这位超级编剧当然不会让事情就这么铺陈，他在永恒静美的伊甸园中设计了一个道具，并貌似警告、实则暗示和蛊惑两位单纯无比的“童男童女”：园子中其他的果子你们随便吃，但不

---

① 撒旦因反抗上帝的专制权威被打入地狱。

能吃园中央那棵树上的果子啊。什么意思？纯得不能再纯的亚当和夏娃是上帝的“乖孩子”啊，当然不会去吃上帝的“禁果”，这还用提醒吗？戏剧性的转折发生了：一条极其聪明、美丽又狡猾的蛇出场了。如果你坐在上帝剧场的舞台下观剧，哪怕你是5岁的孩子，你也会发问：蛇是自己来的吗？如果不是，那么是谁指使它的？谁是它的幕后主人？我们大可这么推理：蛇也是上帝的造物——“蛇，是耶和华上帝所造的野兽中最聪明的”[①]，蛇的命运蛇做不了主，蛇在历史的舞台上也不过是“上帝之剧”中一个不起眼却极关键的小配角而已，一个上帝的“掮客”而已。

天使与撒旦皆是上帝所造，蛇在弥尔顿的不朽长诗《失乐园》中既是天使的化身，也是撒旦的化身。

蛇的出场使得一场青春剧演化成了一部充满是非善恶的诱惑剧、一部气势磅礴的史诗剧。上帝赢了上半场。

欲望与节制：苹果背后的人性悖论

你看我桌上这个苹果，它的色彩鲜艳饱满，形状也很性感，它在西方文化中象征着欲望和诱惑。但仅此还不够，还得有掮客，有蛇的游说，同时还得有夏娃的“易惑的灵魂”，还得有亚当的“耳朵软”。这是一个环环相扣、密不透风的戏剧结构，但戏剧的诱因则是苹果，苹果是欲望之源，也是欲望的化身。正像我们现在的资本市场，有一大堆的一流二流“掮客”，什么证券分析师、咨询师、会计师、律师、有三寸不烂之舌的推销员，但首先得有人愿意上钩，这比较容易实现，“耳朵软”且欲望强的人满世界都是。关键

① 《摩西五经》（冯象译注，生活·读书·新知三联书店，2013年）。

得有经过反复包装的“鲜艳欲滴”的某一只股票，即某一个极具诱惑力的“园中央的苹果”。

“苹果”有两面性。一面代表着正当的欲望，一面代表着毁灭。欲望是造福人类和促使人类进步的巨大动力，欲望也是摧毁人类的幸福和快乐、束缚人的自由天性的渊薮。

上帝不知道这么浅显的哲理吗？当然知道。要害在于上帝是二元论者，是一个喜欢“玩火”的悖论主义者。你读《论语》，读《道德经》，读中国的四书五经，会发现我们的先贤所创造的哲学或宗教，其主体的思维范式是一元论，所以几千年以来虽有不断的代代阐述，但在同一个体系内被争议、被质疑的情形并不多。基督教的历史、《圣经》的传播过程，却始终伴随着教众们、非教众们就同一个故事、同一段文字的辩论和“打架”。这实在是因为创始编剧者设计的主线、副线、伏线太多，太复杂。

伊甸园的中央有两棵“禁树”，一棵是代表善恶是非的智慧树，另一棵是生命树。吃了生命树的果子，人类就不死了，永生了。冯象先生在《圣诗撷英》中说，色欲坏了乐园。但他又说“恶（欲望）也是神所赐，是神恩与拯救的伦理前提”，这等于是掀了上帝的谜牌：正是上帝释放和激荡了人之欲望，包括人的骄傲与放纵，不然上帝对人类来说就没有存在的价值了。因此之故，上帝最害怕的恰恰是，亚当夏娃吃了生命果，故而极其坚定地“把通往生命之树的路封了”。“假若先吃了生命果，得了永生”[①]，亚当夏娃不死，人类永生不死，对上帝而言，后果是不堪设想的：不死就没有求生的欲望，没有对死亡的忧惧，为什么还要怀揣希望去奋斗？“奋

① 《圣诗撷英》（冯象，生活·读书·新知三联书店，2017 年）。

斗”二字构造了人类全部历史的色彩斑斓与跌宕起伏，造就了人类长篇史剧的创造与毁灭、孤独与幻想，“历史地看，劳动成了人的改造即解放的必要条件”[①]。更重要的是，如果人类不死，为什么还要有信仰？为什么还要倚赖上帝？尼采在《圣经》诞生的几千年后大喊“上帝死了”，其实人类只要吃了生命果，根本就不需要有上帝，或者上帝早就被人类抛弃了，背叛也是上帝赋予人的天性。

这就是上帝至为警惕的地方：永生才是真正的禁果。如得永生，何需智慧？所以，他曾经警告亚当夏娃“只有那善恶智慧之树结的，你不要去吃它。吃了你当天必死”[②]，却在他们吃了禁果之后，未让他们去死，而是罚他们继续“演戏”，在“上帝之剧”中扮演另一种角色：“二人手携手，漫移流浪的脚步，告别伊园，踏

① 《圣诗撷英》（冯象，生活·读书·新知三联书店，2017年）。

② 《失乐园》（约翰·弥尔顿著，朱维之译，人民文学出版社，2019年）。

长诗《失乐园》是欧洲文艺复兴时代的代表性文学作品，情节采自于《圣经》故事，却从头至尾“旧经新解”，甚至“旧经反解”，既深刻表现了神性与人性、正与邪、光明与黑暗的对立与冲突，更深刻地表现了神性的致命缺陷、魔性的两面悖论和人性的高贵与堕落二元并存。企业家们和管理学者如果有兴趣，实在可以将《失乐园》列为人性管理研究、领导力研究的案桌必备参考书，闲暇之余断续阅读。

《失乐园》有两条主线，一条是关于撒旦的故事新编。在弥尔顿的笔下，撒旦曾经是上帝身边的天使长，本可以长袖善舞、优哉游哉地生存于“天上的乐园”，但他却不满于上帝的专制，公然率众揭竿而起，反叛天庭，最后被打入地狱深渊，仍然桀骜不驯。《失乐园》第一、二卷中，撒旦是一个勇敢的挑战者和充满英雄气的领导者，有勇有谋，又有不屈不挠的毅力。但到后面的叙事中，他却一步一步演化成了一个诡计多端、伪善残忍、专断独裁的正邪兼具、以邪为主的反面人物，异化为真正的“魔鬼”。

《失乐园》的第二主线是亚当与夏娃。撒旦反叛上帝失败，转而化成蛇，诱惑夏娃和亚当偷吃禁果。一对天真无邪的恋人被上帝逐出快乐的伊甸园，但他们也从此觉醒了，成为依靠劳动和创造养活自己、滋育子孙后代的“新人类”。亚当在诗中说：“劳动养活自己有什么不好呢？懒惰是更坏的事。”“我将从此出发，饱求知识，满载而归。”但与此同时，曾经两小无猜的亚当和夏娃也开始了无休无止的相互抱怨、相互猜忌、相互伤害的生命史。一部人类的创造史也同样是一部人与人之间、一部分人与另一部分人之间的冲突对抗史。

上他们孤寂的路途"[①]，成为被欲望驱动的"面朝黄土背朝天"的农夫和"织布纺线怀孕生娃"的农妇，一对劳动者、一对自我奋斗者，并且繁衍一代又一代被欲望绑架、被"苹果"蛊惑的劳动者、奋斗者。

无论对上帝还是人类而言，永生是很乏味的故事。上帝这位编剧兼导演最期待的故事情节充满了变数与不确定性，悬念无数，且热闹好看，关键是人类（至少对基督徒而言）也乐于扮演"上帝之剧"中经历生与死的各类角色，以仰赖上帝的一次次救赎，进而死而复活。

奖励与惩戒：苹果的诱惑与腐烂

整部《圣经》故事呈现的都是欲望的释放和欲望的节制这样的悖论哲学。上帝是一位悖论主义者，他通过"苹果"解放了人的欲望，激赏人类对财富的欲望、对权力的欲望、对成就感的欲望。最典型的例子是他对大卫王[②]的奖赏。由于大卫的虔诚，他许诺大卫家族代代为王，代代享受荣华富贵，代代统治以色列人。这些"奖品"都很世俗化，直击人性中那些赤裸裸的欲望。

而上帝自己呢？他不是一个素食主义者，喜欢"血淋淋的祭肉和脂肪的香烟"，那才是"神的心爱"。人类的"第一个杀

---

① 《失乐园》（约翰·弥尔顿著，朱维之译，人民文学出版社，2019 年）。

② 大卫，《圣经》中的著名人物，以色列国的奠基性人物，他的前半生虽然历尽磨难，但他不仅在信念、勇气、智慧、胸襟等方面表现非凡，而且拥有几近完美的英雄特质和领袖人格。然而，在他成为"王者"时，他的品格开始变质，逐渐成为上帝眼中的"堕落者"，成为一个在权力的巅峰被欲望腐蚀了的不完美的领导者。大卫的故事详见《圣经·撒母耳记》。

手”该隐为什么杀弟？[1] 完全是由于上帝拒绝农夫该隐献祭的土特产，悦纳牧人亚伯宰献的肥羊，而导致了该隐的嫉妒。

上帝也喜欢奢华和排场，喜欢权柄，喜欢被万民歌颂。这些都是人类的欲望，也是上帝的欲望。

然而，鲜艳的苹果会腐烂，会朽坏。人的欲望随着时间的推移和空间的演化，会走向无度，走向无节制的泛滥，这当然也是上帝所不乐见的，所痛恨和厌弃的。而且一味地沿着欲望之河溃烂下去，这样的“人类之剧”对上帝而言，是一眼就可看出结局的烂剧。我们一定要记住：上帝是个悖论主义者。正因此，才有了“大卫之赏”与“大卫之罚”的又一出“上帝之剧”。

大卫王堪称一位伟大的贤王，但在他到达权力的巅峰时，“苹果熟透了”，也开始腐烂了。将士们在前方打仗，他闲得无聊开始心猿意马，结果在王宫的阳台上瞥见了一位漂亮的女子在另一座民宅的阳台裸浴，于是这一瞥让他起了邪念，之后诱惑女子并与之通奸。更色令智昏的是，为了长期霸占女子，他设计让女人的丈夫再赴战场而死去。大卫的堕落是瞬时的堕落还是量变的积累？或者这也许是上帝对大卫的考验，大卫经不起考验？或者这整出剧又是上帝精心导演的“欲望之悲歌”？从而以此警醒“套中人”：人啊，伟大和丑陋是多么容易转换啊！

上帝许诺大卫家族“世世代代荣华富贵，世世代代为王”，这是“大卫之赏”；但大卫在一瞥一念的大堕落之后，遭遇了纷至沓来的惩罚，悔之亦晚，这是“大卫之罚”。而上帝也守诺，在大卫死后，让他的儿子所罗门继承王位，后者缔造了以色列国前所未有、

① 《圣诗撷英》（冯象，生活·读书·新知三联书店，2017 年）。

后无来者的大繁华时代。

“城市是军队的敌人，是英雄的敌人”，大卫王成于荒原的征战，毁于耶路撒冷的“灯红酒绿与温柔富贵城”，所罗门王更是。正是这位“城中之王”“最智慧的王”，继任王位之后大兴土木，大建宫殿，生活奢靡无度，日日豪宴，大宴宾朋，而且天天写诗。所罗门娶了 900 多个嫔妃，最少给每一位妃子写过一首诗。很显然，他的欲望之火燃烧过头了，到了悖论主义者上帝所无法容忍的程度。于是，上帝的大惩罚降临了，所罗门死后，以色列国急剧衰落，并且走向了分裂。

欲望是需要被认可、被尊重和被激发的，但欲望也是要被节制的。

上帝忽略了熵增定律：美丽的苹果会烂掉

人类的欲望来自一个苹果和一条蛇。问题在于，苹果是上帝种的，蛇大概率是上帝派遣的。无论是上帝指使蛇去考验人类，还是这本来就是上帝的“剧本之眼”，总之，人类的欲望觉醒了。从人类史看，曾经在地球舞台上“你方唱罢我登场”的人类达 1150 亿之多，其中包括现存的 70 亿人，他们无不是在欲望中怀有梦想（或大或小，或高远或平凡），在欲望中奋斗与挣扎、幻灭与满足的历史过客。假使人类从非洲的远足开始，每一对男女都能记录下自我的生命史，6 万年下来，当史学家、哲学家翻阅这无比浩瀚的人类史卷时，一定会无比感慨：所谓个体的、群体的生命史，翻来覆去不过是一连串的欲望史。这倒罢了，关键是，无论是个体的多数还是绝大多数的群体，随着时间的演进，欲望开始如小流小溪，到生命的中场如大江大河，到下半场则像大海般肆意汹涌。

我们还是讨论“上帝的苹果”与人类欲望的悖论吧。一开始是青苹果，欲望是青涩的、节制的；接着是鲜艳而饱满的苹果，欲望是成熟和奔放的；最后是溃烂的苹果，欲望跨过了临界值，一发不可收地走向腐烂……这就是令人绝望的热力学第二定律，即熵增定律。上帝要么忽略了或者不懂这一生命铁律，要么这个残酷的铁律本来就是上帝规定的。总之，上帝在踩高跷，在玩火，人成了上帝进行欲望的张扬与欲望的节制的实验品。上帝设计中的人类应该像一支完美的军队——向前向前向前，停步停步停步，在行与止的两极间有序摆荡。

然而，上帝的实验在“上帝之剧”的上半场就出现了悖论的失衡：双弦失序。欲望之弦越来越强，秩序之弦越来越弱。欲望之弦一旦脱序，欲望的轰鸣声就指数级扩张。于是，就有了“上帝之子”亚伯拉罕的部分堕落[①]、以撒的部分堕落[②]，大卫王和所罗门的堕落，“上帝选民”的普遍堕落……于是就有了上帝的大惩罚，瘟疫与地震、洪水与战争，于是也有了上帝的拯救——挪

---

① 亚伯拉罕，《圣经》中的著名人物，在犹太教、伊斯兰教、基督教中被称为“信心之父”。亚伯拉罕在75岁时受到耶和华的拣选和召唤，抛弃纸醉金迷、富甲一方的生活，移居到蛮荒之地迦南，从此他的子子孙孙成为上帝荣宠的选民。但是，这位“神的仆人”“神的先知”“神的朋友”“犹太人之父”“阿拉伯人之父”在人格与道德伦理方面也并不完满，比如，为求个人之生存，两度出卖他的妻子等。

《圣经》对管理学最重要的启示之一是：万事万物皆有缺陷，没有完美的人，没有完美的领导者。人天生皆有天使与魔鬼的两面性，只要是人，就有可能走向败坏堕落，也有可能实现人格与灵魂再生，即由“坏人”向“好人”转化，或由“好人”向“坏人”转变。

② 以撒，亚伯拉罕之子。亚伯拉罕听从上帝的旨意，将亲生儿子以撒献作祭物，以撒时年25岁，完全有能力抗拒父亲的行为，他非但不予反抗，而且心甘情愿顺伏于祭坛之上。事实上，这是上帝对亚伯拉罕和以撒父子二人的一次“信念大考”，他们通过了上帝的考验。以撒在犹太教和基督教中被称为“信心和顺服的榜样”，但他同样是一个充满缺陷的“上帝之子”，比如出于生存需要，他也不止一次成为一个“撒谎者”。

亚方舟[①]和彩虹立约[②]，还有“摩西十戒”。彩虹立约从某种意义上说，是上帝对人的欲望下行趋势的一种妥协，一种无奈的认可。

凡人皆很难经得起考验，除非是圣人，而圣人罕有；除非拥有伟大的信仰和磐石般的信念，平凡人也可以如圣人一般怀有殉道精神，抵御欲望向下行的方向狂奔。但信仰也会被腐蚀，信念之石也会被风化掉。

不独“伊甸园中央的苹果”，《荷马史诗》中那个“引发女人占有欲的金苹果”，间接引发了著名的特洛伊战争。苹果代表着欲望的两极：一极是爱情，美丽，富贵，希望与自由；一极是罪孽，堕落，野心和计谋。

“苹果之欲”正是人类的悖论之剧，无论是东方剧还是西方剧。然而，无论是西方还是东方，都遭遇了或持续遭遇着悖论的畸形撕裂。

科学与技术的悖论：好奇心救了猫，也害死了猫

复杂的苹果：欲望之果与质疑之果

在我们讲西方文明的第N个苹果，著名的“牛顿苹果”之前，

---

① 挪亚方舟：《创世记》中记载，耶和华见到地上充满邪恶和败坏，便后悔起初造人，并计划用洪水消灭恶人。同时，他也发现，人类中有个叫挪亚的是个“义人”，于是指使挪亚建造一艘方舟，并带着他的妻、子与媳妇。同时，也指使挪亚将牲畜与鸟类等动物带上方舟，且必须包括雌性与雄性。大洪水降临后，陆地上的生物全部死亡，只有挪亚一家人与方舟上的生命得以存活。令上帝绝望的是，人类从来匮于反省。从大毁灭中幸存下来的挪亚家族及其后代，在挪亚一代就开始走向物质腐化与精神败坏。

② 彩虹之约：《创世记》中记载，大洪水后，上帝与挪亚一家（人类）立约，“我与你们立约，凡有血肉的，不再被洪水灭绝，也不再有洪水毁灭地了”，并以虹放在天上的云彩中，对挪亚说，“这就是我与地上一切有血有肉之物立约的记号”，这表明上帝愿与人类共同承担堕落与犯罪的后果。

我们还是先把历史的镜头拉远到牛顿世界的1000多年前：基督教在地中海的传播和在欧洲的演化。一个做了18年木匠的凡人，突然之间成了“上帝之子”，带领忠诚的、怀疑的、背叛的一群人四处传“福音”，最后被罗马人钉在十字架上。于是，他成为“上帝的化身”。于是，他的那些坚定的门徒高举他的旗帜从耶路撒冷走向地中海，走向罗马，走向希腊，走向欧洲大地，以坚韧不拔的意志和一系列的改革举措，实现了基督教的西方化、平民化。但这个“外邦化”“本地化”的过程，不可避免地伴随着“上帝的妥协”，伴随着基督教教义与罗马民主思想、希腊理性精神的激烈碰撞与融合。亚里士多德被称为西方人中“独一无二的哲学家”，“他的哲学的绝大部分已经融入罗马天主教会的宇宙观中”①。

基督教虽然在欧洲站稳了脚跟，并成为西方世界广泛的超国家的宗教形态，但它却从此一直面临着理性主义的挑战。前文我们讨论了“上帝之剧”的第一悖论“欲望的释放与节制”，很显然，上帝低估了潘多拉的盒子。后面我们要讨论的是一个更大的“上帝悖论”：宇宙是上帝创造的吗？宇宙背后真的有一只巨大的“上帝之手”吗？上帝何时创造了宇宙万物，又是以什么方式、用什么工具创造的？现场有合作者吗？有见证者吗？谁是上帝创世的见证者？是摩西吗？是耶稣吗？……这样的疑惑可以提出无数个，并需要哲学的、几何学的、物理学的悖论推演和严密拷问，这就是希腊理性主义伟大的地方，对“上帝之剧”来说，也是最可怕的地方。

宗教的本质是相信，科学的本质是怀疑。当耶稣的门徒们将

---

① 《银河系简史》（蒂莫西·费瑞斯著，张宪润译，湖南科学技术出版社，2011年）。

基督教传播到希腊山时，希腊神殿上的喧哗声就注定了《新约》与《旧约》的差别，注定了后面2000年的基督教“内战”与分裂，注定了这个东方宗教进入了多元冲突的解释体系，也注定了“一千人眼中有一千种《圣经》”的复杂演绎，注定了它的开放性与创造性，也从根本上注定了最终的尴尬：禁欲主义与世俗主义的对抗，前者节节败退；上帝创世说与科学主义的对立，后者日益昌盛；神界对人界的统治，后者日益挣脱前者的桎界，并一路向以人为中心狂奔。

当然，这一切的演进，也全非因为希腊文明元素的侵入，根本上仍在于“上帝之剧”过于宏大。宇宙万物都出自上帝之手，必然会引来质疑，不是希腊人、罗马人、欧洲人，也会有别的人跳出来向上帝抛出疑问：拿证据来！这中间自然也包括吃了伊甸园果子的亚当夏娃们。伊甸园中央的苹果不仅是欲望之果，也是智慧之果。

《创世记》树立了一个靶子，一个“彼岸世界”的靶子，一个永远吸引着拥有好奇心和探究兴趣的哲学箭手、科学箭手们的靶子，1000多年来，他们几乎分成了泾渭分明的两大派，一派是波义耳、牛顿这一类“拥帝派”，一派是爱因斯坦、霍金这一类“怀疑派”。诺贝尔奖获得者杨振宁在回答“有没有上帝”的问题时说：如果说有一个像人一样的上帝，我认为没有；如果说有一个造物者，那我想是有的，因为世界实在是太奇妙了。显然，他属于模棱两可派。《创世记》中讲得明明白白，上帝在第六天按照自己的模样用泥巴捏出了原创的人。

我们必须看到，彼岸意识的缺失和实用理性的思维方式、生活方式是中国科学技术落后于西方的主要根因。

“好奇心害死了猫”，但薛定谔那只总是在不确定性中探究是或否，却永远找不到终极的“是”或“否”的猫，正代表着人类伟大的探索精神、冒险精神。

“砸中”牛顿的苹果，也砸到了“创世”的危房子

我若干次去剑桥大学，或旅游或访学，只要路过三一学院牛顿宿舍的楼下，就一定会驻足片刻，带点虔敬瞅向那株矮小的苹果树，我从未见过它开花，更没见过它结果子。它不过是剑桥人关于“牛顿苹果”与剑桥的一厢情愿而已。真正“砸中”牛顿的那个苹果，据牛顿自己晚年回忆，是在他的老家伍尔索普村门前的那片苹果园。一大片苹果园，满园子的苹果树，树上结满了红苹果绿苹果黄苹果，突然，一只苹果直直地凌空而下，砸到了地上，砸到了地球表面，“砸中”了牛顿那接近于神的脑袋：引力！万有引力！一个支配月球和行星的单一完整的引力理论就这样萌生了。

我 17 岁时在渭河边方圆十几平方公里的苹果园待过一年多，运气偏差：上万棵苹果树和数万个苹果，怎么没能砸到我啊！在剑桥的牛顿数学研究院，建筑外面竖有三座象征性雕像，分别代表直觉、天才和创造力。很显然，“苹果”是为具备这三种思维品质的“上帝之子”准备的，为亚当和牛顿准备的，在牛顿的认知中，亚当才是人类最早和最伟大的科学家。苹果园于我而言，只是让我在青春期写过一些青涩而幼稚的二流诗歌而已。

牛顿相信他是上帝拣选的人，他说“柏拉图是我的朋友，亚里士多德是我的朋友，但我最好的朋友是真理”，岂不知在某种意义上，柏拉图和亚里士多德是上帝的敌人。正是希腊先哲们开创的

思辨的、质疑的、理性化与逻辑化的思维范式，将上帝、将《圣经》、将神造万物的宗教信条变成了“真理的靶心”，变成了四面漏风的“危房子”。牛顿赋予了自身一个几乎不可能实现的使命：在宗教与科学（严格来说是自然哲学）、在《圣经》与自然这两本书之间打开一条通道。他相信在亚当堕落之前，亚当所拥有的自然知识要比堕落的后代广泛和深刻得多。这也是16—17世纪欧洲大陆的流行观点，许多人认为，亚当拥有关于自然及其运作的广博知识。问题出在亚当吃了苹果，蛇诱惑亚当吃了苹果，人类堕落的同时也变得愚昧了。牛顿和他同时代那些精英，就是不愿面对一个隐藏的事实：上帝在亚当的堕落中负有责任。

“牛顿提供了一种万能钥匙，解开了天上和地上所有观察得到的物理运动谜团”[①]，也深刻影响了人类的思维方式与生活方式。严格来说，今天的人们依然生存于牛顿理论的影子之中。在诸多领域，牛顿都留下了自己的成就。在数学和光学的领域，他被尊为鼻祖，而正是这两门学科，奠定了现代科学的根基。另一方面，神学才是他研究和教授生涯中最重要的部分。他自建炼金熔炉，花20年左右的时间研究炼金术。牛顿断定它是灵魂追求的一部分，是通往上帝真理的捷径。牛顿晚年得了严重的精神疾病，据推断和他在炼金实验中接触汞太多，导致汞中毒有关。

“牛顿这冷冰冰的妖怪将宇宙描绘成一部机器，使人愈发觉得科学本质上是机械的”[②]，这与上帝扮演的角色近乎一致：一切都是

① 《从牛顿到霍金：剑桥大学卢卡斯数学教授评传》（凯文·诺克斯、理查德·诺基斯编著，李绍明等译，湖南科学技术出版社，2008年）。

② 同上。

设计好的，都是规定好的，从星系的运行到人类戏剧的每一个人物、每一种人物关系、人物的每一个动作、每一句台词……一切都是在上帝搭建的舞台上展开的。

然而，牛顿和同时代的经院哲学家、自然哲学家始终面临着横亘在前的一道悬题：假如每个“果”都要有个“因”的话，最初那个“因”（初始条件）究竟是什么？或者是谁？是上帝吗？请拿证据出来！

牛顿企图扮演上帝的角色。然而，他的天才不仅表现在他所解决的问题上，“而且表现在他所制造的问题上”，他给上帝制造了更多的麻烦和困境。虽然“牛顿将科学视为一种对上帝的崇拜仪式，但牛顿力学却对基督教传统的上帝信仰产生了负面影响”。难怪他在生命最后的40年完全像换了个人——一个遁世的人物，后来热烈拥抱世俗权势和名望，包括金钱。[①]

凯恩斯说：“牛顿并非理性时代的鼻祖，而是一位末代术士。”凯恩斯忽视了一个细节：牛顿终生喜欢吃苹果。

苹果之魅：伽利略向谁下跪？谁向霍金下跪？为什么？

穿透点说，上帝的困境来自上帝，来自“创世说”和伊甸园中央那个苹果。“上帝创世”是不容置疑的宗教之音，“相信是宗教的灵魂”，信则灵。而“苹果”却打开了欲望的黑盒子，撩动起了人类的好奇心，播下了质疑的种子。读《圣经》，读基督教史，读后世一些基督教论著，你总是会发现：悖论无所不在，选择相信与

① 《从牛顿到霍金：剑桥大学卢卡斯数学教授评传》（凯文·诺克斯、理查德·诺基斯编著，李绍明等译，湖南科学技术出版社，2008年）。

大胆怀疑无所不在，护魅与祛魅无所不在。即使在长达千年的中世纪，所谓的“黑暗时代”却孕育了早期的大学——神学院——“辩经堂”。一些善于形而上思辨的僧侣成了教授，一些思想特异的青年信徒成了学生，他们围绕着堕落与救赎、创世说与伊甸园的果子、上帝是否预知亚当偷吃禁果事件、上帝创世时谁在现场等永恒无解的话题，进行无休无止的诘问、辩论，分裂成了“护经派”“疑经派”两大阵营，后者中又发育了独立于神学的各种自然学派，创立了独立于神学院的各类自然科学研究院。这其中既诞生了牛顿这样的“护经派”天纵英才，通过对宇宙规律、自然规律的研究，来印证上帝创世的绝对正确性，并以此“恢复人类对自然万物的统治”①，也滋养了一些“叛经派”“毁经派”的哲学家和科学家。似乎没有任何宗教体系像基督教这样，历史上出现过那么多向自身堡垒投掷“炸弹”的叛教人物。比如尼采，比如达尔文，他们都曾经是神学院毕业生，是虔诚的基督徒。尼采公然宣示：假如有神，我为什么不是那神！

达尔文从中观和微观的层面动摇了上帝创造万物的“地基”，另一批人，从哥白尼、布鲁诺到伽利略（1564—1642），则从宏观、超宏观的层面摇撼了上帝创世的“天基”，天和地的根基都开始摇晃了。

哥白尼以伟大的天文学家著称，但他的灵感大多来自书本推论，而非星空。牛顿的一大兴趣是观察星辰，甚至为此设计制造了折射望远镜。牛顿出生的前一年，天才天文学家伽利略在软禁中孤独离世，后者也是一位望远镜的设计制造者，他甚至谎称望远镜是

① 《人的堕落与科学的基础》（彼得·哈里森著，张卜天译，商务印书馆，2021 年）。

他发明的。伽利略的一生几乎都是在观察星空中度过的，直到双眼失明的前几个月才停止。他不无自负地说，“天空中每件新鲜事都是我发明的”，“曾经在我手里扩展了1000倍的宇宙，现在已经缩小到我这个臭皮囊中”。[①]

哥白尼学说中众行星环绕太阳的“芭蕾舞”，在伽利略的望远镜中已变得无可置疑。伽利略认为，人类生活在广阔宇宙中的一个哥白尼式太阳系中，并进而断言，银河不过是无数恒星的集结。因是故，他大胆喊出：《圣经》内容必须修改！

结果是必然的：70岁的伽利略被罗马教会判定有罪，并被迫在一家修道院的大厅里下跪，宣誓放弃哥白尼学说。

伽利略说：“只要感官有所不逮，推理就应该介入。”而他在宗教裁判所的下跪，则象征了感官与推理、宗教与科学的冲突，宗教暂时获胜了。很长一段时间，教会成功在地中海地区阻碍了科学的发展，而那些伟大的科学发现大多出现在天主教势力之外的北欧诸国。

347年后，罗马教会为伽利略平反，教皇说：“真正的科学研究绝不会与信仰抵触，因为真理不分世俗和宗教，其来源均是上帝。”[②]但在隔年的1981年，教皇却向一个人，一个被“粉丝”夸张为“最想见的两个人，一个是上帝，一个是你”的人下跪。这个据称智商高达280的“不朽的天才”“仅次于上帝的人”叫霍金。教皇向霍金屈膝下跪，为什么？

---

① 《银河系简史》（蒂莫西·费瑞斯著，张宪润译，湖南科学技术出版社，2011年）。

② 《从牛顿到霍金：剑桥大学卢卡斯数学教授评传》（凯文·诺克斯、理查德·诺基斯编著，李绍明等译，湖南科学技术出版社，2008年）。

苹果之劫：图灵吃下的毒苹果岂止是同性恋惹的祸

霍金是爱因斯坦的崇拜者，爱因斯坦用他的相对论撼动了牛顿的“机械因果论”。牛顿的舞台就是上帝的舞台，主角只有上帝一个，芸芸众生皆是上帝舞台的配角和道具，而爱因斯坦则认为，舞台有无数个，主角也变幻不定，一切皆因时空的演化而变化，所谓永恒尽是幻象。

正如他的相对论一样，爱因斯坦的信仰也一直模糊不清，霍金的信仰也无从得知。我曾多次和霍金的关门弟子、《极简宇宙史》作者克里斯托弗·加尔法德交流，我问过他：霍金信上帝吗？他笑而不语。他自己则是无神论者。霍金在世时有一首歌风靡一时：《E＝mc 霍金》。歌中唱道：“E 代表着精力，那就是我。我是个聪明的科学家，我是厉害的 MC。在你轻视我之前，我已经思考了两个 G。我是混沌之主，我是熵之王。再没人跟我一样，我如宇宙之恒久，我独一无二。”

恐怕没人敢轻视这位“轮椅上的巨人”，他被称为“宇宙大爆炸的先知”，他推演了宇宙的生与宇宙的死，他甚至说：“我们是一群不起眼的生物，生活在一个普通恒星的二流星系上，位于千亿星系中某个外围星系的边缘地带。很难相信会有一个上帝关心甚至仅仅是注意到我们的生存。”[①] 这样的论断对仰赖上帝而存在的教会无疑是毁灭性的。教皇匍匐于霍金脚下，自然不足为奇了。

对罗马教会来说，科学永远是有禁区的。梵蒂冈教皇科学院是教皇在科学问题上的智囊团，会士都是杰出的科学家，很多著名

① 《从牛顿到霍金：剑桥大学卢卡斯数学教授评传》（凯文·诺克斯、理查德·诺基斯编著，李绍明等译，湖南科学技术出版社，2008 年）。

的天文科学家参加过教皇科学院 1981 年举办的关于宇宙大爆炸后的演化问题的讨论，但却被禁止讨论大爆炸本身，因为那是“创造的起点，完全是上帝的工作”。霍金偏偏被隆重邀请参会，而他正是发现大爆炸的那个颠覆上帝创世说的人。

研讨会后，教皇当着在场的众多嘉宾向霍金下跪，这令众人无比震惊。更令科学界和宗教界意外的是，5 年之后，霍金加入了教皇科学院。谁妥协给了谁？英国人根据《时间简史》改编了一部舞台剧：《上帝与霍金》。看来，霍金也并不是《圣经》中所指斥的那一类“硬脖子的人”。

当然，伽利略也不是为科学真理而殉道的硬汉科学家。哥白尼是，布鲁诺是，还有一位特别值得铭记的“硬脖子”科学家，即充满着神秘色彩的艾伦·图灵。

艾伦·图灵被称作“能跟牛顿、法拉第、爱因斯坦平起平坐的人”“一个最复杂也最迷人的科学大师”。[①] 二战时期，图灵曾经作为谍报专家主持发明了一种全新的破译机器，使得盟军每天可以破解德军 3000 条密码。有二战史学家分析，图灵的这一成就至少让二战提前结束了两年，“一个人不亚于一个集团军”。然而，深受基督教伦理影响的英国法庭也间接地提前结束了图灵的生命，他死于 41 岁，死于同性恋之祸，死于法庭判决带给他的屈辱，死于一个含有氰化钾剧毒的苹果！一只鲜艳性感的苹果！

又是苹果惹的祸！

图灵之死，恐怕不仅仅是因为悖逆了建立在基督教伦理之上的保守的英国法律，他的死因留给人类许多悬念，至今众说纷纭。

---

① 《艾伦·图灵传》（安德鲁·霍奇斯著，孙天齐译，湖南科学技术出版社，2012 年）。

图灵被称为“计算机之父”“人工智能之父”。二战结束后，他的天纵之才得到了充分施展，他发明的全新的机械化计算的理念演进成了后来的计算机，在数学、逻辑学和哲学等多个领域，他都有卓越的成就。他曾经宣称，有一天机器能强大到像人一样思考。然而，他却以最极端的方式结束了“英勇、悲剧的一生”。图灵身上集合了自由主义对宗教伦理的反抗，以及科学主义对上帝主宰世界的反抗。

图灵不像牛顿时代的自然哲学家们，他们进行科学研究是为了印证上帝，却最终让上帝陷入“不能自洽”的逻辑困境；他也不像达尔文时代的科学家们，虽然信奉上帝，但也尊崇自然，并最终以对自然脉理的科学解析，走上了否定上帝的道路；他也不像爱因斯坦时代的科学家们，宗教的归宗教，科学的归科学，从而使得科学从此不再为上帝学说所笼罩、所左右，科学研究从“上帝之仆”的角色变成了“科学的命运，数学说了算”，科学家说了算；他也不像孟德尔这样的遗传学家，伪装成“上帝的仆人”以摆脱物质的困顿，却从不相信上帝，而且在“上帝的后花园”不自觉地从事着颠覆上帝的科学探索。艾伦·图灵压根儿既不相信上帝，也不遮掩自己的无神论信仰，数学就是他的上帝和毕生信仰。他是一个“哈姆雷特般的男人”，活在自己的信仰中：机器总有一天会超越人类，并打败上帝。

只不过，图灵早出生了至少50年，他成了“科学宗教”“智能宗教”的先驱者和牺牲者。

苹果之殇：科学主义、消费主义、自由主义时代

一个图灵倒下去，千万个图灵站起来！有人说“达尔文谋杀

了人类的始祖亚当”；也有人说，蛇诱惑亚当吃了苹果，“蛇”同样蛊惑图灵吃了苹果。前者代表着欲望的释放，后者代表禁忌与惩罚，代表着 Stop！ Stop！ Stop！（停止！停止！停止！）

人类正如《圣经》中的雅各[①]一样，一轮又一轮地与上帝不停歇地角力，一代复一代地与上帝掰手腕，在两极悖论中冲撞与妥协，顺服与对抗。在“上帝之剧”的上半场，上帝赢了；中场，以平局合上了大幕，图灵的“苹果悲剧”代表古典禁忌的胜利，也是人类中心主义的发端。进入 20 世纪 80 年代，戏剧的下半场，基本不能称作“上帝之剧”了，它已经完全溢出了原来的故事脚本，偏离了旧舞台，背离了上帝的导演与设计，“挑战的吼声，响彻天穹”[②]。

故事完全脱序了，故事的主角成了一位“黑袍牧师”，道具仍然是苹果，也就是我们所讲的第四个苹果。乔布斯上场了，他是一个肉身凡人，却企图扮演上帝的角色，创立了让地球上数亿人口痴迷的“苹果教”，包括传统教会中的僧侣与修士们，也都每日俯首于闪闪发亮的“苹果”之上，从日出到日落，甚至无休无眠。

乔布斯一生的偶像是艾伦・图灵。苹果公司的徽标就是一只有缺痕的苹果，银色的而非红色的。有人问乔布斯，它的灵感是否来自图灵那个毒苹果的启示？“乔上帝”露出了神秘的表情，却不

① 雅各，《圣经》故事中著名的大力士。《创世记》记载，雅各夜里与神摔跤，从天黑到天亮，竟不落下风，但上帝把他的大腿窝摸了一把，他就瘸了。解经者对此的解读是：上帝让雅各得胜，上帝喜欢人有求胜的欲念、求成功的意志，但不可以自满。雅各在和上帝摔跤得胜后，上帝赐给他一个新名：以色列——“与神摔跤者”。其实，一部人类史就是一部个体的人、群体的人与命运持续较劲的历史。

② 《失乐园》（约翰・弥尔顿著，朱维之译，人民文学出版社，2019 年）。

置可否。旧秩序与旧禁忌不但未能在图灵之后收复失地，收服人的心灵与失序的行为，相反在二战后长达70年的和平时期，伴随着指数级扩张的科学革命，伴随着科学发现指数级向技术发明的扩散，伴随着技术创新对人类生活的广泛渗透和影响，现在，“人类第一次拥有了这样的工具和知识，用以创造出任何我们想要的世界”[①]。最具代表性的工具就是乔布斯的苹果公司开发出的一款又一款“以人为中心”的App（应用程序），让这个世界上的大多数人通过最少的努力，快速获得包裹在海量垃圾信息中的有用或无用的信息，快速建立起（理论上）与一切陌生人的瞬时连接，快速表现装饰了的自我或赤裸裸的自我，快速享受“最高水平的瞬时快感”，并沉迷于虚拟世界中帝王般甚至上帝般的自我的无所不能，以及快速催熟一个个偶像，又快速捣毁一个个偶像。

事实上，正是乔布斯，这位从遥远的东方汲取了神秘的禅宗哲学的“东西混血”的“苹果教主”，在将电子产品娱乐化的同时，也在加速摧毁旧信仰与旧秩序、旧文明形态与旧生活形态。代之而起的“新宗教”是科学至上主义、“人生即游戏”的新自由主义、“今天是最好”的现世主义、“用过即扔”的消费主义，以及无所不在的拜金主义。信奉“机器取代人类”的图灵、同性恋者图灵假使生活于乔布斯的时代，幸耶？不幸耶？欢呼耶？困惑耶？

人类正在欲望泛滥的洪涛中起伏下坠，加速下坠，开启闸门的岂仅是乔布斯？岂仅是数亿个闪耀着金属色泽的“苹果”？没有乔布斯，也会有韦布斯。硅谷，这座占地700多平方千米的苹果园（硅谷诞生于苹果园中，这也许有点诡异的巧合）中，活跃着、潜

① 见美国《生活》杂志。

藏着千千万万的乔布斯式的上帝宿命论的颠覆者。在伊甸园中那个鲜艳夺目的禁果构成人类原罪的那一刹那，也许就注定了人类今天的光怪陆离众生相，注定了人类对上帝的悖逆，以及明天的远景："机器人"也许会在造福于人类的同时，成为奴役人类的"新上帝"。算法主宰世界，数学驾驭人类。但愿不完全是。

20世纪初，写出了《新教伦理与资本主义精神》的伟大先哲马克斯·韦伯不无忧虑地写道：宗教带来繁华，繁华带来腐化与懈怠。他这里的"宗教"指的是从基督教改革中孕育出的最具进取性、扩张性、开放性的新教，后者是缔造美国经济与社会繁荣的核心价值观。然而，美国自20世纪80年代以来正在异化成一个"冲动的社会"，一个硅谷"新上帝"与华尔街"金融帝王"合谋的偏离新教理想的社会，一个"智能上帝"将要操纵一切的社会。"无灵魂的专家，无心的享乐人，这空无者竟自负已登上人类前所未达的境界。"卫斯理宗的创始人约翰·卫斯理早在200多年前就极具洞见地指出："由于卫理公会信徒在各处都是既勤劳又节俭，所以财富也增加了。相应地，他们的傲慢、激情、肉欲、眼色和生活的志得意满也随之高涨。"[①] 美国这50年左右的畸变再一次印证了韦伯思想的不朽，印证了卫斯理这样宗教先哲思想的不朽。

关于人性悖论、科学悖论的散点思考

其一，人类生存于一个巨大的悖论圈中，每个人的一生中的

① 《新教伦理与资本主义精神》（马克斯·韦伯著，康乐、简惠美译，上海三联书店，2019年）。

每一天、每一时也都面临着一个接一个的悖论。如果我们相信有上帝的话，我们便无法排除这样的疑惑：既然上帝掌控一切，为什么不能预知并制止蛇对亚当的蛊惑？为什么要让一个苹果“唤醒”人类的原初欲望和原生的好奇心？反之，如果我们不信上帝，又如何解释宇宙的均衡秩序，宇宙万物大至超宏观、小至超微观在结构上的惊人一致？这是西方文明史上的最大悖论，恐怕永远无解。

其二，人类文明史上的第二大悖论：欲望的激发与控制。冯象在《圣诗撷英》中的一个小注释道尽了上帝的心机：恶，也是神所赐，是神恩与拯救的伦理前提。这也就是说，不是蛇的蛊惑导致了亚当夏娃的堕落，是上帝导演了人类欲望的启蒙。冯象又说：“辨善恶须有道德意识和自由意志，原是神的特权，不容人类篡夺。”冯象和上帝都有点一厢情愿了。须知，一旦人有了欲望，自由就经常摧垮意志，道德就时常失去“意识”。人的欲望既不受上帝摆布，甚至人自身也总是把控不了自己。

人不是牛顿因果链上的一个机械符号，它既是理性的“思想芦苇”[①]，也是非理性的动物。依冯象之论，“堕落”是“神的安排”，是神救赎人类的前提，那么可否做如下推演：你得“堕落”，这样你才能倚赖于我（上帝），被我拯救，并彰显我的大能。但你堕落了，你不能太堕落！啊，你怎么变得这么堕落，这不是我想要的样子啊！于是我必须惩罚你，加倍惩罚你！于是，人类被套上了

---

① 法国哲学家帕斯卡尔在《思想录》中写道：“人只不过是一根芦苇，是自然界最脆弱的东西，但它是一根有思想的芦苇，用不着整个宇宙都拿起武器来反对他，一口气一滴水都足以致他以死。然而，纵使宇宙毁灭了他，人却仍然要比致他于死命的东西高贵得多，因为他知道自己要灭亡，以及宇宙对他所具有的优势，而宇宙对此却一无所知。因而，我们全部的尊严就在于思想……”

伦理之枷、秩序之锁、规则之链。于是，一部人类史就演进成了一部欲望的激发与控制的历史。

这也许并非是所谓上帝的“天命”，而是那个叫摩西的人（或一群无名的民间故事家）、一个（一群）洞悉人性的先哲、一个伟大的组织领袖借上帝之名编撰的故事（有些基督徒认为，《创世记》出于摩西之手），故事揭示了深刻的人性逻辑和组织逻辑。

其三，人类文明史上的第三大悖论：好奇心救了猫，好奇心也会害死猫。这就是永远困扰人类的“测不准原理”“不确定原理”。物质文明的发展端赖于人的欲望的觉醒与张扬，科学技术的发展端赖于人的好奇心的启蒙。我们得感谢伊甸园中那个代表着欲望和智慧的红艳艳的苹果，感谢“聪明而美丽的蛇”，感谢上帝在亚当和夏娃的基因中嵌入了“相信与质疑”的悖论因子。但是，上帝为什么在后面的“上帝之剧”中，一而再、再而三地要“杀死”人类的欲望，“杀死”人类的好奇心？很显然，欲望失控了，人类的好奇心在助益于上帝伟力无边的同时，也在反噬上帝的至上权威，甚至成了“杀死”上帝创世故事的推手。你不能没有好奇心，你不能“宽于蠢，短于智”啊！但是啊但是，你也不能好奇心太多，不能太聪明啊！比如你怎么能够探讨宇宙的起源啊？人怎么能制造“机器人”？宇宙是“我”（上帝）创造的，人是“我”（上帝）用泥巴捏的……

爱因斯坦说：人心比地球冷得快。牛顿说：我能算出恒星的运动，但算不出人类的疯狂。我说：人心比上帝变得快。

越是禁果，越有蛊惑的力量。人心怎么可能像钟表一样，全然地嘀嗒有序呢？

人类还有一种本能性力量：走极端。最典型的莫如自由与秩序，似乎很少有人、有企业、有社会能够在每个时期做到既有令人舒展的自由，又有令人普遍悦纳的秩序，多数情形下要不自由滥觞，要不封闭专制。从这一意义上说，中国文化的中庸观、中道观也许是补救现代文明缺失的理想哲学观。但问题还在于：也许正是走极端，才孕育了现代文明。人类能走上所谓的理性与中道吗？所谓的“中道观”，是中华先哲们的一种理想追求。

其四，上帝后悔造人吗？《旧约》中上帝确曾后悔过，曾经动念要毁灭人类。但为什么每到临头又转念头、改主意？亚当夏娃“偷吃禁果”，他本可以按照起初的警告，让一对犯忌的男人女人去死，却在罚他们回归乡土做“农夫农妇”的同时，赐予二人遮挡裸体的兽皮（上帝成了“世间第一个杀生的猎手,第一个流血夺命的”“诅咒大地的示范”，据《圣经、新教与自然科学的兴起》一书中的观点，犹太教和基督教在对环境的破坏方面负有责任。难道是上帝的“示范效应”？），这仅仅是宽容与宽恕吗？这恐怕仍然是一个巨大的悖论：杀死他们，谁来依赖于上帝？上帝的救赎对象没了，上帝的存在前提又在哪里？就比如亚当夏娃不能吃了生命果而实现永生，从而不再需要上帝一样，亚当和夏娃也不能死去。当然，蛇也不能死去。

这就是经典的卡夫卡式悖论[①]。人、人类、人类的各类组织，事实上都处于一种卡夫卡式悖论之中，我们所能努力的一切，就是

---

① 卡夫卡式悖论：弗兰兹·卡夫卡（1883—1924），捷克德语小说家，代表作包括《审判》《城堡》《变形记》。他的小说主人公和故事情节中充满了二元悖论的哲学意味，表象自由与精神奴役、抵抗权威与膜拜权威、自信与恐惧、傲慢与卑微，正像《变形记》中的格里高尔一样，人在本质上像一只巨大的甲虫，永远处于一种普遍的、深刻而隐蔽的扭曲变形和存在性焦虑之中。小说《审判》中有一句名言：“他们能够这么自信，是因为愚蠢。”而哲学家埃里希·弗洛姆（1900—1980）则言道：人自由了，同时也就孤独了，这是一枚钱币的两面。

在各种各样的悖论中实现动态平衡，波浪式前进。

结语

本文灵感源自英国著名的格兰切斯特村那座著名的苹果园。2017 年 4 月 2 日至 5 月 15 日，我在剑桥大学访学，随身携带了 20 余本书，包括沃伦·本尼斯的领导力系列著作四册、冯象先生翻译的《摩西五经》、马克斯·韦伯的《新教伦理与资本主义精神》、彼得·哈里森的《科学与宗教的领地》等。这一个多月时间，除了与剑桥一些多学科的学者、教授、学术圈朋友进行正式或非正式的咖啡交流之外，所余时间我几乎走遍了剑桥镇的绝大部分角落，三一学院、国王学院、达尔文学院、耶稣学院等古老的学术庭院是我最为向往的神圣殿堂，我也参访了剑桥镇几乎所有的古老而著名的大小教堂。当然，牛顿窗下的那棵苹果树是我每天早晨环绕剑桥散步途中必经的所在。对于白天的“咖啡燃烧”与思想激荡，以及密集的参观游历，我都会在晚上安静的灯下阅读时间，结合书本进行天马行空的联想性思考。访学一大半时间过去后，我的思考聚焦在了以下几个方面：

第一，教堂与“学堂”在一座古老小镇如此密集地纵横交集，与剑桥在 800 多年间诞生了牛顿、达尔文、凯恩斯、罗素、拜伦、霍金、弗朗西斯·克里克与詹姆斯·沃森（此二人发现了 DNA 的双螺旋结构），以及近百位诺贝尔奖得主等改变世界的伟大科学家、思想家、诗人和艺术家之间有无一种内在的逻辑关系？如果有，到底是一种什么样的共振或对抗、共谐与冲突的内在张力？即是说，宗教或基督教的原教旨哲学和它的演化与变革的历史究竟在多大程度上推动了科学技术的发明创造，并进而推动了人类历史的进步抑或倒退？

第二，科学技术在什么阶段、以什么方式、在多大程度上从“上帝的仆从”演化成了与上帝“摔跤”的“大力士”，进而演进成了“宗教的最大威胁力量”，导致了传统宗教在事实上的衰落（我在这一个多月几乎每个礼拜日都去剑桥不同的教堂，总感觉神圣的氛围中透着一种没落感，最典型的是参加礼拜活动的年轻信众甚少）？以及“科学主宰人类”“人工智能成为新上帝”的思潮与趋势是否正在成为不可抵挡之势？

第三，《圣经》中充满悖论的故事与哲学体系、基督教历史中充满一个个问号与解析问号的辩诘史和变革史对今天的组织管理，尤其是企业管理具有怎样的启示性和借鉴性？

……

这些形而上的话题使我陷入长时间的亢奋与焦虑状态，以至于多日失眠。

是年 4 月底，英格兰最舒适的季节，我与太太应尹一丁老师约请，到位于剑桥南面不远的格兰切斯特村边著名的苹果园闲游。这座英格兰村庄和剑桥大学一样古老且一样遐迩闻名，坐落在村东头的苹果园是镶嵌在这座小村的“自然明珠”和“思想钻石”，并产生过影响英国和整个西方文明、人类哲学、文学与经济史的“格兰切斯特小组”，其成员包括诗人鲁珀特·布鲁克、我所崇拜的哲学家罗素和维特根斯坦、经济学家凯恩斯、小说家福斯特和弗吉尼亚·伍尔夫、画家奥古斯塔斯·约翰。尹一丁老师称这座“苹果园”是剑桥人的“思想广场”，也是欧洲和全世界学者与艺术家们心仪的无围墙的“思想殿堂”。田园诗般的果园一代又一代、一季复一季地，在 100 多年间激荡和发育了层出不穷的新思想、新观点。这实在是一片不朽的“思想果林”。

苹果树下，一张木桌，一杯散发着花香气的英式红茶，一碟英式烤饼，我懒懒斜倚在帆布躺椅上，极目四周尽是一棵接一棵枝干沧桑黝黑、绿叶层层叠叠的苹果树。我们三人开始了漫无边际、天上地下的闲聊。正是在无比放松惬意的状态下，我的眼睛碰到了头顶树梢一簇簇白色的、小小的苹果花。意念作祟吧，似乎鼻孔中也嗅到了一丝淡淡的花香，我突然想：上一次的果园之行，有学者告诉我，据说“计算机之父”“人工智能之父”图灵正是在这片苹果园的草地散步时，产生了人工智能的灵感。一刹那，我的大脑中有一种触电般的震颤，思维天马行空，从伊甸园的苹果，到《荷马史诗》中的金苹果，到牛顿的苹果，到毒死图灵的苹果，到乔布斯的苹果……

沿着苹果这条思考线，从人性管理和科技创新的视角，我开始了大量的阅读，并断续进行了长达 4 年的思考，形成了基本的认识框架，并在多个正式或非正式场合与学者、企业家们交流探讨，最终在和正和岛总编辑陈为、《决策参考》主编曹雨欣的咖啡访谈中，形成了本文的初稿。在这个基础上，我用两个多月进行了 73 次大大小小的修改。

我感谢就此话题给予我许多启发与思考的企业家朋友、学者朋友、编辑朋友，但我首先要感谢的是尹一丁老师，他的“苹果园之约”是促成此阅读思考的决定性因素，我也将关于此话题的想法最早分享给了他。第 57 次的修改稿我也第一个发给了他，请他指正，得到了他的热烈反馈。

格兰切斯特村的“苹果园”，对我来说是一个“神一般的存在”，后来我又游历过两次，前后大约六次之多。2018 年 10 月初的一个绵绵细雨天，我和太太带着我的儿子、儿媳、小孙子田大福再赴果园。在果园古屋的咖啡厅，隔窗远目室外大片的苹果树，枝头上挂满了成熟饱满的青苹果，别是一番景致。两岁半的小孙子居然兴奋地手舞足蹈，哼起了“即兴创作”的童稚小调，旋律抑扬顿挫。

参考文献

[1] 彼得·哈里森．科学与宗教的领地［M］．张卜天，译．北京：商务印书馆，2016.

[2] 彼得·哈里森．圣经、新教与自然科学的兴起［M］．张卜天，译．北京：商务印书馆，2019.

[3] 彼得·哈里森．人的堕落与科学的基础［M］．张卜天，译．北京：商务印书馆，2021.

[4] 马克斯·韦伯．新教伦理与资本主义精神［M］．康乐，简惠美，译．上海：上海三联书店，2019.

[5] 马克斯·韦伯．中国的宗教：儒教与道教［M］．康乐，简惠美，译．上海：上海三联书店，2020.

[6] 赵林．西方文化的传统与演进［M］．北京：中信出版社，2021.

[7] 摩西五经［M］．冯象，译注．北京：生活·读书·新知三联书店，2013.

[8] 冯象．圣诗撷英［M］．北京：生活·读书·新知三联书店，2017.

[9] 冯象 . 宽宽信箱与出埃及记 [M]. 北京：生活 · 读书 · 新知三联书店，2007.

[10] 尤瓦尔 · 赫拉利 . 人类简史：从动物到上帝 [M]. 林俊宏，译 . 北京：中信出版社，2017.

[11] 凯文 · 诺克斯，理查德 · 诺基斯 . 从牛顿到霍金：剑桥大学卢卡斯数学教授评传 [M]. 李绍明，等译 . 长沙：湖南科学技术出版社，2008.

[12] 蒂莫西 · 费瑞斯 . 银河系简史 [M]. 张宪润，译 . 长沙：湖南科学技术出版社，2011.

[13] 肯尼斯 · 霍博，威廉 · 霍博 . 清教徒的礼物 [M]. 丁丹，译 . 北京：东方出版社，2016.

[14] 拉塞尔 · 柯克 . 美国秩序的根基 [M]. 张大军，译 . 南京：江苏凤凰文艺出版社，2018.

[15] 埃迪 · 普罗斯 . 生命是什么 [M]. 袁祎，译 . 北京：中信出版社，2018.

[16] 沃尔特 · 艾萨克森 . 史蒂夫 · 乔布斯传 [M]. 管延圻，魏群，余倩，等译 . 北京：中信出版社，2014.

[17] 马特 · 里德利 . 创新的起源 [M]. 王大鹏，张智慧，译 . 北京：机械工业出版社，2021.

[18] 大卫 · 伊格曼，安东尼 · 布兰德 . 飞奔的物种 [M]. 杨婧，译 . 杭州：浙江教育出版社，2019.

[19] 罗伯特 · 赖特 . 洞见 [M]. 宋伟，译 . 北京：北京联合出版公司，2020.

[20] 保罗 · 罗伯茨 . 冲动的社会 [M]. 鲁冬旭，任思思，冯宇，译 . 北京：中信出版社，2016.

[21] 彼得 · 沃森 . 思想史：从火到弗洛伊德 [M]. 胡翠娥，译 . 南京：译

林出版社，2017.
[22] 詹姆斯·格雷克 . 牛顿传［M］. 欧瑜，译 . 北京：人民邮电出版社，2021.
[23] 安德鲁·霍奇斯 . 艾伦·图灵传［M］. 孙天齐，译 . 长沙：湖南科学技术出版社，2017.
[24] 胡斯都·L. 冈察雷斯 . 基督教思想史［M］. 陈泽民，等译 . 南京：译林出版社，2010.

附　伊甸园还有许多“金苹果”①

一

2013 年 12 月，我应邀去台湾参访，在几所大学讲演并和媒体互动。在台大讲演结束时，接受《电子时报》陈慧玲主笔采访并共进午餐，一同餐叙的是台湾科技大佬黄安捷先生。席间，黄先生邀请我参访位于新竹科技园的智邦集团，他是这家科技企业的创始人之一，并任董事长。20 世纪 80 年代后，台湾许多有成就的科技企业都创立于新竹科技园，同时，许多科技企业的创建者曾经留学于美国并就职于美国，尤其在信息技术和生物技术领域。黄先生和台积电的创始人张忠谋先生等知名的科技企业家都是留美博士，在他们的前后左右，也都有一大批留美博士硕士。新竹科技园更像一个缩

① 本文是田涛为《深圳创新密码——重新定义科技园区》一书所作的序言。

小版的硅谷。

在智邦集团参观时，黄董事长告诉我，他在20世纪90年代初多次去深圳，与华为高管比较熟悉，经常一起交流。那时的华为年销售额差不多为10亿元人民币，智邦的销售额在1亿美元左右。2013年，智邦的销售额达到了10多亿美元，华为的销售收入则飙升到了2390亿元人民币。华为与智邦，一个创立于1987年，一个创建于1988年。黄董事长感慨之余，也对华为有着浓厚的探究兴趣。我向他奉上了我在台湾出版的关于华为研究的新书:《活下去，是最大的动力》。

2009年，在旧金山湾区考察期间，我拜访了在斯坦福大学商学院就读的好友、投资家周树华君。在胡佛研究院大楼前的绿色草坪上，我们席地而坐。他告诉我，他的毕业论文是关于华为管理的研究，而他的导师和同学也普遍认为华为具有神秘感，大家在课堂上展开过热烈的辩论。我告诉他，研究华为一定不能忽略研究深圳，深圳是孕育华为的“子宫”，也是华为的“助产妇”。

这里要特别提到一位前辈黄朝翰教授，他是新加坡国立大学东亚研究所前所长，著名的中国政策研究专家。2015年5月的一个中午，在位于新加坡工业园的一座高尔夫球场的会所室外，黄教授、Henry Chan博士和我共进午餐，黄教授从多个角度与我探讨了关于华为、关于深圳的诸多成功因素与可能的挑战，并表达出对新加坡未来发展前景的隐忧。黄教授颇具洞见地指出，上海浦东开发区偏于金融，新加坡工业园偏于加工业，而深圳的科技园区突出的是科技创新，更像硅谷，未来潜力更大。但黄教授也不无遗憾地指出，可惜关于深圳科技园区的资讯太少，更没有一本系统的著述。

几天后，在与新加坡国立大学商学院的几位老师餐叙时，我的老师、著名的商法专家梁慧思教授问我：中国哪座城市更像硅谷？我即刻答曰：深圳。这是黄朝翰教授给予我的启发，我也高度认同这一观点。我当场建言，商学院的中国商务研究中心（我是中国商务研究中心顾问）可以成立一个课题组，进行深圳与硅谷的比较研究，大家一致赞同。兹后，几位老师也多次赴深圳和华为、万科等企业考察，可惜因种种缘由，项目最终搁浅。

华为是中国改革开放的一张名片，深圳更是。深圳的科技园区则是深圳奇迹的一张名片，也是中国对外开放、对内改革的一张最靓丽的名片。然而，正像黄朝翰教授所言，必须有权威专家向关注深圳的人们系统、客观地解读这张名片：深圳崛起的深层逻辑究竟是什么？深圳科技园区崛起的深层逻辑究竟是什么？解析清楚了这两层逻辑，也许就顺带解析明白了华为成长的外在逻辑（内在逻辑是华为的理念与制度创新）。

辛丑年春节，热热闹闹的节庆期间，我一边和小孙子田大福海阔天空地神侃银河系、太空人、机器人、孙悟空、蜘蛛侠、唐老鸭和米老鼠、美丽的香江和迷人的深圳湾……，一边在每天一杯香气四溢的咖啡（节日期间，我 5 岁的小孙子每天上午 10 点为我煮一杯咖啡）激荡下，断断续续花了十多个小时，细细读完了邱文先生的书稿《深圳创新密码——重新定义科技园区》（以下简称《深圳创新密码》），脑海中浮出的第一个念头是：可惜黄朝翰教授过世了，这本书稿应该奉送给他，我相信这是他所期待的关于深圳、关于深圳科技园区、关于华为等世界领先科技企业以及关于深圳成千上万家中小科技型企业成长逻辑的系统解码，堪称扛鼎之作。

邱文先生是深圳科技产业创新历史的亲历者，同时作为深圳湾科技发展有限公司的董事长，更是深圳湾科技园区开发运营的重要操盘手之一。我与邱文先生虽有一面之缘，但印象并不深。通读了他的《深圳创新密码》，方感到他不仅是一位优秀的国企管理者，而且是一位功底深厚的研究者，他的大作既有“局内人”的丰富实践，亦有跳出“局内人”的理性洞察和宽阔视野。这本书既有关于深圳科技园区的系统陈述，也有关于全球科技园区的比较分析，同时，更让人眼前一亮的是他关于科技园区未来发展模式的重新定义。

下面，我想对邱文先生的《深圳创新密码》一书做点信马由缰的解读，一孔之见，再加点胡椒面式的自由想象力。

二

《圣经·创世记》中构想了一座时间静止、空间均衡、万物和谐永生的伊甸园，上帝捏的“泥人儿”亚当和“亚当的肋骨”夏娃就在此园中栖息、玩耍、巡园，无悲无喜，无求无欲，岁月貌似无比静好。然而，造物者上帝是讨厌寡淡与庸常，拒绝单调与静止的。

凡创造者无不是热烈而热闹的反叛者，上帝无疑是最伟大的自我反叛者，他总是用自己的右手翻云覆雨，用自己的左手颠乾倒坤，他一边构建秩序，一边又在打破秩序。他在伊甸园中创设了静谧之序，却又种植了一片“欲望之树”苹果树。金苹果在午后的灿烂骄阳下鲜翠欲滴，一条“美丽而狡猾”的蛇隆重出场了，作为人类史上最早的“掮客”，去诱惑夏娃和亚当偷吃禁果。通过蛇，上帝在人类的头脑中置入了欲望（苹果），同时也嵌入了想象力、奋斗精神，以及无限的丰富性和无边的多样性。

人类发现与发明、创造与创新的壮阔史诗就在“苹果”与“蛇”的合谋下铺展开了。

打开邱文先生的《深圳创新密码》书稿的那天早晨，我刚刚再读完《圣经·创世记》，头脑中两束火花便电光石闪地撞击在了一起：科技园区，不就是创世故事中的伊甸园吗？

什么是世界一流的科技园？首先它是一个城市的创新活力区，是一个荷尔蒙分泌最为旺盛的青春园区，是以“青年亚当”和“青年夏娃”为主体的世界，也就是说，它是一个城市平均生理年龄最小、平均心理年龄处于最活跃期、思想单纯度最高的地儿。

其次，它是一个无限开放的生态系统，它密密麻麻的“树枝”上，挂满了充满欲望和希望的“金苹果”，吸引着五湖四海的“亚当”“夏娃”们纷至沓来，并使他和她、他们的激情觉醒，智慧觉醒，创造力最大化觉醒，“今天一定要比过去好，如果它还不够好，就应该想办法让它更好”。

再次，资源的高度集聚和资源的高效配置让“美丽而狡猾的蛇”——世界上最一流的金融、投资、法律、会计等中介资源集聚和配置在一起，为欲望之花的绽放、创新精神的张扬助力。

当然，毫无疑义的是，每一位渴望摘取“金苹果”的天才、智者、创业家、投资家、咨询家，在收获胜利的道路上，又无不历尽了艰辛和磨难，就像上帝让欲望满满的亚当做“面朝黄土背朝天”的流泪撒种者一样，一分耕耘才能换一分收获，甚至勤劳耕耘依然收获寥寥。悖论主义者“上帝”既是目的论者，也是过程论者。

三

经济学家道格拉斯·诺思说：人都有好奇心，也有创新的欲望，关键是“什么决定着历史上发明活动的速度和方向”。

硅谷是当今世界上“最强大脑”的“集散地”，这个占地700多平方公里的“苹果园”聚合了全球不同肤色、不同国籍、不同宗教背景的一批最聪明且最年轻的脑袋，其中包括几万华人，它的人口的智力密度无疑是最高的。然而与“最强大脑”相匹配的是最强奋斗——科学家、工程师们每天10多个小时跨时区工作。凌晨一两点，办公室灯火通明，停车场中车停得满满的，办公室中不乏五颜六色的睡垫，而咖啡也许是硅谷销量最大的饮品。我经常不无偏颇地讲：一个城市有无咖啡馆、有多少咖啡馆、咖啡馆中有没有口味纯正的美式咖啡（我是典型的美式咖啡控），代表着一个城市的开放度、创新度和现代化程度。

硅谷也许是咖啡馆密度最高的科技园区，而在深圳，几乎是千步一茶馆或咖啡馆。当然这仅仅是深圳与硅谷最表象的相似处，而最重要的相同点则是：包容与接纳。硅谷依托于一所洋溢着自由精神的大学，创造了一片肥沃的“黑土地”，让全世界的“歪瓜裂枣”、天才与异端人才在这里播种生根、开花结果，居然使得一批类似仙童半导体的创新公司病毒式地自由裂变、指数级地自由分蘖，几十年间各路英雄或枭雄“你方唱罢我登场”，尽情尽兴地挥洒想象力与创造力，从而以巨大的技术革命奇迹改变了美国和人类的沟通方式、生活方式、工作方式，乃至于学习方式和思维方式，并进而向宇宙进军。

“硅谷之火”正在深圳熊熊燃烧。深圳1997平方公里的热土，托起的是中国乃至世界范围内最年轻的一座移民城市，也是中国智力密度最高的城市。这是中国最开放的城市，没有之一；这是中国最包容的城市，没有之一；这是中国市场化程度最高的城市，没有之一；这是中国最少官本位、最少等级门第、最少历史积淀也最少历史包袱、最少条条框框的城市，没有之一；在许多著名企业家和大多数深圳人眼中，这也是中国法治化环境最好的城市，没有之一。

2020 年 10 月，在我和深圳市政协委员们的一次读书交流活动中，有委员问我，可否用一句话提炼一下华为奇迹的核心因素。我答道：深圳 + 任正非！华为如果不是诞生并成长于深圳，任正非狂大的企业家精神恐怕很难得到尽情释放，华为也不可能有今天。很简单，华为一路走来的 34 年，充满了理念到制度层面的冒险与实验，深圳给了它宽阔的实验空间，而深圳本身就是一个既有顶层设计、又有诸多盲打盲试的文化与制度的“实验室”。原蛇口工业区管委会主任袁庚早在 1985 年就说过，“蛇口是中国的改革试管”。事实上，整个深圳是中国的改革试管。

与硅谷相同，深圳也是中国和世界的城市版图上最为斑斓多彩的文化“调色板”，最跳跃的青春色、最多元的赤橙黄绿青蓝紫、多面相的肤色与多层面的教育与文化背景、杂拌的“世界语”与多地域的方言、竹丝管弦与击瓮扣釜、《命运交响曲》与《高山流水》、高富帅与草根英雄……无不在这块调色板上主动融合或被动融入，也无不在这座现代文明的大熔炉中被冶炼为一体，这才是深圳的魅力所在、力量所在、创造力所在，以及未来所在。

什么决定着历史上发明活动的方向与速度？理念，制度，人。而根本上还是理念与制度所承载的文化。人，不过是文化舞台上的演员而已。搭什么样的舞台，才会有什么样的舞者上场，才会让各色角儿有什么样的施展才艺的天地。硅谷的剧场无边无框，深圳的舞台足够宽松、宽容与宽厚，而且还会更为宽阔，因此已引得无数英雄尽折腰，且还将引来千万英雄展宏愿。

四

空客首席执行官托马斯·恩德斯认为，深圳是中国的硅谷（这也印证和呼应了黄朝翰教授的观点）。“空中客车（中国）创新中心在选址时，他带队在中国各大城市旅行了一大圈，到了深圳之后，他认为不需要再旅行下去了，他想要的都在深圳。他表示，在深圳成立创新中心，代表着一种开放式创新的合作伙伴关系。”这是邱文先生《深圳创新密码》中的一段描述。

深圳与硅谷都像巨大的引力磁场，无边界地在世界范围内吸纳人才要素和技术要素、资本要素和管理要素，成为全球最佳的创新“伊甸园”。而二者的另一个相同点则是：“伊甸园”中又有“园中套园”的各具特色的“伊甸园”，动态聚合了智力密度更高的一群精英、科技含量更高的一批创新型企业和研发机构。正像一位华为人所言，“你不是在园区，就是在去园区的路上”，科技园区占据了许许多多科研人、许许多多科技企业的奋斗者 91.7% 的生命（22/24 小时）。这也许是硅谷和深圳共有的创新密码。

深圳特区是改革开放总设计师邓小平于 1979 年春天在中国的南海边画的一个“圈”，而 5 年后的 1984 年，中国科学院副院长周光召刚从美国考察归来，就向深圳市领导建议：在深圳设立科技园区。1985 年，中国科学院与深圳市携手创办的深圳科技工业园正式启动。30多年来，深圳各类科技园区星罗棋布，“大珠小珠落玉盘”，园区诞生和孵化了一批具有世界影响力的新型科技企业。2019年，深圳研发投入占GDP的比重高达4.9%，与发达经济体相比也处于前列；PCT（《专利合作条约》）国际专利申请1.75万件，占全国的1/3；截至2019年末，深圳的国家级高新技术企业已经超过1.7万家，科技型中小企业有5万家。

值得关注的是，深圳90%的创新型企业是本土企业，90%的研发人员在企业，90%的科研投入来自企业，90%的专利申请来自企业，90%的研发机构建在企业，90%以上的重大科技项目发明专利来源于龙头企业。深圳也因此集聚了中国1/3的创投机构，是名副其实的创投之城。

同样值得关注的是，这若干个90%也都大比例地发轫和开枝散叶于深圳的各类科技园区，尤其是2011年应运而生的深圳湾科技园区，它崛起于深圳高新技术园区的深厚基业之上，又成为深圳具有代表性的科技园区。

深圳湾科技园区占地仅0.6平方公里，但入驻的创新企业已超过1000家，既包括华为、腾讯、字节跳动、空客、三星、西门子、埃森哲等世界顶级企业的创新机构和以顺丰为代表的52家上市公司，也包括众多极具特色的技术创新中小企业，涵盖信息软件、人工智能、数字经济、智能制造等多领域重点前沿产业。备受关注的“中国鲲鹏产业源头创新中心”就落户在这座园区，由华为和深圳湾科技公司联合运营。

深圳湾科技园区规划的蓝图并不止于此。满园春色关不住，万类霜天竞自由。邱文先生在他的大作中向读者、向世界呈现出的是一个被重新定义了的雄心勃发、价值再造、充满创新魔力的科技园区新模式。未来的深圳湾科技园区希望以无限开放的姿态，吸引各行各业的优质生态合作伙伴，并与各类科技园区共同构建具有中国创新特色的产业资源平台，一起来诠释深圳的先行示范和高质量发展，以及中国未来的科技产业创新模式。

40年前，一个沿海边陲的小渔村被赋予了一份沉重而伟大的责任:“杀出一条血路”。40年后，“血路”杀出来了，一个人类开放史、改革史、商业史、创新史上的城市奇迹诞生了。人们完全有理由相信，未来的深圳还将不断创造奇迹，伊甸园中还有许多的“金苹果”，而创造新奇迹、摘取更多“金苹果”的伟大采摘者们，也许就在深圳湾科技园区。

20　文化沉思录：胜利属于叛逆者[①]

岂曰无衣？与子同袍。王于兴师，修我戈矛。与子同仇。

岂曰无衣？与子同泽。王于兴师，修我矛戟。与子偕作。

岂曰无衣？与子同裳。王于兴师，修我甲兵。与子偕行。

——《诗经·秦风·无衣》

《大秦赋》终于画上了句号。

这是改头换面后的《大秦帝国》系列的第四部。

孙皓晖写这部小说用了 15 年，曲江文投拍摄系列电视剧又用了 14 年，凝聚当代“秦人”无量心血、寄托无数书迷剧迷殷殷期盼的鸿篇巨制，人们期待它的结局是宏伟壮丽的。不料，它确实成了“一袭华美的袍子”，只是上面“爬满了虱子”。

这部剧槽点甚多，亮点自然也有。《大秦帝国》里，几代秦王一意东出、荡平六国、天下凝一的雄心与远志依然展现无遗。从周王牧马人到穆公垫强秦之基，从孝公变法图强到秦惠文王北扫义渠、西平巴蜀，从昭襄王迁九鼎于咸阳再到嬴政终于一统天下又二

① 本文创作于 2020 年，作者陈为。

世而亡，秦国的理想与奋斗是一首激荡人心的史诗，而秦国从艰难创业、迈向巅峰再到迅疾溃灭，又给后人留下了一个巨大的感叹号。

《大秦帝国》作者孙皓晖始终认为，秦时是中华民族战斗力、创造力的高峰，是中华精神、华夏文明之正源。“于后世千秋万代，每一户人家的窗台，我大秦的明月，必朗照之。”《大秦帝国》剧中，秦惠文王嬴驷在百尺危楼之上，在如水月光之下，吟出这段心语，其情其景是何等苍凉豪迈。“岂曰无衣？与子同袍。王于兴师，修我戈矛。”当雄浑激越的《秦风》唱起，千载而下，犹能感受到人性于危难中的温热。

历史是一条河，逝者如斯，不舍昼夜。

站在岸边打望这条长河，有时会有一些不同寻常的发现。

历史中“隐秘的角落”

“人世难逢开口笑，上疆场彼此弯弓月。流遍了，郊原血。”春秋战国，群雄逐鹿，问鼎中原，是中国史上的首次权力大纷争与思想大活跃。

后世称“春秋无义战”，这是赤裸裸的武力、阴谋与权力的竞技。宋襄公坚持旧礼，不搞半渡而击，成为数千年的笑话。鲁国奉周公，行周礼，孔子甚而常“梦周公”，动不动就评价别人“礼也”“非礼也”。然而，事实却是，鲁国的政变是各国中最为密集的，血淋淋的弑君、屠杀比比皆是。司马迁梳理鲁国历史后，忍不住感慨“至其揖让之礼则从矣，而行事何其戾也？”鲁国人看起来斯文礼貌，为何行为如此粗野暴戾啊？

正是秦，做了纷乱的终结者。

秦国的强大，奠基于商鞅变法。商鞅以法家思想做系统性制度创新，以战功制、军爵制打破了底层向上涌动的天花板。由此，扫灭六合，一匡天下。核心成因，却正是以顶层设计满足了平民渴望：在其时，下层人士只要奋勇杀敌，战功赫赫，一样可以出人头地，耀武扬威。

但秦国强国之路真正的肇始却在穆公之时。张宏杰的《简读中国史》中记载的一场秦穆公和西戎使者由余的对话改变了这个国家的指导思想：

“秦穆公问：‘中国以诗书礼乐法度为政，然尚时乱，今戎夷无此，何以为治，不亦难乎？’中原国家有诗书礼乐，现在尚且乱成一锅粥，你们西戎，没有什么文化，治理起来是不是更难啊？

“由余本是晋人之后，因为投身于西戎而被重用，因此，他非常熟悉中原文化和游牧文化的区别。由余笑着回答道：‘此乃中国所以乱也。夫自上圣，黄帝作为礼乐法度，身以先之，仅以小治。及其后世，日以骄淫，阻法度之威，以责督于下，下罢极则以仁义怨望于上，上下交争怨而相篡弑，至于灭宗，皆以此类也。夫戎夷不然。上含淳德以遇其下，下怀忠信以事其上，一国之政犹一身之治，不知所以治，此真圣人之治也。’

“在由余看来，诗书礼乐正是中原国家混乱的原因。因为中原文化发展的规律是国家富强后统治者必然骄奢淫逸，凭借法律制度的威严来要求和监督百姓，百姓疲惫到极点就会怨恨君主不仁不义。上下互相怨恨导致国家上层和下层分裂，造成内乱。而草原民族文化则不然。草原地区物质文化不发达，贫富差距也不大，他们没有民主观念，没有权利意识，能吃苦，以绝对服从为天职，具有高度的凝聚力和向心力，因此上下一心，都很团结。

“一番话让秦穆公如梦初醒，深以为然，遂聘由余为宾客。”

此后，秦国的文化理念、发展思路发生了大幅改变，和西戎融合，对其多有吸收、借鉴，其后国力也为之一振。陈寅恪说：“取塞外野蛮精悍之血，注入中原文化颓废之躯，旧染既除，新机重启，扩大恢张，遂能别创空前之世局。”草原文化与法家文化的内外合流，造就了大秦帝国的强大之因。

《大秦赋》里，嬴政让宗室诸臣反复朗诵李斯《谏逐客书》中的语句：“昔穆公求士，西取由余于戎，东得百里奚于宛，迎蹇叔于宋，求邳豹、公孙支于晋。此五子者，不产于秦，而穆公用之，并国二十，遂霸西戎。”可以看出，秦国在治国方略与人才大计上都是不拘一格、兼收并蓄的。

秦时明月汉时关。

秦末刘项争雄，刘提三尺剑而取天下，是布衣战胜贵族的示范。刘项都不爱读书，刘邦还把儒生的帽子摔在地上撒尿。刘的制胜之道和儒道的熏养毫无瓜葛,而在于卓越的组织能力和战功文化，能识人用人，察纳雅言，大方行赏。

汉初，拨乱方正，与民休养生息，治理者多崇黄老之道，追求无为而治。大才贾谊提出“阴儒阳法”的治理方略，对后世影响深远。到了一代雄主汉武帝时，董仲舒策划并发动了一场“文化大革命”，“罢黜百家，独尊儒术”。这在某些人看来是别开生面的大气魄、大举动，但在大儒钱穆眼里，却恰相反，“中国古代思想真实的衰象，应该从汉武帝时代的董仲舒开始”。

钱穆在《中国思想史》里提出，董仲舒的思想并非原教旨的儒家主张，其主要渊源是战国晚年的阴阳家邹衍，这就谬种流传，“更使仲舒思想，由附会而转入怪异，随使此后的思想界中毒更深”。很多人眼里的“正统”，在钱穆看来却是“歧途”，这无疑是值得深思的。

东汉末年，三足鼎立，又是大争之世。刘备托言中山靖王之后，以道德为旗，言必称仁义。曹操只是宦官之后，又喜怒无端，直言无忌。苏轼曾记载说，他生活的北宋年间，民间说书人讲三国故事。一讲到刘备战败了，听者就跟着流泪，但一讲到曹操输了，听者都大声叫好。

但实际上，刘备翻云覆雨，背信弃义。二十多年间投靠六人，基本都是败则投靠，然后卖主反水，是典型的伪君子。和他相比，曹操也有不少人格污点，却无疑要真实可爱很多。探求二人思想渊源，《三国志》中说，曹操“揽申、商之法术”，他受先秦法家思想影响很大，而他重点打击的正是儒家的理念与组织。

按照易中天的说法，曹操掌握政权以后，就把东汉的“政治正确”颠覆了，仅仅一个“唯才是举”便让坚持儒家路线的官僚集团如丧考妣。孔融是儒家的代言人，曹操即以其人之道，还治其人之身，极具讽刺意味地以“不孝”的罪名杀了孔融，差点就让儒家伦理断子绝孙。

而刘备阵营的诸葛亮虽然被后世儒家尊为圣人，其内政外交却全是法家路线，甚至不顾“人无二君”的儒家伦理，公然承认孙权称帝，还在地图上与孙权瓜分了曹魏的地盘。

从战国到三国，就此一段历史文化，梁启超曾有评析总结：“秦人用之（法家思想）以成统一之业。汉承秦规，得有四百年秩序的发展。盖汉代政治家萧何、曹参，政论家贾谊、晁错等，皆用其道以规画天下。及其末流，诸葛亮以偏安艰难之局，犹能使‘吏不容奸，人怀自厉’（《三国志·诸葛亮传》陈寿评语），其得力亦多出法家。”

其后，司马代魏，曹操一统天下的大梦转换成了魏晋南北朝的离乱。易中天的结论是，“谁都知道，魏晋风度跟两汉精神可是迥然不同，盛唐气象则是螺旋式上升的否定之否定。结果，中华民族焕然一新，在唐宋两代创造了当时世界上顶尖级的文明”。

有意思的是，被后人一再标举的大唐盛世，其创始人集团并非儒家文化滋养的纯正汉人，而是承继异族血统的混血儿。

据历史学家张宏杰考证，唐高祖李渊的生母、皇后和一个儿媳均为鲜卑人，加上李世民、李治几代连续混血。“中国历史上最伟大的皇帝之一唐太宗李世民最多只有十六分之三的汉人血统。如果纯粹按血液成分的多少来算，李唐一族也可以算成是少数民族。”

而在此之前，唐所承继的隋朝，其创立者杨坚也是一个鲜卑化的汉人。杨家世代和鲜卑族生活在一起，为鲜卑人服务。隋炀帝杨广的母亲是鲜卑柱国独孤信之女，因此杨广是半个鲜卑人。

隋唐之后，抛开异族统治的元朝与清朝，到宋明之际，儒家信条在程朱理学的影响下，日益走向干枯僵化。旅美历史学家黄仁宇的名著《万历十五年》从1587年这个平淡的明朝年份入手，选取了万历皇帝朱翊钧、首辅张居正、清官海瑞等六个代表人物逐一解析，发现它们都陷在一个被写死的迷局里，难以改变，无法脱身。黄仁宇对此给出他的见解：儒家陈旧而教条式的管理思路，在被一代代文人强化、传承的过程中，已经完全变味了，成为不可能让任何变革发生的一洼死水。

即便自奉为儒家忠实信徒的傅雷，站在东西交汇的节点上，在给儿子的家书中也犀利评析：“对中国知识分子拘束最大的倒是僵死的礼教，从南宋的理学起一直到清朝末年，养成了规行矩步，整天反省，唯恐背礼越矩的迂腐头脑，也养成了口是心非的假道学、伪君子。”

历史的水脉淌到晚近之时，其流向再次成谜。结果，李云龙、姜大牙们的“小米加步枪”打败了黄埔师生们操纵掌控的洋枪大炮。金一南在《苦难辉煌》里记载，27 岁的青年蒋介石阅读《曾文正公全集》，手不释卷，竟至双目成疾。蒋也仰慕另一位儒家代表人物王阳明，败退台湾后，蒋曾将其钟爱的本地名山草山改名为“阳明山”。为蒋撰写年谱的毛思诚说，蒋“军事学即以巴尔克战术书为基础，而政治学则以王阳明与曾文正二集为根底也”。

而作为求知者的毛泽东则涉猎甚广，他通晓文史，也爱看自然科学与哲学著作。他熟读柏拉图、康德、黑格尔、杜威、罗素等人的著作，钦佩达尔文，爱读一本叫《自然辩证法研究通讯》的小众杂志。据他的国际问题秘书林克回忆，“毛泽东经常在刚刚起床，在入睡之前，在饭前饭后，在爬山、散步中间休息时，以及游泳之后晒太阳时学英语”，这种爱好与习惯伴随终生。

从古到今一路探根溯源，我们无疑会有几点发现：

第一，每遇大争之世或非常之时，胜利常常不属于循规蹈矩的人，而钟情于那些传统体系中的“离经叛道”者。这样一类人，不为教条、偏见和面子所缚，他们能从真正的规律、本质和原理出发，抵达目标。木心有言：“世界荒谬、卑污、庸俗。天才必然是叛逆者，是异端，一生注定孤独强昂。”

第二，开放是强大之基。无论秦的崛起、唐的强盛，还是当代改革开放 40 多年的成就，开放为一个集体的理念、制度与人才注入源头活水，倒逼其更积极、健康地前行，而内卷封闭无疑将带来危险、退化与崩坏。

第三，就我们的文化遗产而言，也需要重新审视与扬弃。为何作为正统的儒家理念在承平之时统治有效，到了争雄之时就往往失灵呢？正如某学者所言，“我们的诸子百家好是好，有两个毛病：一个就是没有执行力的斯文，第二个就是不了解其他文明的封闭”。

儒家文化的四个短板

所谓国学诸子百家，或三教九流，用梁启超的说法，“其实卓然自树壁垒者，儒墨道法四家而已。其余异军特起，略可就其偏近之处附庸四家”。

而四家之中，一直被奉为正朔的自是儒家。

儒家文化作为绵延至今的主流文化，其高蹈的、精进的、自省的积极一面自不待言，它的短板却也是显而易见的。在我看来，至少有四项。

其一，不能直面人性。在“存天理，灭人欲”的口号下，它对人性的复杂性与真实性视而不见，转而去追求一种一尘不染、遥不可及的绝对人格。结果只会是知行分离，伪君子遍地。

《庄子》里有两个故事，都是庄子对于儒家失其“天真”的拷问。孔子不听柳下季的劝阻，执意要去见横行天下的盗跖，意图劝说感化。孔子自信站在道德与口才的制高点上，能降伏盗跖。不料，盗跖也只是动口不动手，一番言语便让孔子“色若死灰”“不能出气”。盗跖对孔子的指斥以“巧伪人”开始，以“子之道，狂狂汲汲，诈巧虚伪事也”作结。核心论点只在一个“伪”字。

另一个给孔子上课的是“渔夫”。孔子开始“窃待于下风”，后来“请因受业而卒学大道”，只因为渔夫告诉了他“何谓真”，“真者，精诚之至也”。

《墨子》里也有一个故事。孔子和弟子被困于陈蔡的时候，子路煮熟一头小猪，抢了别人衣服来买酒，孔子不问肉和酒从哪里来的就好酒好肉下肚。后来孔子被鲁哀公请回国，他见席没放好、肉没切正就不吃。子路疑惑，您怎么跟在陈蔡之地相反了呢？孔子巧舌如簧：过去我们是为了求生，现在是为了求义。

墨子对此评价道，饿肚子的时候就不惜妄取以保命，吃撑了的时候又用虚伪的行为来粉饰自己。“污邪诈伪，孰大于此。”

其二，不能直面金钱。儒家一直轻贱商业，认为它是不入流的末等之事。后来谬种流传，连“钱”都不愿意目见耳闻，挖空心思为它想出各种代号别称。

从《世说新语》里的一个故事，可以窥斑知豹。魏晋名士王衍厌恶他老婆世俗贪利，从不谈“钱”。老婆想试试这个人，就让人在他床边堆满钱，不能下脚。第二天早上，王衍起来一看，就招呼婢女“举却阿堵物”（拿走这东西），就是不说“钱”这个字眼。

对货币的鄙薄自然造成经济的萎缩。社会学家马克斯·韦伯认为，儒学对发展资本主义毫无益处。儒学让传统过于厚重，人无力反思做事的方法。对官僚体制的投入产生了一个静态社会，然而创业精神来自焦虑和希冀的有效融合。

历史学家张鸣也有类似的看法，在他看来，中国近代史就是融入西方体系的过程。“西方世界迎合了人类创造和追求财富的需求，一旦这个世界的价值观普及开来，会产生一种内在的驱动力驱使人们去进入它们的世界。”

回头来看，史家司马迁的过人之处正在于其史观，“为商人正名”是其超拔流俗之处。他旗帜鲜明地反对“越穷越光荣”，而倡导“共同富裕”。

《货殖列传》里说：“君子富，好行其德；小人富，以适其力。渊深而鱼生之，山深而兽往之，人富而仁义附焉。”他尤其讲了子贡的故事，为企业家正名。商人子贡是孔子学生里的首富，富可敌国，与各国国君可以分庭抗礼。各国国君一看，子贡这么厉害，他的老师估计就更了不起了。孔子周游列国，声名远播，其实很大程度上是靠了商人子贡。

在传统认知里，农业是本业，商业是末业。能给予商业与商人客观评价的只有儒家中的异端荀子、司马迁、王阳明等寥寥几人，王阳明提出士农工商“四民异业而同道”，“虽终日做买卖，不害其为圣为贤”，便是对商人阶层的精神松绑。据田涛《理念·制度·人》记载，放眼看世界的任正非在巴塞罗那与几位中国媒体人交流时，便曾直言不讳，儒道哲学几千年了，中国为什么没有出现工业革命？经济为什么没有发展起来？

第三，不能直面法治。儒家讲究“君君臣臣父父子子”，“贵贱有等，尊卑有序”，这种规则与秩序发展出的是一人独大的“王法”，却不是众生平等的“约法”。“德”与“礼”没有法治的保障，也渐异化为吞噬个人价值的“吃人”工具。

就像易中天所说，靠道德或礼仪来治国，是完全靠不住的。“问题并不在于或并不完全在于‘以道德代替法治’，还在于这种用来代替法治的道德又是不道德或不完全道德的。既然如此，这种制度的碍难成功和必然走向山穷水尽，也就自不待言。因为‘以道德代替法治’原本就有问题，何况这‘道德’还不一定道德!”

第四，不能直面科技。儒家轻视发明创造与手工匠人，将之一律视为“奇巧淫技”。因此，早期的本土科技也有发端与兴盛，但都不在四书五经中，而在涤荡旧染的《墨子》《梦溪笔谈》《天工开物》中。由此，所谓的“李约瑟之谜”也就不难理解。

关于这一点，特立独行的王小波在《我看国学》一文里说得尤为形象：

“按照现代的标准，孔孟所言的‘仁义’啦，‘中庸’啦，虽然是些好话，但似乎都用不着特殊的思维能力就能想出来，琢磨得过了分，还有点肉麻。假如说，朱子是哲学家、伦理学家，不能用自然科学家的标准来要求，我倒是同意的。可怪的是，咱们国家几千年的文明史，就是出不了自然科学家。

“我承认自己很佩服法拉第，因为给我两个线圈一根铁棍子，让我去发现电磁感应，我是发现不出来的。牛顿、莱布尼兹，特别是爱因斯坦，你都不能不佩服，因为人家想出的东西完全在你的能力之外。这些人有一种惊世骇俗的思索能力，为孔孟所无。

“现在可以说，孔孟程朱我都读过了。虽然没有很钻进去，但我也怕钻进去就爬不出来。如果说，这就是中华文化遗产的主要部分，那我就要说，这点东西太少了，拢共就是人际关系里那么一点事，再加上后来的阴阳五行。这么多读书人研究了两千年，实在太过分。

“四书五经再好，也不能几千年地念。此种学问被无数的人这样钻过，会成个什么样子，实在难以想象。那些钻进去的人会成个什么样子，更是难以想象。就说国学吧，有人说它无所不包，到今天还能拯救世界，虽然我很乐意相信，但还是将信将疑。”

以此来看，儒家自然也有其优秀的甚至优美的诸多好处，但在齐放的百花里只独秀这一支，在我们深远的万古江河里只独取这一瓢，显然也是有问题的。

墨家兼爱、非命、节葬的观点，道家的想象力、自然、辩证的态度，法家的制度理性、现代性、对人性的激发……这个五彩缤纷的花园，这个纵横交错的水网，其中很多层次、很多方面都无疑是大有营养与价值的。

穿越 100 年的拷问

古人不见今时月，今月曾经照古人。

对先人递给后来者的这篮子苹果，今天到底应该取何种态度，如何拣选？

100 年前，这个大问题也在胡适的脑海里回旋激荡。最后，他求索的答案是四个字——整理国故。

1919 年 12 月，胡适在《新青年》第七卷第一号《“新思潮”的意义》一文中提出“研究问题、输入学理、整理国故、再造文明”的口号。1923 年在北京大学《国学季刊》的《发刊宣言》中，他更系统地宣传“整理国故”的主张。

胡适认为，“整理就是从乱七八糟里面寻出一个条理脉络来；从无头无脑里面寻出一个前因后果来；从胡说谬解里面寻出一个真意义来；从武断迷信里面寻出一个真价值来”。

而“国故”又是什么呢？“中国的一切过去的文化历史，都是我们的‘国故’；研究这一切过去的历史文化的学问，就是‘国故学’，省称为‘国学’。‘国故’这个名词，最为妥当；因为他是一个中立的名词，不含褒贬的意义。‘国故’包含‘国粹’；但他又包含‘国渣’。我们若不了解‘国渣’，如何懂得‘国粹’？”

他的基本主张，正是“立足本来，吸收外来，面向未来”，对“国学”这摊已经有些变味的水进行正本清源，对这个凌乱陈旧的老房子进行修葺翻新。

方向应当是正确的。胡适和他的同行者也各自做了一些尝试，但零散的实践，影响甚微。造化弄人，百年已降，“国学”这个老账本依然是一笔糊涂账。尽管中间也有一些形近实远的努力，“国学”却既没有搞清楚它存量里的精粹和渣滓各是什么，也没有与现代西方文明实现有效对接。更多的时候，它在两个阵营的顾此失彼与自说自话中彷徨无措。

一直以来，“全盘西化派”陶醉在西方的幻梦里，对着昨日的西洋镜刻舟求剑，结果只能是望洋兴叹。曾经激烈地反传统、主张全盘西化的斗士李敖后来也明白此路不通，回到了胡适的道路上：“在现代生活中我们对这个传统要承受多少？要抛弃多少？……必须用开清单的方法一件件地谈。”

钱穆也称：“我们此刻，一面既否定了传统制度背后的一切理论根据，一面又忽略了现实环境里面的一切真实要求。所以我们此刻的理论，是蔑视现实的理论。而我们所期望的制度，也是不切现实的制度。”

“泥古不化派”则沉醉在东方想象里，拿着老祖宗的药方守株待兔，却不见这株已有些松动腐坏，结果也只能是缘木求鱼。没有审视、革新、进化的传统，只会沦为吞噬人性的怪兽。在发黄的故纸堆里，鲁迅从中看到了“吃人”二字，柏杨则从中看到了“酱缸文化”四字。

茫茫两派流中国，造成思想界弊病丛生，历史学家许倬云一语中的：“中国文化到了今天已经是只剩皮毛，不见血肉，当然也没有灵魂，这是叫我伤心的地方。……今天学术界非常显著地崇洋媚外，也非常显著地抱残守缺，这两者是相配而行的。抱残守缺又不能见全貌，所以崇洋媚外，取外面东西来填补，没有自发的精神，有聪明才智但是不敢放，不敢用自己的聪明才智来解决自己的精神困扰和饥渴，这是值得担忧的事情。”

西方和历史都是我们的老师，却也应该是我们努力超越的对象。

“整理国故”100年后，这个国家又站在一个新的点位上，开启艰难登顶的征程。只有经济的强大，并不足以收获充分的尊重。一个国家的强盛，却必定会带来一种文化的备受瞩目。

中华民族从苦难与曲折中一路行进至今，中国文化也自然需要一番蜕变、昂扬与奋发。然而，“最叫人担心的事情”发生了。“学术界绝大多数人忙着写小论文，忙着搞升职，忙着搞项目，民间文化界忙着去点缀打扮，都是交白卷。”

但问题仍在，无法绕开。在这个关键时点，“许倬云之问”掷地有声，成为一代国族精英无法回避的沉思：大家是否应当寻找共同生活的一套价值观念？什么是对，什么是错，什么是好，什么是坏，什么是丑，什么是美，我们足以引领世人的核心理念到底是什么？

紧接着，百年前的“胡适之问”接踵而至，在知识思想界留下一个巨大的问号：在今天，“整理国故”是否依然有必要？如果有必要，是否有可能？如果有必要、有可能，是否有解决方案？

两位文化赤子与巨子出的题，显然是一个巨大的难题。

难点在于机制。这是一个系统工程，需要聚合众多的专长与智慧，既要百舸争流，又要汇川成海。

难点还在于理念。我们惯见被概念与立场绑架的观点，却罕见超越左右、联通古今、融汇中西的视野。

但最大的挑战，恐怕还在人才上。可以想见，这是一条热闹世界中无比寂寞的路，需要在精神的广漠之野荷戟独彷徨。选择了它，便是万径人踪灭，千山我独行。

今时今日，还会有这样的人吗?

参考文献

[1] 田涛 . 理念 · 制度 · 人：华为组织与文化的底层逻辑［M］. 北京：中信出版社，2020.

[2] 张鸣 . 重说中国近代史［M］. 北京：中国致公出版社，2012.

[3] 梁启超 . 先秦政治思想史［M］. 北京：中华书局，2016.

[4] 钱穆 . 中国思想史［M］. 北京：九州出版社，2012.

[5] 钱穆 . 中国历代政治得失［M］. 北京：九州出版社，2012.

[6] 许倬云口述，李怀宇撰写 . 许倬云谈话录［M］. 桂林：广西师范大学出版社，2010.

[7] 龚育之，逄先知，石仲泉 . 毛泽东的读书生活［M］. 北京：生活·读书·新知三联书店，2021.

[8] 理查德·伊文思 . 邓小平传 [M]. 田山，译 . 北京：国际文化出版公司，2014.
[9] 金一南 . 苦难辉煌：典藏版 [M]. 北京：作家出版社，2021.
[10] 张宏杰 . 简读中国史：世界史坐标下的中国 [M]. 长沙：岳麓书社，2019.
[11] 杨照 . 史记的读法 [M]. 桂林：广西师范大学出版社，2019.
[12] 易中天 . 品人录 [M]. 上海：上海文艺出版社，2017.
[13] 刘勃 . 失败者的春秋 [M]. 天津：百花文艺出版社，2020.
[14] 刘勃 . 战国歧途 [M]. 天津：百花文艺出版社，2019.
[15] 庄子 [M]. 陈鼓应，解读 . 北京：国家图书馆出版社，2017.
[16] 墨子 [M]. 方勇，译注 . 北京：中华书局，2015.
[17]吴建民 . 准确认识今天的世界 [EB/OL].（2016-04-06）[2020-12-01]. http://comment.cfisnet.com/2016/0406/1304427.html.
[18] 凤凰网读书 . 为什么儒家文化不利于产生资本主义 [EB/OL].（2020-06-14）[2020-12-01].https://mp.weixin.qq.com/s/h7X4J_In85MO0ZB4De-sXQ.
[19] 最爱历史 . 三国最大的伪君子，如今仍被万众膜拜 [EB/OL].（2020-09-11）[2020-12-01].http://view.inews.qq.com/w2/20200911A0CLXZ00.
[20] 清和 . 内卷化焦虑 [EB/OL].（2020-11-24）[2020-12-01].https://www.163.com/dy/article/FS96V98T05118H97.html.

21 企业家为什么要读历史？[1]

太阳底下无新事。

近期为人关注的几件事，在历史上都有相关的渊源与记录。

《荀子》里的“娘炮”现象

其一，对娱乐乱象的整顿和对“娘炮”现象的批评。

新闻事件背后，很多人好奇的问题是：为什么娱乐明星的收入奇高？其实这一现象中外皆有，在经济学上亦有专门的解释。

亚当·斯密在其巨著《国富论》中有一段落专门谈到这一问题，他说：“世上有几种非常适意而优美的才能，若能取得，定能博得某种赞赏，但若用这才能来谋利，世人就会根据意见或偏见认为是公开出卖灵魂。因此，为谋利而运用此种才能的人，所得金钱，不但须补偿他学习这种技能所花的时间、功夫和费用，且须补偿他以此谋生而招致的声名上的损失。俳优、歌剧唱角、歌剧舞蹈者等所以有非常大的报酬，乃是起因于这两个原则：（1）才能罕有而

---

① 本文创作于 2021 年，作者陈为。

美好；（2）由于运用这才能而蒙受的声名上的损失。我们在一方面鄙视其人格，在另一方面却又对其才能给予非常优厚的报酬，这乍看起来，似乎很不合理。其实，正因为我们鄙视他们的人格，所以要厚酬他们的才能。”

书中将如今年轻人追慕不已的大众偶像称为“公娼”，并预言，“假若世人对于这些职业的意见或偏见一旦改变，他们的金钱报酬很快就会减少”。

他的预测显然失灵了。

现代的娱乐行当已经充分正常化、世俗化了，每年本土的大学艺考都是媒体争相追逐的焦点，应该说职业偏见在一定程度上已然消失，但“他们的金钱报酬”似乎并没有很快减少，反而在快速增加。

这当与时代的主旨转换有关，前人很难料想到如今世界会进入普遍性的“娱乐至死”年代，年轻人对于大众偶像的渴求日渐炽烈。而在供给侧，“才能罕有而美好”的供给相对稀缺，所以，很多明星有着让人惊诧的高收入。

从这个角度，娱乐明星享有高收入，在经济学上有一定的合理性。

经济学的运行，即便规则健全，也有人性与时代的变量，所以有时需要“看得见的手”出来发挥作用，完善秩序。

这里面还有一个复杂的问题，为什么有的艺人明星作品寥寥，却依然粉丝众多，热度很高？一个重要的原因或是，年轻人如今的趋向，觉得颜值就是“才能”本身，因此一些偶像明星能享受到颜值红利和颜值溢价。

而在这类靠脸吃饭的人中，有一类就是如今被批评的所谓“娘炮”。那么，对他们的讨伐，是否合理呢？

我在翻阅《荀子》时意外地发现，2000多年前，荀子对这个问题就有完整的论述。

“今世俗之乱君，乡曲之儇子，莫不美丽姚冶，奇衣妇饰，血气态度拟于女子；妇人莫不愿得以为夫，处女莫不愿得以为士，弃其亲家而欲奔之者，比肩并起。”

这段话出自《荀子·非相》，意思是说，现在世上一些犯上作乱的人、乡里的一些轻薄少年，没有不美丽妖艳的，他们穿着奇装异服，像妇女那样装饰打扮自己，神情态度都和女人相似。妇女和姑娘们却都很喜欢他们，甚至想抛弃了自己的亲人、家庭而去和他们私奔。

千载之前的这段话，至少说明了两点：

第一，在人类审美中，有一类极致的美就是雌雄同体。喜欢“小鲜肉”“娘炮”并不是今时才有的所谓“病态文化”，而是一种顽固坚挺的人性，至少从先秦时代一直绵延至今。第二，有这类特质的人虽然被不少平民喜欢，却一直为社会主流所厌弃。在荀子的原文里，这类人的下场挺惨。“中君羞以为臣，中父羞以为子，中兄羞以为弟，中人羞以为友。”《非相》宣导的核心思想就是要以思想看人，而不以貌取人。

一切历史都是当代史。荀子生活的年代至今已逾2300年。《国富论》出版于1776年，迄今已245年。如今回看荀子和亚当·斯密当年对艺能产业的透析，深入本质，值得玩味。

《国富论》里的商业家

其二，是“反垄断和防止资本无序扩张”。有历史视野的人当晓得，这也不是新情况和新问题。

同样在《国富论》中，亚当·斯密除了大书特书分工与市场，还出人意料地写下了他对商人阶层的观察和意见：“商业家制造家在这一阶级中使用之资本最大，因他们最富裕，故大为社会所尊敬。他们终日在从事规划与设计，自然比一般乡绅，持有遥遥敏锐的理解力。可是因为他们通例勤于为自己的特殊事业的利益打算，而疏于为社会全般的利益打算，所以，他们的判断，即使在最为公平（一向并非如此）的场合，也是关于前者方面的，要比关于后者方面的，遥为可靠。他们优于乡绅的，与其说他们更理解公众利益，倒毋宁说他们更理解自身的特殊利益。”

今天来看，亚当·斯密这方面的论述也是失之偏颇的。对现代社会而言，企业家是财富创造者，是就业解决者，是价值发动机，体现着社会经济的活力，是无比稀缺的社会资源。他们做好商业本身，便一定程度上成就了公众利益。这已是相当范围内的社会共识。

但从社会治理的角度，效率与公平的平衡却一直是一对深刻矛盾。亚当·斯密的言论代表了其一种维度的思考。真正的“企业家”，也当克服“商人”的局限性。

对企业家群体而言，如何深度理解社会问题并积极有为，对于自己的生存和发展非常重要。在此方面，历史上，远的、近的，都有很多专门的著述、思考或反思，只是很多人对历史的回音要么充耳不闻，要么看作噪声。

《国富论》出版近百年后，马克思的《资本论》横空出世，深刻提出劳资命题。再过半个多世纪，孙中山于 1921 年明确提出，民生主义就是要解决“土地”与“资本”两个问题。1924 年国共合作时，他又进而正式提出“节制资本”，并把它与“平均地权”并列为其三民主义中“民生主义”的两大基本纲领。

近10年来，也有中外学者就资本问题做深入研究，警醒世人。2014年，法国经济学家托马斯·皮凯蒂的专著《21世纪资本论》承前启后。书中第一次用大数据来测算收入与财富分配不平等问题。据报道，中国最高领导人对此书也有相当称许：“作者的分析主要是从分配领域进行的，没有过多涉及更根本的所有制问题，但使用的方法、得出的结论值得深思。”①

同年，本土经济学家向松祚多年磨一剑，推出力作《新资本论》，发出忧思。在书中，他断言全球金融资本主义经济体系席卷而来，造成劳资对立与贫富失衡问题，需要高度重视，协力面对。

事实上，近年全球贫富差距大幅攀升，根据瑞士信贷《2021年全球财富报告》数据，全球最富有的10%人群拥有全球82%的财富，其中，最富有的1%人群的财富占比达到45%；而处于全球财富底层的50%人群拥有的财富占比不足1%。

由此来看，促进社会平衡发展之箭，不得不发。而共同富裕，当成为企业家的自觉追求，而非被动应对。

在历史视野里，很多东西原本不是新生的。当它在你的认知世界里未曾出现的时候，你便会觉得它是突然的、陌生的。

从历史观到宇宙观

马未都在京沪两地都建有观复博物馆。博物馆的墙上，刻着

① 《习近平在哲学社会科学工作座谈会上的讲话》，《人民日报》2016年5月19日02版。

“观复”一词的来历，出自《道德经》中的“万物并作，吾以观复”一句。

在这位风云过眼的“老历史”看来，很多东西都不过是历史的重复和再现。

如今各地鼓励生育，多有举措。其实《管子》中就有关于“慈幼”的多般政策，不逊今日。“士民有子，子有幼弱不胜养为累者，有三幼者无妇征，四幼者尽家无征，五幼又予之葆，受二人之食，能事而后止。”即是说，凡士民子女中有弱幼不能供养成为拖累的，要加以照顾，对养育三个幼儿的，免除向妇女征收布帛，对养育四个幼儿的，全家免征，对养育五个幼儿的还配给保姆，领取国家发给的两份口粮，直到幼儿能生活自理为止。

虽然承认历史循环反复，但对历史，却显然有两种态度。

黑格尔在《历史哲学》里有一句名言：“人类从历史学到的唯一教训，就是人类没有从历史中吸取任何教训。”

在这方面，西方的哲人和东方的诗人殊途同归，异曲同工。

唐代诗人杜牧在《阿房宫赋》里总结秦朝覆灭的教训，悲哀地评价，历史一再重演，前人踩过的坑后人却大概率会一直踩下去，并不能绕坑而行：“秦人不暇自哀而后人哀之，后人哀之而不鉴之，亦使后人而复哀后人也。”

黑格尔跟杜牧显然对人们从历史中学习的能力不太乐观，可称之为佛系的历史观。我更为欣赏的是另一种，有为的历史观。

国民党元老于右任一生追随孙中山。

民国元年，于右任曾参加孙中山家宴，留有照片。多年后再见相片，当年席中人惟余莽莽，仅剩自己一人。于右任却没有睹物伤情，他挥毫写下一首《题民元照片》：“不信青春唤不回，不容青史尽成灰。低回海上成功宴，万里江山酒一杯。”

不容青史尽成灰，就是相信历史，牢记历史，应用历史。在他们看来，往事并不随风，历史也不是任人涂抹的小姑娘，而是伴随人类征程始终的一条浩瀚长河。

这便是有为的历史观。

这种历史观，向前打望，却不匍匐于古人面前；临河而立，却不在川上空叹“逝者如斯”。他们善于熔古今为一炉，穿越时空，古为今用，借陈出新。

溯源今天的很多政治概念，如“小康”“以德治国”“以经济建设为中心”等，其实都取材于历史，而又被赋予新的内涵。

在历史的探求与运用方面，毛泽东无疑是一位顶尖高手。

他与地方官员交流时，经常问及当地的历史遗迹，并提醒他们处理面前的现实问题时应该研究哪些历史素材。

而他的理念世界，不仅是有为的历史观，更扩充为雄健的宇宙观。不论“坐地日行八万里，巡天遥看一千河”，也不论“天若有情天亦老，人间正道是沧桑”，更不用说“人猿相揖别。只几个石头磨过，小儿时节”，毛诗里的世界鲜有忧郁感伤，而是心骛八极，思接千载，洋溢豪雄之气。

1918 年，好友罗章龙赴日留学，毛泽东挥毫写下一首七古相送互勉：“丈夫何事足萦怀，要将宇宙看稊米。沧海横流安足虑，世事纷纭从君理。”写下这首诗时，毛泽东时年 25 岁。

英国的诗人布莱克从一朵花里看到世界，从一粒沙里发现天堂，而东方的哲人却把宇宙看成了米粒。

古时的诗人苏轼与友人夜游赤壁，友人慨叹，人生世间犹如“寄蜉蝣于天地，渺沧海之一粟”，不由得“哀吾生之须臾，羡长江之无穷”。苏轼却有另一番眼光，另一番境界，水看似“逝者如斯”，其实并没有真正逝去；月“盈虚者如彼”，却也没有真正增减。可见，从事物易变的一面来看，天地间没有一瞬间不发生变化；而从事物不变的一面来看，万物与自己的生命同样无穷无尽，又有什么可羡慕的呢！

正如李敖在《对自然要自然》一文中所说：“自然应带给人对宇宙的远大看法，物换星移，时序代谢……都是使人了解宇宙真相的凭据。……有了这种达观的心胸，再回过头来看人世，人才会觉悟到这辈子该怎么活才不虚此生，才会觉悟到此生已为错误的安排浪费许多，实在不应该再浪费下去。这时候人会活得更积极起劲，肯定适合自己的，摆脱不适合自己的，使自己的生命愈来愈发光，而不是愈来愈黯淡。”

历史的三种作用

如果承认历史有益、有用，它究竟有何用？

具体而言，它有三个作用。

首先，历史是一面镜子。

公元643年，诤臣魏征病逝，唐太宗很难过，他流着眼泪说：“夫以铜为镜，可以正衣冠；以史为镜，可以知兴替；以人为镜，可以明得失。魏征没，朕亡一镜矣！”

历朝历代，皆重修史，很大的用意与用功正在于打磨一面明镜，让今人、后人能在前人的故事里，观兴替而有以镜鉴。

同时，历史也是一把钥匙。

要打开错杂纷乱的现实之锁，钥匙常不在当下。有时它隐藏在未来之门内，有时却潜藏于历史的烟云之中。

对当代企业家群体而言，清末状元实业家张謇确实能带来精神牵引与人格示范；而在重庆的卢作孚故居，我发现，“国家现代化”“以经济建设为中心”等重要理念，都肇始于这位优秀的本土企业家。

而对个体而言，感受最为真切的则可能是，历史是一道光。

它是先行者回首后来者投射过来的一束温暖的光芒，让人温暖，给人灵感。

王阳明身居龙场之时，瘴疠之地，千死百难。中夜默坐，自念“圣人处此，更有何道”，“寤寐中若有人语之者，不觉呼跃，从者皆惊”，阳明心学自此横空出世，此后在儒家文化圈大放异彩，温暖无数人心，也成为杜维明所称“五百年来，儒家的源头活水”。

而这绵延的活水、相传的心火，正源于前人在王阳明心灵世界激发的一点灵明。

对后来者也一样。尽管晨光熹微，道阻且长，但赶路的人看见历史中的这束光，或许便会豁然开朗，心明眼亮。

如同历史哲学家汤因比在《历史研究》中用诗一样的语言对历史的定义：“就其本质而言，历史就是自由人聆听和响应的一种召唤、一种使命、一种天意，简言之，就是上帝与人的交融。”

参考文献

[1] 亚当·斯密 . 国富论 [M]. 郭大力，王亚南，译 . 南京：译林出版社，2010.

[2] 荀子 [M]. 方勇，李波，译注 . 北京：中华书局，2011.

[3] 管子 [M]. 李山，译注 . 北京：中华书局，2016.

[4] 上海辞书出版社文学鉴赏辞典编纂中心 . 毛泽东诗词鉴赏辞典 [M]. 上海：上海辞书出版社，2011.

[5] 阿诺德·汤因比 . 历史研究 [M]. D. C. 萨默维尔，编 . 郭小凌，等译 . 上海：上海人民出版社，2010.

22 《庄子》里的工匠故事[①]

“工匠”一词在《辞海》里的释义本是“手艺工人”。后来到“工匠精神”，这个词的内涵和外延已有大幅扩展与进化，指的是一种认真专一、精益求精的状态和追求。所以，任正非说，华为的生产线上没有“工人阶级”，只有工匠。

前几年，日本做寿司的小野二郎成了工匠精神的代言人，中国的不少企业尊之为神。听说河南的传奇企业胖东来，便长期在公司的大屏上滚动播放着《寿司之神》纪录片。

中国商界最新的工匠图腾则是美国纪录电影《徒手攀岩》。光溜溜的酋长岩平滑如镜，让无数想染指的人与猴子“望峰息心”。攀登过程中，但凡有任何畏惧与分神，后果都难以设想。但片中主角亚历克斯·霍诺德却最终两手空空，攀爬到顶，实现了人类难以预想的成就。

一直以来，谈及工匠与工匠精神，很多人总以为是西方尤其是日德的专利。但翻看中国的古书，工匠精神在这个国家，未必“流长”，却足够“源远”，中国先秦时期就已经大匠如云了。只是

① 本文创作于2020年，作者陈为。

我们一路从一丝不苟的工匠渐至成为胡适讥刺的囫囵吞枣的“差不多先生”，也是足可以感慨一番的。我一直记得，有一回在欧洲某个服装市场，当地摊贩看我们一群中国面孔过来了，想说点汉语套套近乎，拉点生意，未料一开口竟直接是一成语——马马虎虎……

古时的手艺人

古时，用“百工”指代工匠。

《周礼》的《考工记》是最早的手工业文献，里面开宗明义：“国有六职，百工与居一焉”，系统介绍了轮人、舆人、辀人，及筑氏、冶氏、桃氏等众多工职与匠人。《论语·子张》中有“百工居肆，以成其事”的说法。《墨子》中除了“百工”，多有提及“巧工”与“匠人”。

墨子本人就是一个技艺过人的超级工匠。据记载，他能造车辖，还能造出在天上飞一天的木鸢。在这一点上，木匠的祖师爷鲁班自然更厉害，他“削竹木以为鹊，成而飞之，三日不下”。鲁班得意扬扬，自以为至巧。墨子却不以为然，说你这玩意儿只是奇巧淫技，雕虫小技而已，还不如我造车辖，三寸之木就能承受千斤之重，主要是车辖实用，能拉货啊，“利于人谓之巧，不利于人谓之拙”。后来鲁班造出云梯，助楚攻宋时，墨子认为不义，竭力劝阻。他们在楚王朝堂之上操械演练，九个回合下来，鲁班竟然技穷败北。

到了《庄子》的《马蹄》篇，则直接出现了“工匠”一词。“夫残朴以为器，工匠之罪也；毁道德以为仁义，圣人之过也。”

孟子与庄子生逢同期，却观点迥异，世人有传孟子看不起庄子，但在工匠问题上，两人却有同好。孟子用的词是“大匠”。

《孟子·尽心上》中便有“大匠不为拙工改废绳墨，羿不为拙射变其彀率”的话，这里的“大匠”指的便是高明的工匠。《孟子·告子上》中还有“羿之教人射，必志于彀……大匠诲人，必以规矩”的说法，意思是羿教人射箭必要把弓拉满，大匠教学徒手艺必会遵照一定的规矩。

羿是神射手，古书说他曾射九日，相传弓箭就是他制造的。除了羿，先秦“匠人天团”里还有发明车的奚仲、发明铠甲的季杼等人。商朝时的贤臣傅说本是手艺不错的泥瓦匠，而商汤的名相伊尹则是技艺精湛的厨师，被后世喻为“中华厨祖”。

羿的子孙不绝如缕。后来宋朝的欧阳修写卖油翁，配角也是一个善射之人——康肃公陈尧咨。此人搭弓射箭，一出手“十中八九”，水平也相当可以。但卖油翁在旁边看着，却只是微微一笑，点点头，因为内行看门道，这手艺在他看来，“无他，但手熟尔”。鲜为人知的是，这篇名文在选入中学语文课本时，被删去了结尾的一句话。原文故事结束，欧阳修本来还有一句评论：“此与庄生所谓解牛斫轮者何异？”语气中多有对“解牛斫轮者”的不屑。

当时不像现在，手艺人并不吃香，儒家是一直轻视体力劳动的。《论语》里樊迟向孔子请教种庄稼的手艺，孔子表面上说，这话题问我不如去问一个老农民，然后等人出了门就指着人家骂“小人”。在儒家的文辞里，“百工”基本是作为“君子”的对立面而存在的。

后来王阳明教学生立志时也说：“志不立，天下无可成之事，虽百工技艺，未有不本于志者。”一个“虽”字，对“百工技艺”的态度跃然纸上。韩愈的名篇《师说》里更直言，“巫医乐师百工之人，君子不齿”。

到了现代，劳动人民成了“主人”，欧阳修不大得体的评论索性被一删了之。但删掉这句话，却也自此隔绝了很多年轻人对“庄生”所谈的“解牛斫轮者”的兴趣。其实，《庄子》不仅较早（或是最早）提出了“工匠”一词，也记录了不少工匠的故事。以现代的、宽泛的视角来看，“庄生”可谓工匠精神的首倡者，而《庄子》则堪称一曲中华工匠的赞歌。

象人、木鸡与槁木

庄子是战国时候的思想家。他在生活中破衣烂衫，还经常挨饿，却不失性于物、丧己于俗，精神上洒脱浪漫，自由不羁。学者陈鼓应称庄子是“整个世界思想史上最深刻的抗议分子，也是中国古代最具有自由性和民主性的哲学家”。眼高才大的木心评价，“中国出庄子，是中国的大幸”。鲁迅称赞《庄子》：“其文汪洋辟阖，仪态万方，晚周诸子之作，莫能先也。”

《庄子》一书是庄子及其后学的作品。按照司马迁的说法，原书本有“十余万言”，如今我们看到的版本源于晋代郭象的选编修订版，有 33 篇，共 65000 多字。这本书主题恢宏，言近旨远，讲了很多以小寓大的寓言故事，其中工匠的故事尤多。

《庄子·田子方》里讲了一个很厉害的人，就是列子，名列御寇。列御寇射箭时，在胳膊肘上放杯水，前箭刚发后箭又搭弓续上，水平如镜，人也像个木偶，纹丝不动。（“列御寇为伯昏无人射，引之盈贯，措杯水其肘上，发之，适矢复沓，方矢复寓。当是时，犹象人也。”）

这应该是奥运会金牌射手的段位了，一般人很难企及。

有一个善于训练斗鸡的人，叫纪渻子，跟列御寇挺像。别的人能修炼到形如槁木，心似死灰；这个人养的鸡也能全神贯注，呆若木鸡。

哈萨克人驯化猎鹰称为“熬鹰”，不让鹰睡觉，反复煎熬。纪渻子训练斗鸡也是一个“熬”的过程。日复一日，反复煎熬，四十天之后，斗鸡性情大变，“鸡虽有鸣者，已无变矣，望之似木鸡矣，其德全矣，异鸡无敢应者，反走矣”。常言说，爱叫的狗不咬人，这种不声不响的鸡也是真正可怕的狠角色。熬到这个阶段，它的同类根本不敢跟它斗，看到这种怪物就吓跑了。

这种浑然忘我、完全沉浸的状态，曾让孔子也佩服不已。《庄子·达生》里讲，有一次孔子带学生去楚国，在路上遇到一个驼背老人在林中捕蝉，他捉蝉就像在地上捡拾一样，唾手可得，轻而易举。孔子惊得下巴都要掉了，请教人家：您手艺这么好，有什么技巧呢？（“子巧乎，有道邪？”）捕蝉人说：我的方法无他，唯专注尔。捕蝉的时候，我的身体就像槁木枯枝，眼里除了两片薄薄的蝉翼什么都没有，这个时候你就是给我全世界来换这两片蝉翼，我都不换。（“吾处身也，若厥株拘；吾执臂也，若槁木之枝；虽天地之大，万物之多，而唯蜩翼之知。吾不反不侧，不以万物易蜩之翼，何为而不得！”）

孔子深有感触，指着这个活案例对学生们说，你们看，“用志不分，乃凝于神”，说的就是这老汉啊。

一叶在前，不见泰山

《庄子·知北游》里有一个手艺人也很让人惊叹，这是大司马家里一个锻造带钩（束于腰带上的挂钩）的工匠（捶钩者）。此人年过八十，还技艺精湛。大司马惊了，也问了跟孔子一样的话："子巧与？有道与？"老铁匠的回答跟捕蝉者很相似："臣之年二十而好捶钩，于物无视也，非钩无察也。"我二十来岁就喜欢干这行，我做带钩的时候，眼睛里只有带钩，世界上只有带钩。

实际上，专注的人运气不会太差，全世界对这类人都是发奖状的。印度史诗里讲过一个相似的故事。皇室教师特罗那教公子射箭。到了林中，问一学生：看见鸟没有？答：看到了。又问：看见树林和我没有？答：都看见了。特洛那又问另一个学生：看见鸟、林树、众人否？学生答：我只看见鸟。特洛那大喜，夸第二个是好学生。

古话说，一叶障目，不见泰山，显示人要有格局。可对于专注于物的匠人来说，一鸟在手，便胜于十鸟在林。一叶在前，便不见泰山。

匠人的眼睛与众不同。除了蝉翼、鸟、带钩，还有眼里只有别人鼻子尖儿的。

《庄子·徐无鬼》里讲了一个故事。一个湖北人在鼻尖儿上抹了点石膏，让一个叫石的工匠削他。石师傅一斧子劈下去，石膏掉了，鼻子分毫无伤，人面不改色。（"郢人垩漫其鼻端，若蝇翼，使匠石斫之。匠石运斤成风，听而斫之，尽垩而鼻不伤，郢人立不失容。"）

后世文人请高手修改文章，喜欢用"斧正"一词，就是出自这里。如今的一些影视剧里，经常有人在头上放个苹果，让人用飞刀来掷，或者用子弹来爆，这些所谓的惊险花样儿跟《庄子》里的猛人相比，实在是小巫见大巫。《世说新语》里讲"昔匠石废斤于郢人"，就是说后来"郢人"去世，没了搭档，匠石就把斧子扔了，不再表演这门绝技。

要达到“匠石”这种人斧合一、登峰造极的境地，是有心法的。《庄子·达生》里有一个叫庆的匠人。庆做鐻这种乐器，做出来后，鐻上的猛虎雕得栩栩如生，“见者惊犹鬼神”。此物只应天上有，人间能有几回见，鲁侯问他：“你是怎么搞出来的呢？”庆说：“我主要是不耗神，能静心。我做木匠活儿的时候，先斋戒静心，第三天，把功名利禄就忘掉了；第五天，把毁誉得失就忘掉了；第七天，我都忘了自己还有五官四肢，心里只有鐻，忘了我是谁。这个时候进山选材，就有如神助，成鐻在胸了。”

巧匠工倕也是这样。工倕是尧时候的巧匠，传说船就是他发明的。这个人做木匠活儿根本不用圆规和矩尺，用手指头就行了，效果还更好。要炼到这种“指与物化”的程度也不容易，要先依次修炼“忘足”“忘腰”“忘是非”的境界。（见《庄子·达生》）

“解牛斫轮者”

《庄子·天道》里还讲了一个很厉害的木匠，敢跟国君叫板。就是前面欧阳修说的“斫轮者”，做车轮子的，名字叫扁。

有一天，扁在堂下砍木头做轮子，齐桓公在朝堂上读书。扁忽然把工具一丢，走上去问齐桓公，你看的是什么书啊？齐桓公说，看圣人书啊。他又问，圣人还活着吗？齐桓公说，死了啊。扁便说，那你看的不过是古人的糟粕而已。齐桓公怒了，说，你小子活够了吧，你讲讲看，讲不好就人头落地。

扁一番话却讲得有板有眼，有模有样。

他说，别小看我做轮子这点手艺，也讲究不疾不徐，节奏、力道得恰到好处。这其中的火候拿捏，只可意会，不能言传。这东西，我给我儿子都传授不了，所以一大把年纪了，还在干这差事。这么说来，圣人真正的精华也难以流传，那你现在看的不是糟粕是什么？（“臣也以臣之事观之。斫轮，徐则甘而不固，疾则苦而不入。不徐不疾，得之于手而应于心，口不能言，有数存焉于其间。臣不能以喻臣之子，臣之子亦不能受之于臣，是以行年七十而老斫轮。”）

这倒是实话。墨子说“百工为方以矩，为圆以规，直以绳，衡以水，正以县，无巧工不巧工，皆以此五者为法”，孟子说“梓匠轮舆能与人规矩，不能使人巧”，都意在其中。《文心雕龙》里也说，“伊挚不能言鼎，轮扁不能语斤，其微矣乎”。运用之妙，存乎一心，现乎两手，却是很难表达出来的。再高明的匠人也只能教你规矩、方法，中间真正的一点灵明，极其微妙，大巧若拙，不可说，没法学。

实际上，有至高水准的匠人，已然是艺术家。艺术创作便是鬼神附体，即便是艺术家本人也难以分析、言传其过程。贝多芬说：“当神明跟我说话，我写下它告诉我的一切时，我心里想的是一把神圣的提琴。”米开朗琪罗则说，好的绘画靠近上帝，并与上帝结合在一起，它只是上帝之完美的一个复制品，是他笔的影子。

圣人也是“艺术家”，他们走了，真正的精魄风骨也随之而去，不复存焉。所以，木心讲：“我爱艺术，爱艺术家，是因为艺术见一二，而艺术家是见七八。但艺术家这份七八，死后就消失了。”“我们悼念艺术家，是悼念那些被他生命带走的东西。”

就像“庖丁解牛”一样，虽然在《庄子》里，它是讲养生主题的一个寓言。但在我们看来，庖丁无疑是一个巧夺天工的传奇匠人，一个匠心独具的大艺术家。庖丁在解牛之时，看都懒得看，“以神遇，而不以目视”，人刀合一，手起刀落，完全跟着感觉走。当此之时，他的呼吸声、脚步肉、割肉声，汇合成一曲美妙的交响乐（“合于《桑林》之舞，乃中《经首》之会”）。而眼前的牛已不是横飞的血肉，而是衬托他勃发英姿的舞伴。一曲终了，庖丁立在舞台中央，顾盼自雄，从容谢幕。

一个宰牛割肉的，能把手艺练到这种地步，也真是前无古人后无来者了。虽然后世皮毛不存，风流云散，但遥想当年，对“解牛斫轮者”的神采与背影，我们岂能不奉献由衷的喝彩与敬意？

巧从何来？

虽然《庄子》里的记述虚实结合，散碎在不同篇章里的工匠故事也往往别有所指，但我们却可以不必拘泥于原著的文字与结构，断其章而取其义，得其意而忘其形。

把这些匠人的珠玉串联起来看，往往有几个特点：

一是瞬时的全情投入。一旦开始做手艺，造东西，便专一不二，心无旁骛。捕蝉者眼里便只有蝉，雕木者眼里便只有木。心外原本无物，聚精才能会神，这样的状态才能出好活儿，出精品。

二是长期的反复练习。刀法如神的庖丁，起初也是菜鸟一个。从无从下手到目无全牛，他练习了三年；再进阶到条分缕析、游刃有余，他已经解了数千头牛，操刀了十九年之久。而“捶钩者”从“年二十”干这一行，一直干到“年八十矣”，才能做到炉火纯青，“不失豪芒”。

还有一点，《庄子》里并未刻意着墨天赋与天分，但无法忽视的是，一个大匠的养成，除了刻意训练，也要有出众的灵性与悟性，这样才能出乎其类，拔乎其萃，神乎其技。

上文提到的射箭时能在肘上放水杯的列御寇，在平地上射箭确是一把好手，后来有人带他攀爬到山顶上射箭，他便“汗流至踵”，不能自已。而《徒手攀岩》里的亚历克斯·霍诺德之所以能克服恐惧，如履平地，除了持续练习，把攀爬动作融入血液，恐怕还有天赋异禀的因素。片子里有个细节，亚历克斯去医院检查身体时，医生告诉他，他头颅里负责紧张、恐惧等情绪的杏仁核与常人大有不同，几乎处于休眠状态。

《文心雕龙》很诚实，评判天下文章锦绣，俊采风流，除了“学”与“习”，也强调天资、天分。有两句话是，“才自内发，学以外成”，“才由天资，学慎始习”。

能工巧匠们的“巧”到底从何而来？短期的高度专注与长期的熟能生巧是一方面。另一方面，也需要灵感与天赋。

所以，爱迪生说，天才是百分之一的灵感加百分之九十九的汗水。有人查考后说，跟欧阳修那段话一样，爱迪生的原话其实也被删掉了一句：但那百分之一的灵感比百分之九十九的汗水还要重要。

23 草根刘邦为何能取天下？[①]

公元前 202 年五月，洛阳正在开一场庆功大会。

此时距离当年举兵起事已过去 7 年，大会的主角是汉高祖，这个男人 54 岁了。

他是得意的。白手起家，搅动风云，一介布衣提三尺剑而取天下，四海之内，几人能够？但他似乎又有点伤感，这一路走来，眼见多少白云苍狗变幻，白发黄沙沉埋，才一步步走到今天，走到权力的顶点。

我为什么能成功，老对手项羽为什么失败？他想要一个答案。

群臣纷纷对答，"陛下大方，舍得封赏，而项羽遇到有功之臣，印把子在手里都快磨坏了还舍不得发下去"。

其实刘邦心中早已有了思虑已久的答案。

"夫运筹策帷帐之中，决胜于千里之外，吾不如子房。镇国家，抚百姓，给馈饷，不绝粮道，吾不如萧何。连百万之军，战必胜，攻必取，吾不如韩信。此三者，皆人杰也，吾能用之，此吾所以取天下也。项羽有一范增而不能用，此其所以为我擒也。"

---

① 本文创作于 2019 年，作者陈为。

后人也确实把这点作为混混刘邦能取天下的最大秘密。

刘邦能用人，善用人，人尽皆知。

但能用“汉初三杰”，就是他成功的缘由吗？恐不尽然。

或是另一个翻遍历史者总结出的中国成大事者的必备特质：爱才如命，挥金如土，杀人如麻？

这三要素是刘邦制胜的答案吗？恐怕也未必，第三条套在项羽身上其实更合适。

那么，草根刘邦胜出的真正原因何在呢？

在我看来，刘邦身上有一种卓越领导者的特质：空。

心是身之主宰。佛家讲，应无所住而生其心。心能空空如也，空灵无碍，便能情顺万物，应变无穷。

日本作家司马辽太郎在《项羽与刘邦》中，便把刘邦称为一个“包着空气的大袋”，他写道：“这个人总是一览无余，没有鲜明的主张和立场，就像一个大袋子。没装东西的袋子形状不固定，也没有自己的思考和主张，唯一的好处是有容量。这反而比贤者更能成为栋梁吧。贤者自己的思考力不论多么优秀也总有界限，袋子却能容纳贤者为己所用。”

韩信称自己带兵多多益善，而刘邦“不过能将十万”。但他深知自己不及刘邦，正在于自己“善将兵”，而刘邦“善将将”。

空，故能诚，故能容，故能仁。正是一个“空”字，成就了刘邦作为一个杰出领导者的三大特质，也助其赢得了整个天下。

真实是领导力第一要义

刘邦起事前，常去王媪和武媪的酒馆喝酒，从不给钱，老板娘却很高兴，因为他就是酒馆的红人。他一去，大家就都跟着去了。为什么，因为刘邦自带一种开朗活泼、亲切可人的气质。他一进酒馆，“店内外便充满了快活的空气”。

这快活和后世孔乙己带给酒客们的快活不同，不是因其滑稽好笑，而是因其开放、爽朗，让人愉悦甚至敬服。

空，故无蔽，能以本色示人。正是他的真实洒脱、本色风范，折服了他优秀的同乡萧何。萧何尽管在办事的具体才干上远胜刘邦，也知道他“多大言而少成事”，却被他的可爱可亲弄得神魂颠倒，俯首甘为孺子牛。

刘邦没有学识，这是他的不幸，却也是他的幸运。正因为如此，读书人虚伪的一面，他几乎没有丝毫沾染，我自本真任天然。需要示弱的地方，他直接低头，没有逞强、遮掩。夏侯婴在被问为何追随刘邦时，便说：“没有我，刘大哥就只是一个呆木瓜。”

萧何、张良、曹参、陈平、郦食其、叔孙通、韩信、樊哙、周勃、灌婴、夏侯婴……刘邦麾下将星如雨，谋士如云，人才济济。正是因为自然天真、洒脱不羁、不事算计的个性与魅力，他才能集结起这样一支出身各异而各有所长的豪华团队。

真实与真诚是领导力第一要义。

反观现时有一些企业领导者，要么成了戴着面具四处耍宝的演员，要么自视为无所不知、无所不能的超人，实际上却是脱离了真实的人性，与团队自然也渐行渐远。

人都爱登峰自高，却不知平地托起高山，静默无言。站在地上的人，最踏实。

用人之长，容人之短

与项羽这种名门之后不同，刘邦并不把世界看成黑白两色，他眼中的世界，很多时候就像他童年里看到的自己和别人，是灰色的。

空，故能虚心以容人。因此，他用人所长，而不求全责备。

陈平投奔刘邦的时候，几乎是个劣迹斑斑的人。属下常有议论，陈平跟嫂子有染，又换过好几个东家，才来到刘邦阵营，而且还收受下属的钱财贿赂。

刘邦听了，找陈平来谈话，问他忠诚和贪污问题是什么情况。陈平说，我在魏王和项王那里，他们都不听我的，听说大王能用人，我就来归附了。我孤身而来，没有工作经费，只能这样。钱都放在这里，你要不用我的计谋，我就走吧。刘邦听了，马上给陈平道歉，不仅不问了，还给升职加薪。陈平后来献了好几个关键性的大计。

其实，之前陈平的推荐人也给刘邦解释过，此人是有缺点，但确是有用之才。“我说的是本事，你说的是品行，当今大争之世，即使他有再好的品行，但没本事，有什么用呢？”

这段话发人深省。对于企业而言，本事和品行哪个更重要？做人和做事哪个更重要？很多领导者都会宣称，德重于才，做人优于做事。

《柏杨白话版资治通鉴》中便有不同观点：“在实际的政治运作中，判断一个人到底是才能胜过品德，或是品德胜过才能，根本无法办到。因为人心复杂，二分法既天真而又简单，一个人身上的邪恶与高贵，固同时并存，在盖棺之前，无法化验，也无法提出分析报告。”

台湾经营之神王永庆生前也为经营者们留下过一段意味深长的话：“我认为应先懂得做事，了解做事的事理，把事情做得彻彻底底，才算是一个堂堂正正的人。常常说如何做人，那只是口头说说而已，理想化的。我们提倡做人比做事更重要，可是在外国则只谈做事，少谈做人，他们的进步与发展不是很有成就吗？因此，我认为事要做得好，才谈做人。”

刘邦的大将韩信也低情商，只懂做事，不会做人。他直言领导（刘邦）只能带兵十万，而自己多多益善。类似这样狂傲的话，他对刘邦说过很多次，刘邦却从不介怀，还“予我数万众，解衣衣我，推食食我，言听计用”，对韩信器重非常。所以，韩信有了谋反实力的时候，也无异心，面对下属屡次劝进，终究不为所动。

韩信想当齐王的时候，刘邦正被项羽围困，焦头烂额。初听消息，他很是恼怒：我在这儿忙着突围，你还问我要官做呢？张良、陈平在旁提醒，这时得稳住韩信。刘邦马上转变态度，让手下赶制齐王印玺，授予韩信。

刘邦有个老乡纪信，常在背后说刘邦坏话，最后都传到了刘邦耳朵里。刘邦却左耳进右耳出，并不给小鞋穿。最后荥阳城破，刘邦遭遇危难之时，纪信甘愿假扮刘邦佯装投降，救了刘邦一命。

在激发并听取合理化建议方面，刘邦也是领导者的典范，他无意于做组织里的最强大脑，谁有好主意，就听谁的，少有刚愎自用。

他看不起儒生，还往他们帽子里撒尿，但陆贾忠告他马上得天下，不能在马上治天下之后，他很快醒悟过来，让陆贾把古今成败得失总结著述为《新语》一书，时常翻看，“其后过鲁，又以太牢祠孔子”，对知识分子的态度，前后判若两人。入关中后，刘邦一开始也想入住秦宫室，坐拥美女、财宝，樊哙、张良都劝：你是想做富家翁，还是想要天下呢？刘邦赶紧听从劝告，还军霸上。

领导者都是有所成的人。事业的成长往往也伴随着成见与傲慢的增长，自矜自是、专横独断成为阻碍其继续进阶的心魔。像刘邦这样知人之长，容人之短，听人之言，又有多少人能做到？

前几年我在山西某地和一个企业家朋友见面，听他讲过一个难忘的故事。当地有个龙头企业，两位创始人早年同心同志，艰难起家，企业渐上轨道，一度成为当地领头羊，大老板便有些膨胀。

一天中午，公司食堂做了大家期盼已久的花糕，一把手忙完事走上饭桌，看见二把手竟没等他，兀自抓着一个花糕开吃了，当下便觉很不痛快，一下子变了脸色。就为此等小事，两人很快闹掰，企业不久后就分崩离析。

一个好端端的企业，便这样毁于一个花糕。当地知晓两人创业历程的人，谈起这个故事，都叹息不已。

善得人心者得天下

很多人也会疑惑，刘邦逃亡之时，连自己的亲生儿女都要三番五次地推下车。自己的老父亲遭威胁要被烹煮之时，他还向对手要一杯羹。这样道德水准的人，最后凭什么赢了？

推而广之，在历史上的争霸对决之中，好像最后取胜的人很多是在道德方面不占优势的，这是什么道理？

我想，个中原因恐怕有两条。第一，取胜者往往爱天下胜过爱自己，因此，在他们认为必要之时，为了所谓的天下，甚至连自己的亲眷都可以牺牲。这类人在此方面的认知确实异于常人。

《三国演义》中便有类似情节：赵云拼死从曹军的刀剑丛林中救下刘备的幼子阿斗，送到刘备面前后，刘备却接过襁褓中的婴儿，往地上一扔，悲愤道："为你这孺子，差点痛失我一员大将！""大德不逾闲，小德出入可也"，在他们眼里，唯有"天下"才是真正的"大德"。

第二，得人心者得天下。在与对手争夺天下的过程中，最终的胜利者私德未必胜出，却往往比对手更能得人心。

空，故能无常心，而以百姓心为心。不可否认，早年被视为乡间无赖的刘邦身上却也有一种"大仁"在。《史记·高祖本纪》中对他的描述是"仁而爱人，喜施"。

他在泗水当小亭长时，要把几百个需服劳役的奴隶从沛城押送到咸阳，他知道这些老乡到了终点后干完活就得死，很不忍心，就纵容他们逃跑，还带着最后剩余的人一起潜藏草泽。

入主关中后，他将暴秦的法律一律废除，与民约法三章，秋毫无犯。老百姓感激不尽，纷纷献礼，他也一概不受。登基回乡，他把家乡丰县和沛县的赋税徭役永远免除，使得父老乡亲欢欣鼓舞。

反观项羽，在这些方面，做得实在差劲。向其投降的秦军20万人，被他生生活埋；颇有民望的义帝，被他于流徙途中暗杀；更火烧咸阳，把诸多古迹奇珍付之一炬，"楚人一炬，可怜焦土"，不仅当时，后世也一直为之叹惋遗憾；而鸿门宴上，又当断不断，犹豫不决；初有小成，天下未得，便满心想着要衣锦还乡，威风八面。

从这个维度来看，尽管项羽也有对部下慈悲仁爱的一面，而且骁勇冠绝当时，但作为一个领导者，却终究是“匹夫之勇，妇人之仁”，与对手的境界、格局相去甚远。

毛泽东曾评价刘邦为“封建皇帝里边最厉害的一个”，而评价项羽则是“不可沽名学霸王”。西方哲人对刘邦也有极高称许，历史哲学家汤因比在《历史研究》中探究了从古到今的东西方历史源流后评价：“若是以业绩的持久性为衡量标准，汉朝创立者算得上是所有大一统国家缔造者中最伟大的政治家。除了中国史专家之外，西方世界几乎无人知道刘邦的历史存在，西方人熟悉的是取得类似成就的罗马皇帝奥古斯都。相形之下，奥古斯都的功绩要比刘邦稍逊一筹。”

刘邦的厉害，在领导力上便是厉害在“空”上。能做到这个字，便能不为自我和外物所拘，不为傲慢与偏见所误，本色示人，知人善任，从善如流，顺势而为。

刘项两人都曾看到过秦始皇的威仪无量。一个当时感慨：大丈夫当如是耳。一个从此立誓：彼可取而代之。由此，拉开了一个争雄时代的大幕。

楚河汉界、汉风楚雨这一段岁月，当为中国数千年历史的华彩篇章中，最为恢宏多彩的段落之一。如今，暗淡了刀光剑影，远去了鼓角争鸣，刘项作为两大对立阵营领导者的成败得失，永远值得后人探求思索。尽管“原来刘项不读书”，但这两位人杰作为人格史与创业史上的独特标本，却无疑会成为后人永远能汲取营养与得到启示的活教材。

参考文献

[1] 司马辽太郎 . 项羽与刘邦［M］. 王学东，译 . 海口：南海出版社，2008.

[2] 张国刚 . 资治通鉴与国家兴衰［M］. 北京：中华书局，2016.

[3] 司马迁 . 史记［M］. 北京：中华书局，2011.

24　卜式：中国商界的另类典范[①]

谈起古代商人，人们知道范蠡，因为传说他与西施悠游江湖，有红颜做伴；知道胡雪岩，因为他有左宗棠一手力撑，红顶作冠。

而卜式的名字却鲜为人知，成了随风飘散的吉光片羽、沉入水底的海贝一枚。其实，这个汉时的商人，或是比范蠡和胡雪岩更重要的人。

卜式小时候是一个放羊娃，苦出身，没接受过正规教育。

李白说，“惠施不肯干万乘，卜式未必穷一经”，是说卜式不是读书人，可能一本经书都没好好读过。白居易说，“重文疏卜式，尚少弃冯唐”，是说朝廷重视的是文人，一直疏远卜式。

他是“文”的对立面，“朴”的代言人。有意思的是，后世那些饱读诗书、满腹经纶的人却都不吝称颂这个牧羊人。

宋朝的诗人刘宰读完他的传记，由衷感慨“史家有意君知否，未必文华胜朴忠”——文化水平高就比“朴忠”更重要吗？不见得啊。

清代的大学士尤侗亦有此感，他把卜式和才华耀眼的儒生贾谊并列，称其命运际遇让人“千秋流涕”，曾书“一代贤良《卜

① 本文写于 2021，作者陈为。

式传》，千秋流涕贾生才”。

而平素风云过眼、忍辱负重的李鸿章也对卜式追慕不已，写道：“征市榷酤无尽藏，弦高卜式有遗风。”

看，在历史的天空上，卜式留下的不是一点两点痕迹，当我们用心检索捕捉，你会发现：他实在是中国民营企业家的又一个缩影与范例，值得被更多的人记住和称颂。

国家有难，慷慨捐钱

卜式是洛阳人，一个商人。

汉时，匈奴是主要的边患。卜式给朝廷上书，愿意捐出一半的家财助力国家抗击匈奴。

皇上派使者问卜式：“你是不是想做官，才有此举？”卜式说：“我从小放羊，散漫惯了，不想当官。”又问：“你是不是有什么冤屈要伸？”卜式说：“我一生与人无争，对同乡人很好，他们都追随我，哪里会有冤屈呢！”使者说：“那你捐这么多钱，到底有什么诉求？”卜式说：“现在征讨匈奴，我认为有力的应该献身，有钱的就该捐钱，这样才能打垮匈奴，就是这样。”

使者汇报给皇上，皇上又告诉丞相公孙弘。结果，公孙弘认为这种行为不合人情常理，劝皇上不予采纳。卜式没有多言，回家，照样耕田放羊。

一年多后，恰逢匈奴浑邪王等人投降。当时连年征战，国库空虚，又要移民搬迁，政府用度捉襟见肘。

卜式再次挺身而出，掏出二十万钱，交给河南太守，来帮助迁移的贫民。

救助贫民的富人名单呈上去，皇上一看卜式的名字，记起来他是先前想献其一半家财援助边防的那个人，于是赐卜式免除徭役，此外还能再免除四百个人的徭役。卜式却并不领赏。他当时说的的确是诚心话，没想过要回报。

一直饮冰，却热血不冷。官府以痛吻我，我要报之以歌。只从市场渔利，不占公家便宜，怀着一腔为国为民的赤诚与热忱，即便遭遇怀疑、屈辱，也不改初衷。

卜式是一个热心肠的人。

善致富，也善为官

好心还是有了好报。

皇上一看，此人的确衷心可嘉，就召卜式到京，拜为郎官。

卜式并不情愿做官。皇上说，我上林苑中也有羊，你就干老本行帮我放羊吧。卜式才应承下来。

一年后，皇上来看羊，只见群羊身体肥壮，满坑满谷。皇上很满意。

卜式却不以为意，说这其实没什么，治理百姓跟放羊是一个道理，无非让他们按时起居，把他们讨厌的事情除去。

对卜式来说，放羊的确是小菜一碟。他小时候，家里还有个弟弟。弟弟成年后，他把家产都留给弟弟，自己赶了 100 只羊到山里去放。10 年后，他养羊发了财，弟弟却败了家，他又三番五次地把家产分给弟弟。

皇上看他不光有放羊之才，就让他来料理政事。结果，行政上，卜式也是一把好手。他为缑氏县令，缑氏的百姓便安适便利；

调为成皋县令，他负责的漕运考核最好。

后来有人谋反，群臣畏避。从没有打过仗的卜式挺身而出，想要带儿子随军出征，平乱杀敌。

皇上大为感动，将卜式事迹布告天下。卜式也由当年的乡间放羊娃青云直上，一直当上御史大夫。

经商的时候，财技精湛，有声有色；辞商做官，也能恪尽职守，造福一方。不管在野在朝，分内的事他都能做得很好。就像鸟儿，在林子里歌唱，在笼子里也歌唱。

卜式实在是一个有本事的人。

坚信市场力量，反对与民争利

皇帝对卜式的态度转变是从他反对盐铁专营开始的。

卜式是汉武帝力推的国家榜样，但他却一直态度鲜明地反对盐铁专营的经济政策。当时的官员桑弘羊搞盐铁专营，卜式严厉批评，觉得不符合经济规律。他认为，“县官”做的东西质量差，价格高，还强买强卖，于是顾客少，东西贵。这就像裁判下场踢球，后果可想而知。当时，天久旱不雨，卜式放了一句狠话：烹弘羊，天乃雨（煮了桑弘羊，天才会下雨）。

这样的态度自然让武帝很不高兴，后来就找了个借口，把他的官免了。信而见疑，忠而被谤，卜式的命运让人叹惋。讲述晚清商人瑞蚨祥掌门人孟洛川的电视剧《一代大商孟洛川》中有个情节，当官府宣称会直接从棉农手中收购棉纱时，瑞蚨祥的掌柜说了两句俗语对棉农晓以道理。其一，“庄稼半年熟，生意十年缘”。生意是长年累月的经营积累，官府中人大都未习经商，不懂行情，不懂业务，再加上没有商圈人脉的积累，销路自然不畅。

其二，“生意心头肉，赔钱似刀割”。官府的生意赔钱赚钱都由政府兜着，经办的官员没有切肤割肉之痛，所以吃不得苦，耐不得劳，责任心不强，甚至损公利己，中饱私囊。

他表达的意思跟卜式一样，官府不应直接插手商事。

这个道理在现在依然适用。有财经研究者言：“强势的国营化运动在短期内能够发挥‘举国效应’，迅速提高国家的生产能力和财政能力，对外可以与最强大的敌人进行交战，在内可以建成规模空前的大型工厂，但就长期发展而言，则必然削弱民间经济的积极性，导致社会机能的退化，进而在长期上造成国力的衰落。”

回头看，卜式真是个有态度的人。

商人是什么人？

传统中，商业被视为末贱之业。商人是“士农工商”中的第四等人。

跳开鄙俗成见，商人到底是一群什么样的人？

可以看到，这个阶层有几个公认的特征。

第一，他们是弃名取实的聪明人。

《管子》有云：“名实之相怨久矣，是故绝而无交。惠者知其不可两守，乃取一焉。”名与实一直互相排斥，不能兼有。明智的人晓得实大于名，只取其一。

商人要的是实惠，不是浮名。这是他们的一大特征。

第二，他们是能吃苦、敢冒险的逐利者。

对于这一点，古今中外的典籍描画甚多。墨子说：“商人之四方，市贾倍徙，虽有关梁之难，盗贼之危，必为之。”管子说：“商人通贾，倍道兼行，夜以续日，千里而不远者，利在前也。”

第三，他们是能平中见奇、无中生有的能人。

《聊斋志异》里，蒲松龄在一堆书生鬼狐的故事之外，讲述过一对奇异的姐弟商人——陶姐（小名黄英）与陶生。

书生马子才和陶生交好。他喜欢陶生的谈吐，但听到他要售卖菊花时，却大为不屑，认为商人低贱。陶生却看得很开，“自食其力不为贪，贩花为业不为俗。人固不可苟求富，然亦不必务求贫也”。

他把马子才扔掉的残枝败叶都捡拾起来，悉心栽培，育为良种奇葩。自此门庭若市，发家致富。

后来，马子才娶了黄英。黄英极善经营，她教仆人种菊，“甲第益壮”。书呆子马子才一边靠老婆养着，一边却“耻以妻富”。黄英只好安慰他说，我并不是贪财，只是不想让我们的先祖陶渊明被人耻笑啊。如果我们不努力使家境丰裕一点，会让千年以后的人认为陶渊明是天生贫贱，百世不能发迹啊。

其实马子才的态度很能代表一些人对商人的看法。在他们看来，“商人重利轻别离”，唯利是图，“无商不奸”。他们需要银钱的时候，便会想到商人；用完了，赶紧弃之如敝屣。

今天怎么看商人？

古今中外，有远见者，无不重视商业的力量。

与卜式同时期的司马迁在《史记》中单列了一章《货殖列传》。开篇即提出，人性都是好利的。所谓商业，即是对人性的激发与引导，是做好事的力量，高明的统治者不会囿于教条，而懂得因势利导，运用这股神奇、伟大的力量来治理国家，“善者因之，其次利道之，其次教诲之，其次整齐之，最下者与之争”。

处理好一个“利”字，处理好价值的创造与分配，便能无为而治。《管子》说：“故利之所在，虽千仞之山，无所不上，深源之下，无所不入焉。故善者执利之在，而民自美安，不推而往，不引而来，不烦不扰，而民自富。如鸟之覆卵，无形无声，而唯见其成。”为了利，人们可以上刀山，下火海。善于治国者把握好利的源泉所在，就可以国泰民安，像小鸟孵卵一样，无形无声，而国自治。

《国富论》中，亚当·斯密也指出，社会利益以个人利益为基础，基于自利之心建立的交换，反而最终有益于社会。我们要做事，就要善于刺激起别人的利己心。每个人的利己主义，又被其他人的利己主义限制，这就使得每个人必须顾及他人的正当利益。

而商人作为商业的主体，他完成从商人到大商、企业家的进化之后，无疑也是人格史上的发光体。

历史中，有不少人克服了商人唯利是图的人格缺陷，成为兼具理想与实绩、理性与情怀的罕见的人格标杆。除了卜式，其后的张謇、卢作孚、范旭东等，其实都是这样的人。这样义利并举、知行合一的商人，便为大商。

他们是从远处天宇上投来的一束光，让人仰望，予人力量。

人潮人海，古往今来，请不要忘了，有个名叫卜式的商人和他树立的大商典范。

参考文献

[1] 管子［M］. 李山，译注 . 北京：中华书局，2016.

[2] 墨子［M］. 方勇，译注 . 北京：中华书局，2015.

[3] 班固 . 汉书［M］. 北京：中华书局，2012.

［4］战国策［M］. 缪文远，缪伟，罗永莲，译注 . 北京：中华书局，2012.

［5］蒲松龄 . 聊斋志异［M］. 于天池，注 . 孙通海，等译 . 北京：中华书局，2015.

［6］司马迁 . 史记［M］. 北京：中华书局，2011.

［7］司马光 . 资治通鉴［M］. 沈志华，张宏儒，主编 . 北京：中华书局，2019.

［8］杨照 . 史记的读法［M］. 桂林：广西师范大学出版社，2019.

［9］张国刚 . 资治通鉴与家国兴衰［M］. 北京：中华书局，2016.

［10］吴晓波 . 历代经济变革得失［M］. 杭州：浙江大学出版社，2016.

［11］卡尔・马克思 . 资本论［M］. 北京：北京联合出版公司，2013.

［12］亚当・斯密 . 国富论［M］. 郭大力，王亚南，译 . 南京：译林出版社，2010.

25　曾国藩的干法与活法[①]

近年商界兴起“王阳明热”，方兴未艾。

虽然王学提倡“人人心中有仲尼”，但看了王阳明的身世，你就知道，这个人有着常人望尘莫及的天分。

11 岁时，他写的诗就意象恢宏，充满哲理：“山近月远觉月小，便道此山大于月。若人有眼大如天，还见山小月更阔。”12 岁时，他就纠正老师，天下第一等事并非“读书登第”，而是“读书做圣人”。

这样的人，你感觉只能仰望或目送。

同样作为“立功、立德、立言”的楷模，曾国藩就比较亲切近人。一生信赖“拙诚”，绝对的中人之姿，用梁启超的说法是当时贤杰中“最钝拙”的一个，最后却靠着后天努力，成为“有史以来不一二睹之大人”。这真是“人皆可以为尧舜”的生动样板与真实案例。

作为先行者，相对王阳明的望尘莫及，曾国藩是可以追赶或者接近的。而他也会停下来等你，告诉你：加油啊。咱之前跑得也

---

① 本文创作于 2019 年，作者陈为。

慢，只不过后来跑得多了，也总结了些方法，才慢慢变得快了起来。假以时日，你也能跑得跟咱一样快。

前一段时间研读梁启超编选的《曾文正公嘉言钞》，读得心有戚戚。

语录是语言的精粹，偶尔灵光一现，妙得天机、悟得佳句并不少见，但要系统性地出产“语录”，获得后世长久共鸣，则需要极强的洞察力、概括力和表达力。在我看来，曾国藩和毛泽东、鲁迅、李敖四人，堪称近代以来中国金句界的“四大天王”。

我从《曾文正公嘉言钞》这本书里摘录了几句自己颇有心得的“嘉言”，不知你是否有共鸣？

谈立志：人生首务

“士人第一要有志，第二要有识，第三要有恒。有志则不甘为下流，有识则知学问无尽，不敢以一得自足，有恒则断无不成之事，三者缺一不可。”

这是曾氏的人格三要素，首要在立志。

王阳明讲学，第一条也是立志。“志不立，天下无可成之事。虽百工技艺，未有不本于志者。”志是根本功夫，根粗壮了，才有花叶果实。

梁启超总结曾国藩之所以能有大成就，首先在于“立志自拔于流俗”。人一旦有了恶居下流的心气儿，有了处低望高的志向，便能连自己的先天气质都改变过来，换一个新人出来。“人之气质由于天生，本难改变，欲求变之之法，总须先立坚卓之志。”

谈修身：不可骄惰

“谁人可慢？何事可弛？弛事者无成，慢人者反尔。”

曾国藩经常强调，不可骄傲，不可懒惰。

这两样是最害人的东西，“骄惰二字误事最甚”。往往，普通人的问题是太懒，有才华的人的问题是太傲。在儿子的扇子上，王阳明曾语重心长地写下：“今人病痛，大段只是傲。千罪百恶，皆从傲上来。”

所以，对任何人都不能轻慢，对任何事都不能随意。在事上一放松，容易因小失大；对人一骄横，容易自取其辱。做大事的人，不容易，就得养成这样临深履薄的心态和习惯。

而人要有一番成绩，就要在“骄惰”的反面下功夫，力行“勤”与“诚”。“以勤为本，以诚辅之。勤则虽柔必强，虽愚必明。诚则金石可穿，鬼神可格。”

从七八年前开始读曾国藩，到现在，我满篇看到的就是四个字：勤、恒、谦、诚。

谈专注：守一口井，力求见水

“用功譬若掘井，与其多掘数井而皆不及泉，何若老守一井，力求及泉而用之不竭乎？”

这句话的意思是，四处挖井，浅尝辄止，不如死心塌地就挖一口井，一直挖到活水喷涌，取之不尽，用之不竭。

曾国藩打这个比方，并不新鲜。历史上用“打井”来提醒大家要专一不二、不能半途而废的，还有好几个人。孟子就曾言：

“有为者辟若掘井，掘井九轫而不及泉，犹为弃井也。”王阳明也有与曾国藩近乎一样的说法：“与其为数顷无源之塘水，不若为数尺有源之井水，生意不穷。”

他们是这么说，也是这么做的。长者的人生经验，要听。

谈方法：既有高明，又有精明

“军中阅历有年，益知天下事当于大处着眼，小处下手。陆氏但称‘先立乎其大者’，若不辅以朱子‘铢积寸累’工夫，则下梢全无把握。”

大处着眼，小处着手，实在是很牛的八个字。

他还有类似的说法，“古之成大事者，规模远大与综理密微，二者缺一不可”。在他看来，做事的第一要义是“明”。而这个“明”字有两层含义：一是境界上的“高明”，一是手段上的“精明”。两者兼具，才能成事。

毛泽东说，对敌人，战略上要藐视，战术上要重视，是得其神韵。马云对这点也深有感触，说：“细节好的人格局一般都差，格局好的人从来不重细节，两个都干好，那叫太有才。”

曾听一媒体前辈分享，说作文章分为两类：大题小作和小题大作。也有相通之意，大题目要从小切口进入，以小喻大；而小题目也要最终升华到大境界，以小见大。

推而言之，这些年我们眼见的空言格局、情怀的企业家不少，螺蛳壳里做道场的企业家也不少，但中国经济的真正转型，恐怕得依靠既有壮志雄心又能下一番绣花功夫的人。

谈说理：少讲大道理

“凡道理不可说得太高，太高则近于矫，近于伪。吾与僚友相勉，但求其不晏起、不撒谎二事，虽最浅近，而已大有益于身心矣。”

企业家在企业里，还是半个教育家，经常需要给员工布道、讲理。

有时候，很容易把话说得太高、太满、太远。但高大全，很容易变成假大空。企业文化和制度，落在平实浅近处，才清晰可感。朱熹有言，“举目前之近事，而至理存焉”。

曾国藩尽管心气极高，对身边人的要求，就是不赖床、不撒谎两条。

这里面还有个故事。李鸿章爱睡懒觉，很烦老师每天派人叫早、同吃早餐的习惯，就称病不起。曾国藩就让人传话，大家都在等你，人齐了再吃饭。李赶紧掀开被子，一路跑到食堂。席间，曾国藩一言不发。过了半晌，对李鸿章说，少泉，你既然到我这里来了，我就直言相告，“此间所尚的，惟一诚字而已”。然后头也不回，扬长而去，留下李鸿章又愧又悔，却也从此改掉了爱睡懒觉的毛病。

真正的理想主义者，都是高度务实的。曾国藩为了约束军纪，写的《爱民歌》里面都是“莫走人家取门板”“莫借民间锅和碗”这样的小事。道理只是道理，把它具体而微了，才能转化为现实成果。

后来，毛泽东为红军拟定的“三大纪律、八项注意”，也简单明了，平易近人。早期版本中，都是“上门板，捆铺草”“洗澡避女人”“不搜俘虏腰包”这样的细节。

谈用人：用其所长，不求完美

“大抵任事之人，断不能有誉而无毁，有恩而无怨。自修者但求大闲不逾，不可因讥议而馁沈毅之气。衡人者但求一长可取，不可因微瑕而弃有用之材。苛于峣峣者过事苛求，则庸庸者反得幸全。”

人有长处，也会有小毛病。如果对人才过于苛责，成全的反而是庸碌之人。

有一位企业创始人曾说过，管理者要做木匠，不要做医生。木匠眼里，没有废料，每一块木材都有它的作用；而在医生眼里，没有完全健康的人，每个人都是病人。

一个机构的领导者，在用人方面，用人用其长，扬长避短就行了。完人毕竟稀缺，一求全责备就完了，人才要么被磨平棱角，要么只能走掉。

曾的同僚左宗棠跟他有不少过节，但两人在用人理念上，几乎如出一辙。左宗棠说：“凡用人，用其朝气，用其所长，常令其喜悦，忠告善道，使知意向所在，勿穷以所短，迫以所不能，则得才之用矣。”

谈养生：做事越多越快活

“养身之道，以君逸臣劳四字为要。”

一方面，心上要洒脱，不要积一堆事，老思虑纠结，“险夷原不滞胸中，犹如浮云过太空”，往者不追，来者不拒；另一方面，手脚要勤快，不要老想着爱惜自己，持盈保泰。

身体越练越强，脑子越用越活。有的人觉得自己体弱气虚，老想着要对自己好一点儿，不想、不愿、不敢多动，这是不对的。曾国藩谈过好几次这个道理，他说："精神愈用而愈出，不可因身体素弱过于保惜。智慧愈苦而愈明，不可因境遇偶拂遽尔摧沮。"又说："身体虽弱却不宜过于爱惜，精神愈用则愈出，阳气愈提则愈盛。每日作事愈多，则夜间临睡愈快活。若存一爱惜精神的意思，将前将却，奄奄无气，决难成事。"

研究那些活得长久的人，真正无欲无求的极少，大多是在水深火热里起落沉浮，一路摸爬滚打过来的。

谈作文：气、识、情、趣，缺一不可

"凡文有气则有势，有识则有度，有情则有韵，有趣则有味。"

好文章要有四样东西：气势、识见、真情、趣味。

自古而今，文人灿若星河，文章满足这四个条件的并不少。

但古话里为什么常有"贬损"文人的表达？如"行有余力，则以学文""秀才造反，三年不成""百无一用是书生""负心多是读书人"……恐怕是因为，很多人只是精于文辞，而别无所长。而能保持为文与为人统一，既能把文章作好，又能把事情做好的人，确属罕见。

曾国藩便是这类异数。

26 《1921》中的领导力密码[①]

2021 年 7 月 1 日，一场恢宏壮丽、激动人心的庆典在天安门广场召开，充分展现了一个伟大政党的成就与力量。

在世人心中，这个政党的形象正在进一步丰富与深化。

它是“全球最大”：1921 年，创立之初，中共一大召开时，全国的共产党员仅有 50 多名。今天，百年华诞之际，这一数字超过了 9500 万，中国共产党已是全球人数最多、规模最大的执政党。

它是“史上最牛”：创立之初，势单力薄，所寄身的国家也一穷二白。今天，它作为领导核心得到普遍拥戴，它带领的这个国家繁荣稳定，已是全球第二大经济体，正在势不可当地迈向现代化强国之路。

不论从时间还是空间来看，这个百年大党都创造了令人难以置信的奇迹。

无数企业也畅想创建百年基业，铸就商业辉煌，它们能从中学习什么？

---

① 本文创作于 2021 年，作者陈为。

其实，对于创业者和企业家而言，学习的重点当不在结果，而在根源；当不在今日，而在百年之前。

在“七一”当天上映的一部电影《1921》中，就隐藏着商界经营者迫切想知道、需要知道的一些答案。

理念领先是首要

电影以简洁的线性故事与生动的人物场景刻画了一个事实：共产党并非于1921年这一年度从0到1、横空出世，研究其历史要上溯至1840年鸦片战争民族蒙尘之际。此后，各路志士仁人踊跃救国，探索各种方案，都未功成。直到历史与人民选择了共产党与共产主义——这一当时最时髦、最新锐、最进步的思潮。

1915年《新青年》杂志创刊，燃起革故鼎新的思想火种。其后一批杰出的知识分子发起“新文化运动”向旧世界开炮，再到1919年“五四运动”以德赛两先生为旗吸引各阶层广泛参与。在中国共产党正式诞生之时，已经有了思想和组织上的充分准备，又有“南陈北李”两位卓越创党人与毛泽东、李达等一批杰出的知识分子作为核心力量。

所以，这个政党从诞生之日起，其理念与组织就是维新的、先进的、革命的。理念的“现代性”，具有强大的感召力，是创建百年伟业的灵魂与基础。

政治学者郑永年先生也撰文称：“一方面，中国共产党实现了中国的现代化，另一方面在实现国家现代化的过程中，中国共产党也实现了自身的现代化。这两个现代化互相促进，否则很难解释中国今天所取得的成就。”

认知决定战略和行动，战略和行动影响结果。人与人之间、组织与组织之间最大的差别在于认知水平。企业的经营管理亦然，一个企业家的认知格局，决定了一个企业的发展格局。如某企业家所言，创始人的认知边界，是一个企业真正的瓶颈。

不少曾经发展迅猛的企业如今陷入困局，本质上还是因为企业家的认知迭代与进化出了问题。企业家如何更新认知，对接人类先进文明成果，提升思想格局与境界，恐怕是当下中国商界的大问题。

所以，宋志平先生说，中国现在到了出企业思想、商业哲学的时候。不光要出大企业，也要出大企业家、大思想家。

真正的理想主义者必是长期主义者

《1921》电影片尾，展现了众多革命者慷慨赴死的场景：29 岁的杨开慧，被子弹击穿胸膛血沃湘土；38 岁的李大钊，大义凛然从容走上绞刑架；59 岁的何叔衡被敌人追迫到悬崖，回头一望，纵身一跃……种种果决悲壮，让人为之泪目。

为有牺牲多壮志，敢教日月换新天。光明是无数的牺牲、巨大的代价换来的，而牺牲源于信仰。

回看百年来的这支革命者队伍，他们之中，有一群最坚定的终身信仰者，有一群最彻底的理想主义者。

中国共产党以人民为依托，立志于中华民族的千秋伟业。为了这样一个信念，前赴后继，代代接力，一茬接着一茬干，才有今日的基业和胜景。

企业是功利集团，却首先是理想集团；企业要有短期目标，也要有长期使命，只着眼于眼前利益的企业做不大，走不远。有志于营造长青基业的企业经营者，正应该逐渐告别机会主义和只顾眼前的短期行为，立足于理想和使命驱动、价值和用户导向的长期主义。

关于长期主义的意义和价值，高瓴资本的张磊有非常精辟的概括："于社会而言，长期主义是一种热忱，无数力量汇聚到支撑人类长期发展的基础领域，关注教育、科学和人文，形成一个生生不息、持续发展的正向循环。……于企业和企业家而言，长期主义是一种格局，帮助企业拒绝禁锢的零和游戏，在不断创新、不断创造价值的历程中，重塑企业的动态护城河。"

以用户为本

电影《1921》中有一处细节让人印象深刻：李达努力摆脱捕房的追捕，冒着巨大危险来到印刷车间，为的只是将文章中的"百姓"一词改成"人民"。因为百姓是一种泛指，而人民则是国家的主人！众多革命先驱立志"要让这个国家新生"，动因正是要让这个国度的黎民获得新生，当家做主。

在党的七大上，毛泽东在《论联合政府》中强调：

"我们共产党人区别于其他任何政党的又一个显著的标志，就是和最广大的人民群众取得最密切的联系。全心全意地为人民服务，一刻也不脱离群众；一切从人民的利益出发，而不是从个人或小集团的利益出发；向人民负责和向党的领导机关负责的一致性；

这些就是我们的出发点。”[①]

回归到商业本质，今天那些成功的公司，都是对用户好、注重产品与用户体验的公司，这些公司内部都盛行一种“宗教”——“拜用户教”。而那些把政策、关系、资源、个人好恶等凌驾于用户利益和喜好之上的公司，正在越来越被市场抛弃。

冷静认清现实

电影中，毛泽东和好友萧子升对于当时社会是改良还是革命，发生了一场激烈争论。萧子升排斥暴力，觉得为了改良理想自己可以坐等千年。毛泽东务实理性地分析了当时情势，觉得只有革命这一条路才能救国救民。

当时他们的老师也无法断然下论，后来的事实雄辩地证明，毛泽东是对的。非独当时，毛泽东后来的一系列分析判断，如“农村包围城市”的革命道路、“游击战与运动战相结合”的作战形式、“论持久战”的军事理论，无不是基于客观现实的神准分析与精准选择。

企业家的使命与任务是改造现实。改造现实的前提是真正看清现实、立足现实，做出独立深刻的判断，从而制定对策。这种对于事实和现实的洞见来自企业家的经验、直觉与头脑中的“艰苦奋斗”，而不应因为面子、好恶、习见等因素而摇摆。

在这个意义上，福耀玻璃的曹德旺独有一份清醒与理性，在许多人茫茫荡荡之际洞若观火，在许多人游移不定之时坚如磐

---

① 见《毛泽东选集（第三卷）》（人民出版社，1991 年）。

石。在他看来，在中国正不可逆转、不可阻挡地迈向强盛的征途中，移民是没有理性、情怀和判断力的表现。近年来商界之中选择移民的人实在没有眼光和抱负，他们不是企业家，只是小老板。“真正成家的有抱负的人，他不会移民，他是人物，必须向历史负责。我的根在中国，做一个真正有理性的人，我必须坚守中国这条底线。”

重视并重用年轻人

电影《1921》全景式地表现了中共一大代表的风采，而这些当年指点江山、激扬文字的先行者都有着让人讶异的年轻。

在青春的园地中，理想之花才会怒放。在庆祝中国共产党成立 100 周年大会上，习近平总书记专门谈到青年：

“未来属于青年，希望寄予青年。一百年前，一群新青年高举马克思主义思想火炬，在风雨如晦的中国苦苦探寻民族复兴的前途。一百年来，在中国共产党的旗帜下，一代代中国青年把青春奋斗融入党和人民事业，成为实现中华民族伟大复兴的先锋力量。”①

商业世界，青年也是先锋力量。在中国商业版图中，王兴、宿华、程维、聂云宸、唐彬森等新一代企业家正以全新的思想和行动重塑商业格局。而新希望、富士康等一批“传统企业”也因为在人才年轻化方面做得出色而获得持久强劲的发展动力。

相信青年、依靠青年、赋能青年，企业才有活力，有希望，有未来。

---

① 见《人民日报》2021 年 7 月 2 日 02 版。

结语

《1921》是一部党史片，也是一门值得经营者研习的商业大课。

它用 137 分钟的时间，生动而深刻地阐述了一个日后开天辟地、改天换地、翻天覆地、经天纬地的领导组织如何创立，并在此后一步一步由小到大，由弱变强，在苦难中铸就辉煌。

它在当时是无力的，单薄的，但它的前景和希望无穷，有着势不可当的力量与未来。如同毛泽东后来所言，“它是站在海岸遥望海中已经看得见桅杆尖头了的一只航船，它是立于高山之巅远看东方已见光芒四射喷薄欲出的一轮朝日，它是躁动于母腹中的快要成熟了的一个婴儿”①。

附　100 年后回看“问题与主义”②

一

1919 年，五四运动后，陈独秀被捕，“新文化”的阵营里很快发生了一起论争。

7 月 20 日，接任陈独秀主编《每周评论》的胡适在该刊发表《多研究些问题，少谈些“主义”！》一文，劝说人们“多多研究这

① 见《毛泽东选集（第一卷）》（人民出版社，1991 年）。

② 本文是陈为为《打胜仗：常胜团队的成功密码》一书所作后记。

个问题如何解决，那个问题如何解决，不要高谈这种主义如何新奇，那种主义如何奥妙”，因为“‘主义’的大危险，就是能使人心满意足，自以为寻着包医百病的‘根本解决’，从此用不着费心力去研究这个那个具体问题的解决法了”。

其时，俄风南渐，马克思主义已在中国传播，但尚处于理念阶段，并无多少实行。胡适的言论，貌似合理，但确给这股刚刚冒头的思想热潮浇了冷水。

在河北老家避难的李大钊看了文章，马上作了一篇针锋相对的文章，以为给胡适这位好友的回礼。胡适将文章冠以《再论问题与主义》的标题登在《每周评论》上。李在文中指出：宣传理想的主义与研究实际的问题是交相为用、并行不悖的，社会问题的解决必须依靠社会上多数人的共同运动，而要有多数人的共同运动，就必须有一个共同的理想、主义作为准则，所以谈主义是必要的，如果不宣传主义，没有多数人参加，不管你怎样研究，社会问题永远也没有解决的希望。

文章刊出后，胡适又先后作了《三论问题与主义》《四论问题与主义》两篇文章，直至《每周评论》被当局封禁。

三四个回合下来，双方谁也没有说服谁，后来终于分道扬镳，走了各自不同的路。

两年后，李大钊却与另一位挚友一起将他的“主义”付诸实践，办了一件开天辟地的大事情：“南陈北李”联手建党——1921年7月，中国共产党成立。

二

2021年7月，中共建党100年。

回溯百年征程，非凡苦难所铸就的非凡辉煌之中，有一条历史的脉络贯穿始终：这是一个对根本性的“主义”非常坚定，同时又善于解决具体“问题”的组织。

创建伊始，即遇劲敌，共产党为何能逆袭战胜各方面条件远胜于自己的国民党？研究者一直热议这一谜题，而历史亲历者曾一语道破：谜底即是“主义”。

两年前，《党史博采》曾刊发张学良述忆观点。在这位饱览历史烟云、对国共两党都非常熟悉的老人眼中，国民党之所以打不过共产党，三民主义之所以对抗不了社会主义，是因为国民党没有中心思想，而共产党有共产主义信仰。

张学良认为，国民党党首蒋介石就没有“中心思想”，“他的中心思想就是我，就是他自己……他就是唯我的利益独尊”。下面人也没有“中心思想”，“真正的三民主义到底是怎么回事？我可以说多数人不知道。背总理遗嘱，就在那儿背，他的真正彻底的意思在什么地方？谁也没有深刻地研究”。而共产党正好相反，“共产党有目的，他相信共产主义，所以他能成功”，“甚至于每一个兵，完全是一个思想——共产主义”，“不光是他的官，他的兵也是这样子”。

“主义”是第一位的。信仰坚定之外，共产党又有对于“问题”的持续聚焦和深度解决能力，有策略上的细密灵活。解放战争时期的“三大纪律，八项注意”，对土地问题与公平问题的破解，改革开放时期的“一国两制”“让一部分人先富起来”，特别是新时代对腐败问题、生态问题、脱贫问题等重大问题的出招，无不彰显了作为领导者的中国共产党提出问题与解决问题的能力。正如十九大报告指出，十八大以来的五年，中国共产党“解决了许多长期想解决而没有解决的难题，办成了许多过去想办而没有办成的大事”。

主义与问题兼顾，价值观与方法论俱实，是历史与现实给予我们的启示。

三

新中国成立前夕，毛泽东致函李达请其速去解放区参加重要工作，信写得巧妙，说：“吾兄系本公司发起人之一，现公司生意兴隆，望速前来参与经营。”[①]

中共百年，长盛不衰。无数公司也畅想创建百年基业，它们能从共产党身上学习什么？

其实，商界亦有问题与主义两派之争。

“问题派”主张聚焦经营，在商言商，闷声发大财。如果商业只是买卖、算盘和财富，它承载不了人们对于意义和价值的追寻，这样的经营者，把自己缩小了。

“主义派”则容易凌空蹈虚，空谈道德理想，而忽略了商业的功利性与务实性，从而酿成灾难。如果只是谈论，而无实行，终究没有力量，这样的经营者，把自己悬空了。

作为当代社会的重要战略阶层，企业家经营企业的意义，该是什么呢？

在我看来，有三个路标都能予当代中国企业家以很好的指引与启迪。第一是卢作孚的“园艺师”思想。“最好的报酬是求仁得

① 《一封神秘来信引网友盛赞，“最牛公司”迎“百年店庆”》，《新华每日电讯》，2021年5月5日02版。

仁——建筑一个美好的公园，便报酬你一个美好的公园，建设一个完整的国家，便报酬你一个完整的国家……愿人人皆为园艺家，将世界建成花园一样。”第二是稻盛和夫的经营哲学，经营企业的目的到底何在？稻盛将之总结为“追求全体员工物质和精神两方面的幸福，为人类、社会的进步发展做出贡献”两条。2019 年 8 月 19 日，181 家美国顶级公司的首席执行官在美国商业组织“商业圆桌会议”（Business Roundtable）上联合签署《公司宗旨宣言书》，旗帜鲜明地宣称：公司的首要任务是创造一个更美好的社会，从而终结了 20 世纪 60 年代以来盛行的一个陈旧观念：企业的唯一责任是对股东负责，同时企业经营管理者有责任确保股东利益最大化。

那么，企业家又该解决什么问题呢？

因为要建设社会，就要解决社会问题。正如某企业家所言，好的企业应该用商业手法解决社会问题。一个伟大公司的终极使命是解决社会问题，只有为社会带来价值，才能够长久生存下去。越能高效地解决消费者与社会的痛点和焦点问题，公司所积聚的商业价值便会越大。

所以，“问题与主义”也是公司经营的两个根本性问题：组织为何而战？如何把仗打赢？

四

2020 年，在华为的非常时刻，美军上将马丁·邓普西的一句话让任正非深为触动，他在内部讲话中多次引用：“要让打胜仗的思想成为一种信仰。”

同样一路遭遇磨难，一路高歌的华为是怎样打胜仗的？它理想主义与现实主义的一体两面能给万千经营者什么样的刺激与启发？一个组织应该如何锻造它打胜仗的信仰、团队、文化与方法？

为探寻答案，正和岛内容团队约请了华为公司的多位顾问以及北京大学、军事科学院等机构研究军事管理的顶尖专家，精心编写了《打胜仗：常胜团队的成功密码》。

希望这本书，激扬你的壮志雄心，伴随你走向胜利与荣耀。

27　1929，大萧条启示录[①]

近日，居家办公期间读了田涛老师推荐的两本书:《大萧条启示录：1929 年股灾如何使世界经济陷入衰退》和《繁荣与衰退：一部美国经济发展史》。

前者深入细致地描绘了 1929 年这个节点，由华尔街崩盘开始，世界经济如何陷入衰退；后者则是一部精彩、完整的美国经济发展史，它的作者是任职时间最长的美联储主席格林斯潘——里根、布什、克林顿、小布什，几位美国总统都选择了他作为美国经济的领导者。

读罢两本书，掩卷沉思。未来难以预测，历史却会一直复现。回望美国企业家与普罗大众的奋斗及命运，或许可以帮助中国企业家更好地看清自身与环境。

“1929 年将是繁荣的一年”

1929 年 1 月，一家曼哈顿的广告公司开展了一项全国性的数

① 本文创作于 2022 年，作者陈为。

据调查，所有的数据都传递着喜庆的信息，昭示着这一年经济的繁荣。

没有不乐观的理由。在美国第 30 任总统柯立芝任期内，美联储的工业生产指数从 67 飙升到了 110，美国人的真实收入平均每年增长了 3.4%。几乎所有人都感觉自己越来越有钱了，工人们以前眼羡的电冰箱、收音机，现在可以兴奋地搬回家了，特别是汽车。1928 年，美国注册的汽车多达 2160 万辆，卡车 310 万辆，这个国家的汽车拥有量占到了世界总量的 78%。

这种缩短时间、压缩空间的工具让美国成为“轮子上的国家”，随着车轮的飞速滚动，扑面而来的是自由的空气和无穷的机会。小镇青年克莱斯勒的第一份工作是日薪 1 美元的清洁工，但他现在创立的汽车公司是让福特和通用都嫉妒的对手。克莱斯勒推出的新车型不断刷新汽车业的销售记录，在焦灼与兴奋中，这位企业家命令合作伙伴加足马力赶工，他要在纽约建起一栋 77 层的世界第一摩天大楼，来匹配自己的勃勃雄心。

股民们的雄心不逊于这位汽车巨头。克莱斯勒公司在一本宣传册里骄傲地指出，任何人只要在 1923 年购买了他们公司 100 美元的股票，到 1929 年肯定已经赚了 1353 美元，意味着年收益超过 200%。同行通用汽车的股票则更加诱人，1920 年如果购入 1 万美元，此时已经疯涨到了 149 万美元。

通用汽车的首席执行官拉斯科布曾写过一篇《人人都应该变得富有》，说出了很多人的心声，他认为没有什么能够阻挡美国人对财富的向往，永久富裕会不可避免地到来。美国第 31 任总统胡佛也认为，贫穷已经是美国往事，站上竞选演讲台时，他自信满满地宣称，“在上帝的帮助下，我国将很快消除贫困”。

人们深信，自己面前洞开着美好的财富之门，日子和股票都会节节攀升，一天比一天更好。时代的春风吹绿了每个人心中的绿洲，阳光轻快地打在人们脸上，他们昂起头，头顶上是一片让人陶醉的晴空。

1929 年，美国最火的一首流行歌曲名叫《蓝天》，歌中写道："蓝天朝我微笑，我的眼中只有蓝天……"

两个可怜的女人

谁也没想到，天气会变，太阳后面也有乌云。

10 月 23 日，克莱斯勒的世界最高大楼刚举行完竣工庆功宴。第二天，正在美国巡回演讲的丘吉尔想去看看自己的投资项目，无意间见证了历史。在纽约证券交易所大厅，他看到了这个国家最为疯狂的一幕：室内已无立锥之地，人们正争先恐后、歇斯底里地把写着股票的单据向黑板前报价的姑娘身上无望地掷去……股价一泻千里，投资人集体崩溃。

年初，纽交所的普通股指价格相较于 3 年前已经翻了一番。当时的美国股市万牛奔腾，最大胆激进的预测都赶不上行情蹿升的步伐。统计学家巴布森教授研究了 25 年股市，曾尝试用物理定律来解释经济循环，他从牛市一开始便预言股市将会崩盘。银行家保罗·沃伯格也对股市状况深感忧心，当年 3 月他就发声警示："如果无节制的投机得以无序发展，最终的股市崩盘不仅仅将影响到投机者本身，也会让全国陷入整体经济萧条。"但人们沉浸在狂欢盛宴中时，冷静的预警只会被当成噪声和捣乱，无人理会离场的机会，直到被彻底套牢。

3 年后，很多投资人的身家缩水到 1929 年的 11%。人们脸上长了眼睛，却看不清明天的模样，只能往回看。后来研究这段历史的一位学者道出真相:“任何人只要在 1929 年中购买了股票而且死攥在手中不抛售的话，那么到老他也等不到股票反弹了!”

股票低迷，就业市场更加让人绝望。

1932 年，道琼斯工业平均指数收于 41.22 点，比最高点时下跌了 89%，创下了百余年来的最低水平。把低迷的工业数据恢复到 1929 年前的水平，美国人民用了 21 年的时间，跌至谷底却只用了 3 年。

这一年，一位美国作家造访芝加哥，眼前是地狱般的景象：廉价旅馆里，到处都是患有结核病等传染病的病人。一旦有垃圾车过来，人们便一拥而上，用双手和树枝在垃圾堆里捡寻腐肉。其中一位寡妇每次捡起这些腐肉之前都要摘掉自己的眼镜，因为这样“她就看不到肉里爬动的蛆了”。

1933 年，一项失业率调查显示，美国俄亥俄州利夫兰市的失业率达到了 50%，而托莱多市则达到了 80%。英国的一项调查数据更为骇人，超过 71% 的男性失业已达 5 年以上。

没有了工作，手停口停的劳动者只能挣扎求生，这时候尊严和希望都成了奢侈品。

英国一家船厂关闭后，一位船厂工人的妻子接受媒体采访时说:“他要是有工作就好了！我们结婚 12 年了，但他只工作了 18 个月。我们结婚时，他帅呆了，现在却是皮包骨头了。”

20 年前马克・吐温的一句话开始被媒体广泛引用，人们发现，那也是先知般的预言——切莫脱离幻想：一旦幻想消亡，躯体尚存，然虽生犹死。

大小罗斯福

潮水激荡之时，人人都乐于顺水推舟，水落石出之后，却免不了互相指责。1929年的美国股市为何从峰顶跌入深谷？源于纽约的这场股灾为何会酿成世界性的大萧条？时至今日，不同的答案还在风中飘荡，而当时的领导者应对这场罕见危机的理念与行动却颇值得玩味。

1933年3月4日，危难之间，富兰克林·德拉诺·罗斯福作为拯救者的形象走上世界舞台中心，就任美国新总统。

和前任胡佛选择做企业家的好朋友不同，罗斯福选择了将关怀的目光对准小人物，他要鼓舞起他们的信心或者幻想。在著名的"炉边谈话"中，他的形象就是困难日子里跟大家聊家常话的邻家大叔，而他设想的目标听众同样是那些平头百姓，他们是"正在盖新房子的瓦匠，或者是柜台后面的女孩，又或者是在田地里劳作的农夫"。

罗斯福大刀阔斧地推行新政，推出了一个又一个新的政府机构。公共建设管理局投入大量资金，让数百万失业者成了公路、公园、学校、下水道的基建工人。农业调整署则给农场主发放补贴，禁止他们过度种植谷物、烟草、棉花及饲养牲畜，这样可以有效提高种植户和养殖户收入。而最为有名的则是国家复苏局，这个机构致力于整治大企业，改善劳资关系。它出台法规，规定了劳动者的最低工资和工作时间，禁止雇用童工，并给工会提供了有力武器，同时要求所有企业都要使用蓝鹰标志。

贵族出身的罗斯福看不起新富阶层，在他看来，有少数人成了国家经济的掠夺者，美国2/3的工业掌握在几百个公司手上，由不到5个人管理，而仅有的几个银行掌控着美国的资本流动，他要向财富金字塔尖的富人们和垄断经济命脉的大企业重拳出击。他衣冠楚楚的专业“智囊团”则为他提供了开展行动的理论依据。威斯康星大学校长查尔斯·范海斯的观点受到广泛欢迎，他于1912年出版的《企业集中度与政府管控》一书成了这群人的圣经。书中指出，“集中”本身没有问题，前提是必须有政府“管控”来平衡其发挥的社会作用力。

在总统和他身边这些革新主义者看来，大量财富集中在少数几个工业资本家手中，必然导致消费需求下降，也会导致全行业失去必要的客户群体。而且，少数人掌控了过度的政治权力也必将危害国家的民主,但如果能以政府监管来中和企业集中度提升的问题，就能把坏事变成好事。

罗斯福设想的“5个人”中一定有华尔街最有权势的人物J. P.摩根。摩根体系是美国经济事实上的领导者，约翰·皮尔庞特·摩根创立的摩根金融集团占有全美金融资本的33%，全美保险业的65%，控制了美国铁路的2/3和美国40%以上的工业资产。这一体系像一只巨型章鱼，它击碎了工业和金融的边界，将触角伸向无数的电力公司、铁路公司、保险公司、大型银行……摩根财团不光富可敌国，也富可救国。约翰·皮尔庞特·摩根的儿子J. P.摩根作为世界上最富有的人，曾以一人之力为“一战”中的英国筹集了战事所需资金，又在战后挽救了意大利、德国和奥地利等国的经济。

在不少人看来，这样的大企业剥削员工，打破了发展的均衡性，过度攫取了产业和社会的资源，让人们陷于极端的贫富分化。有人研究当时93家合并形成的大型企业，其中有72家控制了其所在行业 40% 以上的市场份额，有 42 家掌控了其所在行业 70% 以上的市场份额。

商业过程中的阴暗面也不断被暴露揭发出来，最臭名昭著的是服装业。因为成人工资高，公司拒绝雇用成人，很多家长就让自己的孩子辍学打工。一家衬衣工厂里，几乎所有的女工都是孩子，只有 3 个 14 岁以上的工人。另一家衬衣厂，打工的男孩需要连续不断地从早上 7 点工作到下午 5 点，然后再从下午 7 点工作到凌晨 3 点。一位老师看到她的学生离开教室去做苦工后，悲哀地感叹："人类是唯一大人要求孩子来养活的动物。"

激烈的贫富分化也让大众对现状产生了怀疑，罗斯福所珍视的"小人物"占美国人口的 95%，他们手中的财富却仅占这个国家总财富的 2/3。如《大萧条启示录：1929 年股灾如何使世界经济陷入衰退》中所说，不光美国，"在一些深陷危机的国家，人们开始对政府长久以来扮演的角色、对老板的态度、对所有那些位高权重的人提出了异议。他们相信正是这些人把他们推向了水深火热之中。人们的耐心正在逐渐消失，他们质疑整个社会体制的公平性，因为资本主义体制是为某些人服务，而不是人们希望的为绝大多数人谋取福利。如果现行体制不能为人们提供理想的生活，那么他们就会用新的体制来取而代之"。

波涛汹涌之中，人们期待罗斯福这样的船长带领劳苦大众渡过激流险滩，而非为少数富人建造一艘救生艇。

但对商人阶层而言，罗斯福对商界领军人物和商人阶层的批判显然不是好事。持续的审查与丑化带来了商人的不安与愤怒，也加剧了整个社会的不确定性。年事已高的"汽车大王"亨利·福特一直反对新政的各项改革，拒绝参加蓝鹰计划。J. P. 摩根一开始支持罗斯福的新政，他认为新总统是本着解决问题的态度看待问题，尽管“他采取的一些措施可能是错的”，但情况已经很糟糕了，不管什么措施应该都能起到一定作用。但随着新政对自己和商界的扫荡，摩根大失所望。在给朋友的信中，他把罗斯福描述成一个“疯子”，他给报纸写信称：“新政所致力的刺激型经济忽略了一个简单的事实，这也是所有农场孩子都知道的事实，即当水井已经干涸时，抽水泵什么都抽不出来，即使你取来水引一下都不行。”

渐渐地，就连罗斯福阵营的不少同僚也开始担心反商业运动会影响社会生产和活力。他们清醒地知道，在公平和效率的天平上，不能只在一端加码。阿道夫·伯利强调：“过去 5 年中，这个国家没有任何一家企业逃脱了政府的审查，至少遭遇过不同形式的政府攻击……其导致的结果就是企业完全没有生产的动力……所以现在必须让这个群体的人重新找回工作动力。”另一位智囊雷蒙德·莫利称：“我开始质疑，为什么罗斯福还没有意识到，任何一项社会制度的有效性，都取决于其是否损害商业群体的利益。”一位记者则警告罗斯福：“如果商界人士的恐惧情绪不能减轻，那整个国家的经济不可能出现实际的复苏。”

当年的就职演说中，罗斯福曾豪迈地宣称，“唯一值得恐惧的只有恐惧本身”。如今，他却为商界带来了一股广泛的恐惧情绪。不少富人的财产在大萧条中迅速缩水，以至隐没。

1943 年，75 岁的摩根去世的时候，税后财产仅有五六百万美元。除了身边亲友，几乎没人悼念他的离去，这位富甲天下的传奇富豪似乎没有在世界上留下任何痕迹。

大企业的克星，还有另一位罗斯福总统：西奥多·罗斯福。他被称为老罗斯福，是小罗斯福的远房堂叔，两人颇有渊源。

1905 年 3 月，23 岁的小罗斯福与时任总统老罗斯福的侄女埃莉诺结婚，总统亲赴婚礼。隆重的婚礼上，小罗斯福发现，大多数人都是因总统而来，由此激发了他从政的决心。1910 年，小罗斯福以美国民主党人的身份开始涉足政界。当他把这个决定告诉身为共和党人的总统堂叔时，对方怒骂其为“叛徒”。但在看待和对待大企业的问题上，这叔侄俩无疑站在同一战壕。

老罗斯福 1905 年当选总统后，便发起了激进的改革运动，他下手的对象同样是大企业和商业的阴暗面，当时对商界的管理“细致到要去管理资本家如何烫头发”。他对 40 多家公司提起诉讼，并解散了牛肉托拉斯、石油托拉斯和烟草托拉斯等。这位“托拉斯爆破手”希望自己成为工业社会中两股最危险力量的调和者：一股力量是无视公众利益，一味追求财富的商人；另一股力量就是因为嫉妒、愤怒等情绪刺激随时可能发生暴乱的普通民众。他宣称：“我相信企业的力量，但我也相信企业必须受到监控和管理，这样企业才能代表整个社会的利益而发挥力量。”

如今回望，这两位罗斯福的成就和声望在美国历任总统中都名列前茅。老罗斯福享有美国国会山上“四大总统”塑像之一，他在任内促成了“扒粪运动”和进步主义，这股道德革命的思潮和行动展现了美国社会在贫富分化和道德沦陷下的自我纠错与净化能力。小罗斯福则带领人民渡过了萧条和战争。1945 年，富兰克林·罗斯福在任上溘然长逝，成为唯一一位连任四届的美国总统，他身后的国家则成了战后侏儒群里的巨人，迎来了高光时刻。

但在很多人看来，从底层逻辑和长期维度洞察，真正让美国崛起的力量与阶层，却并非罗斯福叔侄俩这样强力的政治人物，而恰是在他们任上备受打击的企业家。极端分化的社会需要再平衡，但根本上，拉动美国这架大犁耕出一片繁荣的，不是御手，而是那些在草野间从不安分、从不止步、生生不息的企业家、企业主。

有些人觉得，在大萧条前营造了“虚假繁荣”的柯立芝总统只是过渡人物，是无能之辈。但在与商界的关系上，这位美国总统却别有一份洒脱。他领导国家的方式是无为而治。如果无所事事地过完一天，他会很开心，他常以自己每天工作不超过 4 小时、睡觉不少于 11 小时为荣。

柯立芝一直认为，企业是社会进步的引擎，政府并没有这个功能。他有一句名言：The business of America is business——美国的事业是商业。

一群有缺陷的英雄

老罗斯福曾将摩根这些商业巨头称为“因罪致富的人”，而当时更广泛的说法则是“强盗大亨”。

客观地看，这群人优秀，但并不完美。

他们勤奋而敏锐，善于洞察并抓住时代机遇。“石油大王”洛克菲勒在自传中坦承：“我投资了许多不同的行业，如采矿厂、钢铁厂、造纸厂、铁钉厂、铁路、木材厂、金属熔炼厂以及其他一些企业，多到我数不清。”庞大的产业帝国源于出众的商业嗅觉，他的妹妹曾说：“如果老天下粥雨，你会发现约翰的碗总是能朝着正确的方向接住上天的恩赐。”

他们也重视回馈社会。卡内基创建了近 3000 家公共图书馆；洛克菲勒创建了 2 所大学——洛克菲勒大学和芝加哥大学，还向多家高等教育机构捐赠款项；利兰·斯坦福则把大部分资产投向了斯坦福大学，以至于他的遗孀需要靠变卖不动产维持生活。萧条时代，尤为值得一提的是宾夕法尼亚一位零售商人克瑞斯吉，他无疑走在了时代的前列：他给员工放病假，提供带薪假期和退休金，推行利润共享计划。他一生为慈善事业捐献了1.75亿美元，自己的午餐却从来不会超过30美分，甚至不买新的鞋垫，而是往鞋子里垫纸。

但巨大的权力、财富和声望涌来时，人很难冷静一如往常。在美国与林肯并称、在欧洲被视为圣人一般的“汽车大王”亨利·福特晚年变得膨胀，虽然公司外部的人几乎都很崇拜他，但他“被所有为他做事的人讨厌”；在历史学家看来，“钢铁大王”卡内基晚年也在巨大的个人权力之中，从一位精明的富豪堕落成了荒唐的小丑。洛克菲勒承认富人阶层有局限，在写于1909年的自传中，他称有些富人有满桌的山珍海味却无福消受，满身绫罗绸缎却遭受公众的讥讽，尽管生活条件比别人优越，他们遭受的痛苦却比享受到的快乐多得多。在他看来，有些企业“只关注员工的福利，是无法赢得人们发自内心的尊重的。认为只要按时发放薪水就是好企业，这是最狭隘，也是最平庸的一种观点”，真正的好企业在为员工带来更多机会的同时，应该为社会创造更多福利和可能。

哈佛大学商业史专家泰德罗研究福特、卡内基、伊士曼等七位影响美国历史的企业家，细致地考察后他得出结论：一个人很难兼具伟大与善良两种特质，“七个人都称得上伟大，但是我们用善良的定义来检测时，结论就很难说了”。尽管他们不完美，但泰德罗依然饱蘸浓墨，热情地讴歌这些人，在他看来，七位企业家“都是具有极强内在驱动力和竞争力的时代英豪——他们所生活的国度和文化环境推崇这些个人特质，也促使他们进入商业的世界。生活在一个能让他们充分施展才华的国家，每个人都以自己的方式成为一个杰出的人物。他们是这个世界上最自由的一群人”。

在对企业家阶层的评价方面，格林斯潘也有类似立场。在全程追溯美国建国以后的发展历程后，这位经济学家在巨作《繁荣与衰退：一部美国经济发展史》中申明：“我们维护这些商业巨人的社会地位，保护他们不受公众责难，主要原因并不是他们白手起家，也不是他们做慈善事业，最重要的是他们促进了社会进步，大幅提高了全社会人民的生活水平。”在他看来，商业巨人们发家致富依靠的不是哄抬物价，而是规模化生产，他们是在原本完全真空的状态下创造了新的市场，并且为这些市场提供了越来越便宜的产品，“如果我们要质疑这一群商业巨人的话，核心问题不在于他们是否贪婪或者自私。贪婪和自私是常见的人类特质，穷人和贵族都有可能出现贪婪和自私的倾向……我们在讨论垄断这一现象时也要有所保留：并非所有的垄断都是不利于社会发展的。在科技发生快速变化的年代，也就是发明家在新技术上下大量赌注的年代，垄断不会制造太多的问题”。

格林斯潘曾经连续担任5任美联储主席，一生风云过眼，惯看兴衰。美国这片曾经的荒芜之地为何能成为“山巅之城”？在他眼里，密码正是熊彼特提出的“创造性破坏”——这个国家认可毁灭是创造的必经之路。美国有全球最自由的破产法，它允许公司倒闭；它允许人们自由迁徙到合适的地方，获得更为丰厚的工作回报；它尤为包容的是层出不穷的企业家，并为他们塑造值得想象的未来，“作为一个国家来说，美国取得如此巨大的成就主要是因为它能够批量制造出这些有性格缺陷的英雄人物”。充分发育、法制健全的市场让从五湖四海奔赴这片新大陆冒险创业的人创意迸发，活力四射，“美国企业家的创造力如此之高，一定程度上要归功于他们充分相信能够享受到自己的劳动成果”。

但“创造性破坏”无疑也有内在的问题，在写于2019年的《繁荣与衰退：一部美国经济发展史》中，格林斯潘断言：“创造性破坏可能变成一种自我否定的社会现象。创造性破坏的敌人通常都有自己的情绪：他们可以指出‘破坏’显而易见的邪恶之处。人们很容易提出终止不公正的行为或者提升最低工资水平的要求，但很难以触动经济活力为由来为创造性破坏正名。在‘破坏’过程中遭遇危害的受害者会更容易团结在一起，向社会要求改革，而在破坏过程中获得收益的胜利者则很难聚在一起。由此，创造性破坏这场‘永远存在的飓风’就遭遇到了政治敌对的另一场‘永远存在的飓风’。社会民众会联起手来保护那些受到威胁的岗位，试图挽救那些垂死的行业。他们对资本家无情的贪婪发出各种批判。这么做的后果就是经济滞胀：在试图遏制创造性破坏的过程中，比如在保存旧式工作岗位或者保持旧式工厂持续营业的过程中，人们实际上扼杀了经济发展的前景。免费的社会福利导致企业无法继续开展有生产力的投资。政府管控导致企业无法再创设新的企业。在尝试制造蛋糕并吃下蛋糕的过程中，很有可能结局是做出一个很小的蛋糕。”

如何把蛋糕做大又分好？这是人类永恒的难题。让大家围在一起做蛋糕，本来就不容易。即使蛋糕做大了，也不一定都能吃上、吃饱。有时蛋糕还没完成，就有不高兴的人把面前的桌子掀翻了。

而且进入现代社会以来，风险越来越莫测。德国社会学家乌尔里希-贝克曾提出“风险社会”的理念，他认为社会已经进入新纪元，共同的焦虑取代了共同的需求，焦虑型团结逐渐形成并构成了一股政治力量。“阶级社会的梦想是每个人想要也应当分享蛋糕。风险社会的目标却是每个人都应当免受毒物之害。可见之物处在不可见的阴影之下。”

一个社会如何让天才拔足狂奔，却又不陷入极端的贫富分化？如何保护劳动者权益，却又不坠入过度福利的陷阱？如何凝聚前行者抵达目的地，而非中途被内外挑战冲散、击溃？

难题如何求解，历史之河默默流淌，却只有少数人看到了波光上转瞬即逝的答案，大多数人只为已经来到眼前的潮水激动或惊恐。

早在美国诞生之前，1754 年，卢梭写了一本《论人类不平等的起源与基础》。在这本传世名作中，42 岁的哲学家有一句比格林斯潘的话更为骇人的论断：人类这一物种已老，可人始终还是幼稚。